Minha fuga

Benoîte Groult

Minha fuga

Tradução de
Mauro Pinheiro

EDITORA RECORD
RIO DE JANEIRO • SÃO PAULO
2011

CIP-Brasil. Catalogação-na-fonte
Sindicato Nacional dos Editores de Livros, RJ.

G925m   Groult, Benoîte, 1921-
        Minha fuga / Benoîte Groult; tradução de Mauro
        Pinheiro. – Rio de Janeiro: Record, 2011.

        Tradução de: Mon évasion
        ISBN 978-85-01-08852-9

        1. Groult, Benoîte, 1921-. 2. Escritores - França -
        Biografia. 3. Feministas – França – Biografia. I. Título.

09-6152   CDD: 928.4
                                        CDU: 929:821.133.1

Título original em francês:
MON ÉVASION

Copyright © Grasset & Fasquelle, 2008

Editoração eletrônica: Abreu's System

Todos os direitos reservados. Proibida a reprodução, armazenamento
ou transmissão de partes deste livro, através de quaisquer meios, sem
prévia autorização por escrito.
Proibida a venda desta edição
em Portugal e resto da Europa.

Direitos exclusivos de publicação em língua portuguesa somente
para o Brasil adquiridos pela
EDITORA RECORD LTDA.
Rua Argentina, 171 – Rio de Janeiro, RJ – 20921-380 – Tel.: 2585-2000
que se reserva a propriedade literária desta tradução

Impresso no Brasil

ISBN 978-85-01-08852-9

Seja um leitor preferencial Record.
Cadastre-se e receba informações sobre nossos
lançamentos e nossas promoções.

Atendimento direto ao leitor:
mdireto@record.com.br ou (21) 2585-2002.

À minha bela descendência totalmente feminina,
Blandine, Lison e Constance, minhas filhas,
Violette, Clémentine e Pauline, minhas netas, e
Zélie, minha bisneta.

Sumário

Prólogo 9

I Rosie Groult 15
II As Alegrias 43
III O Ano de 1943 57
IV "Uma Mãe Magnífica" 73
V Meus Aprendizados Americanos 93
VI A Pobre Zazate 101
VII Querido Paul 137
VIII Enfim Feminista! 173
IX As Bonecas Sonsas 217
X Os Vasos do Coração 247
XI Plic e Ploc, Septuagenários, Vão à Pesca ... 285

Epílogo 307

Prólogo

A juventude de hoje mal imagina o percurso extraordinário que as mulheres no século XX traçaram.

Eu, que nasci em 1920, cresci ajuizadamente dentro de uma instituição católica e cheguei à idade adulta sem sequer dispor de meios legais para expressar minha opinião sobre as orientações de meu país (só obtive meu título eleitoral em 1945, com 25 anos!). Eu, que me dei conta, aos 40 anos, de ter vivido uma boa parte da minha vida sem contraceptivos nem interrupção voluntária da gravidez (o que, infelizmente, não quer dizer sem aborto), sem ter acesso às escolas de minha escolha, ao poder político, aos altos postos do governo, sequer à autoridade parental sobre minhas próprias filhas, eu tenho a impressão de ter sido condenada a uma interminável corrida de obstáculos.

Na idade em que o tempo urge para escrevermos nossa autobiografia, minha vida passada me aparece como uma longa caminhada na direção de uma autonomia que me escapava incessantemente e no sentido de uma independência que não seria mais limitada por outros, mas sim conquistada, passo a passo, numa direção que eu teria escolhido livremente.

Com *Histoire d'une évasion* [História de uma fuga], em 1997, eu quis avaliar a situação dessa revolução feminista que ambicionava transformar a vida das mulheres e que ia transtornar ao mesmo tempo as relações humanas e afetar pouco a pouco os homens em todos os países, quisessem eles ou não. Antes de ser o relato de minha vida, esse livro pretendia ser aquele de uma tomada de consciência, jamais totalmente concluída, pois as barras de ferro das prisões e das clausuras têm a lastimável tendência de resistir, como os bambus.

Nele eu contava as etapas do meu segundo nascimento, de certa forma, que data do "ano zero do feminismo", como o chamou a imprensa da época, do dia em que o MLF, recém-criado, se manifestou sob o Arco do Triunfo, diante do túmulo do soldado desconhecido, em homenagem a alguém mais desconhecido ainda do que o soldado: sua mulher! Foi em 28 de agosto de 1970, eu já estava com 50 anos, e ainda com a mesma impressão de ser uma pessoa recentemente naturalizada e de ocupar um lugar concedido pelas autoridades num mundo que, por toda a eternidade, havia pertencido aos homens. E eu não imaginava que seria tão árduo se libertar do fardo das tradições, de todos esses laços que nos tolhem tão profundamente que mal podemos distingui-los de nossas peles.

Descobri que a liberdade não se toma, ela se aprende. No dia a dia e, com frequência, dolorosamente.

E para este aprendizado, eu precisava não da filosofia, da ciência ou de uma fé religiosa, muito menos desta. E tampouco precisava dos homens. Eles podiam certamente me proporcionar coisas maravilhosas, mas não aquelas que me eram necessárias naquele estágio da minha vida. Para estas, eu precisava de outras mulheres, daquelas que haviam tão cuidadosamente me ocultado ao longo de minha escolaridade. Eu descobria então suas existências e me dava conta de que elas tinham trabalhado por mim, cada uma a seu modo e conforme sua época. Christine, Olympe, George, Flora, Pauline, Jeanne, Hubertine, Marguerite, Séverine e tantas outras, a fim de que pudéssemos conseguir desfazer a repartição tradicional em primeiro e segundo sexo, para nos tornarmos simplesmente seres humanos. Precisava conhecer seus itinerários, suas dificuldades, as escolhas heroicas que algumas delas fizeram[1] sempre sozinhas contra seus próximos e contra a sociedade, apesar da necessidade de amor e reconhecimento que traziam em seus corações como todo mundo e mais que todo mundo.

O que é o feminismo senão esta transfusão da alma daquelas que ousaram para aquelas que preferiram aceitar as regras do jogo?

Soa bem, hoje em dia, proclamar que a misoginia não existe mais.

— Mas onde está o patriarcado?

— Ele salta aos olhos, ele é invencível! — Como o exprime soberbamente bem Marie-Victoire Louis, a fundadora da AVFT.[2]

---

[1] Especialmente Olympe de Gouges, guilhotinada em 1793, e Pauline Roland, morta na deportação para a Argélia em 1852.
[2] Associação contra as violências feitas às mulheres no trabalho, citada no divertido panfleto de Isabelle Alonso, *Même pas mâle*. Editora Robert Laffont, 2008.

Poderíamos dizer exatamente a mesma coisa da misoginia. Faço, na verdade, parte de uma geração de transição, em que nenhuma mulher ousa se dizer feminista, como se se tratasse de uma doença vergonhosa. Gabar-se de ser antifeminista, por outro lado, continua sendo uma excelente carta de apresentação em todos os meios, que ajuda melhor a perdoar o sucesso. Os homens apreciam mesmo que nós sejamos antifeministas, isso os livra de bancar os machões; nós nos encarregamos do serviço sujo.

Cada vez que vejo em nossas telas uma mulher capaz ou que tem poder, sei que ela vai anunciar de imediato que, naturalmente, não é feminista, reforçando assim um pouco mais o descrédito de uma causa da qual deveríamos todas nos sentir tão orgulhosas, em termos de civilização. E esquecendo-se de que sua presença na tela se deve somente aos combates passados das mulheres e, em nenhum caso, a um gesto espontâneo de seus parceiros masculinos.

Da mesma forma, um livro que se declara feminista não será jamais considerado um livro NORMAL, que poderia interessar aos leitores dos dois sexos. Antes, é visto como uma espécie de missal reservado a algumas devotas atrasadas; resumindo, uma obra de patronagem. Alguns o folheiam, alguns o lerão até o fim. Mas 90% dos homens, segundo minha experiência pessoal, sequer o abrirão. Que um livro feminista possa, como todos os outros, ser bom ou ruim, bem ou mal escrito, brilhante ou mortalmente enfadonho, isso não chega a lhes ocorrer. Deve ser forçosamente chato: a palavra reflete exatamente o pensamento rudimentar desses senhores. Ainda bem que os maridos não conseguem afastá-lo de suas esposas, na esperança de preservá-las de um vírus... Que segue seu caminho, calmamente, apesar deles.

No que me diz respeito, todas as nossas conquistas são demasiadamente recentes (algumas chegaram mesmo tarde demais para que eu pudesse aproveitar... em vida, se posso dizê-lo) para permitir que nos esqueçamos que nossa guerra de independência ainda não foi vencida. Ainda mais que, para centenas de milhões de minhas semelhantes em todos os continentes, ela mal começou. É por isso que eu avalio o que cada novo direito, cada novo avanço, representa de precioso, de essencial, mas também de frágil e de precário!

Assim, eu me beneficio de uma grande sorte: são as mulheres que compram os livros hoje em dia, romances ou ensaios. Sem elas, eu seria uma abandonada na literatura. Fumar mata... mas o feminismo pode matar também!

Depois de sete ou oito romances nos quais misturei o real e o fictício como a maior parte dos romancistas, senti vontade de contar com mais precisão minha vida verdadeira. Este livro, de certo modo, é o tomo II de *Histoire d'une évasion*, que decido divulgar 12 anos após o primeiro para esclarecer as regiões deixadas, voluntariamente, na sombra até agora, com a fraqueza e a despreocupação que só a idade pode conferir.

O romance era bem cômodo, principalmente em relação aos meus próximos, pois a realidade é com frequência desagradável ou ofensiva. Mas, enfim, chega um tempo em que os próximos rareiam, sobretudo quando são seus contemporâneos, e nos encontramos um dia num terreno descoberto, num estado de semiliberdade desértica. Em compensação, uma das raras vantagens da idade é não mais temer muita coisa, saber que é tarde demais para mudar de caminho e de imagem, e que o quadro é mais ou menos definitivo. Resumindo, a hora da verdade.

Será toda a verdade? Em todo caso, nada mais é do que a verdade. Mas pode alguém de fato se gabar de conhecer toda a verdade sobre si mesmo? E a maneira como se conta a própria vida, não será ela tão reveladora quanto sua própria vida? Pois a felicidade de escrever inclui também a criação de seres que não soubemos ser, não ousamos ser. É uma espécie de revanche contra tudo aquilo que faltou na vida. E é a oportunidade para começar sua história como um conto de fadas: "Era uma vez uma menina que nasceu em Paris no dia 31 de janeiro de 1920 e que se chamava Rosie..."

Capítulo I

Rosie Groult

Quando penso na minha infância, bem raramente, eu me sinto decepcionada. Para começar, eu não usava meu nome verdadeiro. Meus pais, esperando sem dúvida um Benoît, me registraram como Benoîte no cartório, mas este nome acabou revelando-se inadequado, imagino, para um bebê gordo e plácido, então preferiram meu segundo nome, Rosie. Nenhum deles jamais me chamou de Benoîte. Eu era uma criança convencional, tímida, obediente e boa aluna, bem mais próxima de Camille e Madeleine de Fleurville, duas garotinhas-modelo e desinteressantes, do que da insolente Sophie da condessa de Ségur.[1] Meus pais, como pai e mãe, eram muito mais interessantes do que eu, como criança. Pais excelentes, cujo único defeito foi continuarem sendo eles próprios, com suas personalidades fortes que jamais sacrificaram, sob pretexto de se tornarem melhores educadores para mim e para minha irmã. Eles levavam suas vidas e, em seguida,

---

[1] Sophie Feodorovna Rostopchine (1799-1874), escritora russa, autora de obras-primas da literatura infantil. (*N. do T.*)

nós estávamos ali e eles nos amavam, pronto. Nada de terapeutas à época, que explicassem sobre o pipi na cama tardio, ou sobre a dislexia, que se ousava qualificar de falta de dedicação, ou sobre o medíocre desempenho na escola, atribuído simplesmente à preguiça, sem medo de traumatizar para sempre o culpado! Nada de teóricos do menor esforço, nada de camuflagem das matérias escolares sob nomenclaturas lúdicas e fraudulentas, levando a crer os alunos e os pais que é possível se instruir através da economia do trabalho. Nada de atividades visando ao despertar da curiosidade, sugerindo que as outras atividades fossem soporíficas! Nada de psicólogos escolares, enfim, para proibir todo castigo, toda nota demasiado baixa que poderia traumatizar o incompetente, ou para explicar, portanto justificar, a insolência em relação ao professor, ou mesmo a violência ou a surra com a cumplicidade de um dos pais, condutas que não representam mais do que a simples arrogância e a recusa de qualquer disciplina, mas um sinal da angústia dos jovens, um pedido de socorro que não convém sancionar, mas tratar, recolocando em questão o corpo docente, o ensino e toda a sociedade. Nós, de antes da guerra, éramos infantes, etimologicamente aqueles que não falam, que não dão sua opinião, e nossos pais eram "os pais", uma espécie que não devia ser julgada nem posta em questão.

A maioria dos escritores, hoje, homens ou mulheres, retorna incessantemente às suas infâncias como a uma caverna de Ali Babá, que pode se revelar, conforme o caso, plena de tesouros e horrores, de ternuras e rancores inexpiáveis. De qualquer modo, eles pretendem ali encontrar as razões de seu sucesso e, sobretudo, de seus fracassos, analisando interminavelmente as frases do papai e da mamãe, acusando sem parar os genitores, seus laxismos ou seus autoritarismos, questionando até a maneira como fizeram amor no dia em que conceberam seus filhos; e denunciando com o mesmo amargor o desinteresse parental pela promessa apaixonante que constituíam, ou então sua intolerável exigência de resultados para os filhos.

Pessoalmente, salvo talento excepcional do escriba, as infâncias me entediam e os autos de acusação constituídos contra os pais, seja por parte de filhos adotivos ou biológicos, presentes ou omissos, carinhosos ou indiferentes, começam a me enjoar. Notei que aquilo que é tão relaxante nos Antigos, como nos Clássicos ou nos Românticos, é que eles tiveram a boa vontade de nos poupar de suas infâncias. Corneille foi uma criança maltratada? Platão se masturbava aos dez anos? Musset chorou muito porque sua mãe não vinha lhe dar um beijo à noite, quando ele se deitava para dormir?

Isso talvez não nos seria totalmente desprovido de interesse, e esse conhecimento é indispensável para os psicanalistas diante de pacientes que sofrem de suas infâncias como de uma ferida que se recusa a cicatrizar-se. Outrora, passávamos muito bem sem a infância. Ela não ocupava um lugar primordial dentro de uma existência.

Ela não ocupará tampouco um lugar primordial neste livro. Pois não tenho nenhuma acusação a fazer, nenhum rancor a apaziguar, nenhuma desculpa a evocar para explicar o fato de não ter sido uma superdotada ou um desses preguiçosos magníficos que tantos escritores se gabam de terem sido. A educação que recebi, em contrapartida, as pessoas que me educaram lançam uma luz esclarecedora e indispensável para compreender como me tornei aquela adolescente tímida e incapaz de explorar seus dons, enquanto tantas fadas se debruçaram sobre meu berço.

Eu era uma garotinha bem-educada com enormes olhos azuis, um pouco fixos, uma franja de cabelos castanhos muito lisos e uma boca carnuda demais para a época, e que eu mantinha com frequência entreaberta, o que me dava um aspecto débil capaz de deixar minha mãe desolada. Como ela não era mulher de ficar desolada, mas sim de agir, de maneira a me lembrar de imitar aquela boca em forma de coração que estava na moda para as moças nos anos 1930, ela me cochichava em público, num sussurro que eu considerava trovejante: Pulso, Ponto, Pulga, Rosie.

Nunca reagi, dizendo "psiu, mamãe!". Eu era mesmo um pouco débil... Dócil, juntava meus dois lábios para que se parecessem com os da minha irmã, que eram perfeitos. Como todo o restante de seu ser, aos olhos de minha mãe. Ah!, exclama o psicólogo, o conhecido aspecto do ciúme!

Mas, não, nem mesmo isso. Eu adorava minha irmãzinha, quatro anos mais jovem e, em todo caso, nunca a odiei. Eu apenas a torturei, causando-lhe alguns constrangimentos bem inocentes. Afinal de contas, eu nunca desejei amar minha mãe como ela. É portanto normal que mamãe preferisse o tipo de beleza de Flora e o apego apaixonado que ela aliás lhe dedicou durante toda a sua vida.

Ainda hoje, vinte anos após a morte de nossa mãe, Flora me diz às vezes: "Vi a mamãe esta noite num sonho. Ela estava bem."

Eu, por minha vez, pouco sonho com ela. Sem dúvida porque comecei a me parecer com ela.

Graças ao Pulso-Ponto-Pulga, não tenho uma boca caída. E não tenho as costas muito curvadas, apesar da minha idade e de meu ofício, graças à cadeira de tortura que ela encomendou para mim numa loja de acessórios para deficientes físicos: uma cadeira de madeira maciça, pesada e rígida como a justiça, comportando, ao centro, uma prancha alta da largura de minhas costas, que me obrigava a sentar bem ereta, quase na beira, e que dispunha de duas correias por onde eu devia enfiar meus braços, o que me conferia uma compostura de Erich Von Stroheim.[2] Meus cotovelos ficavam tão bem posicionados para trás que eu tinha dificuldades para levar o garfo à boca.[3]

— Mastigue, Rosie, mastigue! Olhe, André, ela finge engolir, mas acumula tudo na boca, como um hamster.

Rosie nunca teve a ideia de cuspir... ela era certamente um pouco débil.

Como eu custava a comer — felizmente não chamavam ainda de anorexia essas manifestações pueris de oposição —, compensavam com Bemax, feito de germe de trigo, e Gaduase, um óleo de fígado de bacalhau supostamente inodoro (mas os bacalhaus que se divertiam no rótulo bastavam para me deixar enjoada); Phytine Ciba para calcificar os ossos e xarope de maçã-reineta para os brônquios.

Minha mãe era realmente magnífica.

Ou eu não soube, por minha vez, ser uma mãe magnífica, ou então o molde das garotinhas-modelo se perdeu:

---
[2] Ator austríaco (1855-1957) conhecido pela postura arrogante nos filmes em que atuava. (*N. do T.*)
[3] Com 50 anos de antecedência, minha mãe inventou a cadeira ergonômica que se usa hoje em dia nos hospitais.

não obtive de nenhuma de minhas três filhas esta submissão de larva, onde qualquer revolta só seria incubada depois de uma idade avançada.

Minha mãe, impávida, cuidava bem de mim. Como recusar o bem? Ela só podia estar com a razão. Ela era linda, com grandes olhos azuis, um pouco imóveis como os meus. "Os olhos de vaca da região de Poiret!", dizia meu pai, que tinha os olhos negros e pequenos. Impecável, mas maquiada demais, como ocorria com frequência com as "lindas mulheres" daquela época, principalmente quando trabalhavam com moda; nunca caía doente e se mostrava disposta a cada manhã a conquistar o mundo, com suas unhas vermelhas, anéis enormes nos dedos, um penteado curto e ondulado, retificado a cada dia com um ferro de frisar que eu ouvia estalar no banheiro, quando ela o apanhava de seu suporte ou queimava um tablete de álcool Meta.

Ela só gostava das cidades, desde que fossem capitais; detestava a Bretanha, as casas de campo, os calçados de esporte; não nadava e não sabia dirigir; só se sentia feliz desenhando modelos para sua confecção, ou cercada de artistas e escritores que vinham à nossa casa para degustar a insolência de Nicole e os folheados de carneiro de André. À noite, eu a surpreendia com frequência escrevendo a seus numerosos enamorados, com sua bela escrita em guirlandas, de uma força e regularidade surpreendentes, ela que aprendera a escrever com as freiras, com sua caligrafia inclinada com as maiúsculas cheias de volutas que eram impostas a todas as mocinhas naquela época. Nascida Marie Poiret, em 1887, ela resolveu se tornar Nicole Groult quando se casou, em 1907. Alterando seu estado civil, ela quis mudar ao mesmo tempo sua escritura, seu estilo e suas ambições.

Eu ainda não sabia que viria a fazer o mesmo aos 20 anos. Exceto pela caligrafia (sempre tive a mesma que a minha mãe) e pelas ambições... (As dela me obstruíam o horizonte.) Quanto ao nome de batismo, retomei o Benoîte, e isso foi um começo. Enquanto isso, era preciso parecer com ela ou não existir. Então, eu não existia...

Na verdade, com quem mais podia me parecer? Nos salões de Nicole, eu percebia a presença de mulheres de artistas e de escritores. Elas me pareciam terríveis. Eram todas um pouco bruxas, como Elise Jouhandeau. Trajando vestidos largos e de cores violentas, usando franjas e cabelos curtos, falando alto e não se afastando sequer um passo de seus grandes homens. E também Marie Laurencin, minha madrinha, que sempre me espreitava por trás de seu pincenê de míope, como se nunca tivesse me visto e descobrisse um inseto desconhecido e vagamente repugnante.

E depois, no mundo exterior, havia as senhoras normais, as mães de minhas amigas de escola. Elas faziam coques nos cabelos, calçavam sapatos de saltos baixos, tricotavam meias com cinco agulhas para a numerosa prole e vinham buscar suas filhas na escola vestidas em *tailleurs* sóbrios ou casacos de astracã no inverno. Minha mãe detestava o astracã. Durante muito tempo, para minha imensa vergonha, ela usou um casaco assombroso de longos pelos de macaco embaraçados. A ideia de que ela pudesse aparecer à porta do instituto Sainte-Clotilde, na rue de Villersexel, no sétimo *arrondissement* de Paris, com seus escarpins que estalavam sobre a calçada de maneira indecente, com seus "chapeuzinhos" extravagantes e seus ares de rainha, era quase um pesadelo.

Felizmente, ela nunca veio e a escola pôde permanecer para mim um refúgio contra suas excentricidades e a ocasião de cultivar um gosto autêntico pelo estudo, encorajado por um temperamento influenciável e carente. Na Sorbonne, mais tarde, eu multiplicaria meus diplomas, em grego, filologia, estudos práticos de inglês, biologia... tudo isso para continuar sendo estudante e retardar meu ingresso na arena, onde seria preciso "mostrar toda a sua força" (mais uma expressão da minha mãe) aos rapazes, que aos meus olhos constituíam uma tribo perigosa, de costumes misteriosos, e de um modo geral hostis às moças. E seria preciso que "descolasse" entre eles um marido (sempre o vocabulário relacionado ao desempenho), o que me parecia, considerando o estado de minhas munições, uma façanha além do meu alcance. Completamente alheio a tudo, meu pai, citando Barrés, me repetia: "Gosto dos jovens que ingressam na vida com palavras injuriosas." E eu que nunca soube dizer "BASTA!".

Com meus complexos, eu havia sido feita sob medida para integrar um rebanho de ovelhas de Deus. Não seria na verdade mais simples entrar para um convento, onde me aguardava o esposo divino? Acabar de uma vez com a obrigação de me fazer bela, acabar com a luta para alcançar o sucesso, com os saltos altos, o batom vermelho, os permanentes fracassados, os bobes horríveis? De qualquer maneira, eu já começava perdendo, os homens só gostavam das louras vaporosas e fúteis. Acalentei esse projeto religioso desprovida de genuína sinceridade e, sem dúvida, para desafiar meus pais durante quase um ano.

Várias de minhas colegas (não dizíamos ainda *copines*, só os meninos tinham *copains*) se preparavam para ingressar na Ordem. Ainda pequenas, haviam participado da congregação religiosa Enfants de Marie [Filhos de Maria], o que lhes conferia prematuramente esse porte triste, tingido da reprovação que se via nas senhoras que voltavam da eucaristia. Algumas, que tinham perdido uma pessoa próxima, eram "dedicadas à Virgem". Isso me teria agradado bastante... Afinal de contas, eu também perdera uma irmãzinha, dois anos mais nova; minha mãe amava demais as cores vivas e não o bastante a Virgem Maria para aceitar esse constrangimento indumentário. Ela gostava demasiadamente da vida, e da *minha* vida, para consentir com minha renúncia. Só a palavra a aterrorizava.

Eu tinha tanto medo de abandonar o reino livre e indeterminado da infância que me agarrei por muito tempo à puberdade, uma síndrome hoje desaparecida. A adolescência me parecia, na verdade, um noviciado que levava infalivelmente ao casamento, ou seja, à condição feminina. Essa perspectiva me provocava espinhas. E, como não via escapatória, apesar do ozônio, dos sacrifícios e das loções à base de enxofre, consegui conservar minha acne por dois anos, revezada com a herpes que florescia em meus lábios a cada vez que eu era convidada a um baile ou um sarau.

Um dia, entretanto, apesar de todas as minhas manobras dilatórias, foi preciso me resignar ao meu destino de fêmea e aceitar as condições do mercado.

A primeira era apresentar uma "carinha" bonita. Era disso que eles gostavam, diziam. Eu era mais do tipo cara fechada. Um ponto negativo.

Finalmente, era desejável não possuir ideias que incomodassem, ou seja, ideia nenhuma, sobretudo política. Pois eles deixavam de lado as mulheres arrogantes e logo você se transformava numa solteirona, pobre coitada que só suscitava piedade ou sarcasmos. Não havia alternativa. Eu podia espernear à vontade; definitivamente, cabia aos homens, e somente a eles, a chave de meu futuro. Cada rapaz começou a me parecer como um destino.

Não que me julgasse incompetente: eu até estimava minha pessoa. Mas não via como convencer um homem sobre o meu valor. Se eles não conseguiam me notar, me distinguir no rebanho de moças atrás de casamento, era porque eram uns idiotas. Meu pai, que tinha um ditado latino para cada ocasião, concordava com minha opinião: "*Margaritas ante porcos*",[4] proferia ele para me consolar. Isso não me adiantava grandes coisas.

Minha mediocridade foi selada no dia em que Marc Allégret, tendo vindo ao campo, à casa de amigos comuns, notou minha presença. No campo ou na praia, eu parecia menos teimosa... Ele procurava moças para o filme que estava preparando e propôs à minha mãe que eu fizesse alguns pequenos testes. Aquilo a entusiasmou. E me derreteu.

À véspera do encontro no estúdio, eu lhe anunciei que era incapaz de enfrentar uma câmera. "Prefiro até os serviços domésticos", disse-lhe num tom lúgubre. Mais uma vez, fui considerada incapaz. Minha educação fora indubitavelmente um fracasso.

Após a morte da minha mãe, trinta anos depois, eu recuperei o grande caderno com capa de couro de cabra no qual ela anotava suas reflexões, seus poemas, e recopiava suas cartas mais belas, para Marie Laurecin, Jean Cocteau, Pierre Benoit, Paul Poiret, seu irmão, e tantos

---

[4] "Pérolas para os porcos."

outros. Ao virar uma página, encontrei dez linhas falando de sua decepção diante de sua filha primogênita, que tinha à época 16 anos: "Rosie tem uma natureza mais receptiva do que criadora. Sei agora que ela não possui dons importantes. Duvida de si e acredita demais nos livros. Ela se considera enérgica, mas não passa de uma teimosa, começo a perder a esperança no seu futuro."

Minha pobre mamãe, eu a decepcionaria ainda por muito tempo e levaria anos para sair de minha letargia.

Foi bem mais tarde que compreendi o que me paralisava; a impossibilidade de me parecer com minha mãe e a ausência de qualquer outro modelo. Nicole Groult era uma das únicas mulheres do meu conhecimento que havia tido êxito com seu trabalho, sem o auxílio de um homem. Ela ganhava muito bem sua vida, quer dizer, a nossa. Foi amada ao longo de toda a sua existência pelo marido e não lhe faltaram homens que a admirassem, nem mulheres apaixonadas por ela. Até uma idade bem adiantada, soube se conservar magra e bela. Tinha perdido uma filhinha de 18 meses, mas, em vez de afundar na prostração, colocou outra no mundo 12 meses depois. Naquela época, como hoje em dia, aliás, era raro que uma mulher conseguisse ter êxito em todos os seus empreendimentos. Não lhe perdoavam por isso na esfera burguesa. Teriam gostado que fosse punida... em algum momento. "É uma excêntrica!", diziam minhas tias com um amuo de reprovação. "Tentem não ter maus modos como sua mãe", nos advertia periodicamente nossa avó, que pesava 100 quilos e se vestia sempre de preto desde a morte de seu filho mais velho em Verdun.

Eu não tinha coragem para ser uma excêntrica. Nem as capacidades.

E não podia esperar o auxílio de ninguém, muito menos de minhas leituras. Pelo contrário, quanto mais eu lia, mas me parecia evidente que não havia futuro independente para as moças. Eu sequer suspeitava da existência de uma Virginia Woolf. *Um teto todo seu*, escrito em 1929, só seria traduzido para o francês em 1951![5] Evidentemente, eu nada sabia de Marie Wollstonecraft, Olympe de Gouges, Flora Tristan, Louise Weiss. Simone de Beauvoir só escreveria *O segundo sexo* cinco anos mais tarde, e não devo ter pronunciado a palavra "feminismo" antes dos meus 25 ou 30 anos. E sem palavras para me exprimir, como conceber a coisa? Minha mãe desdenhava o direito ao voto e a política em geral. Eu que fizesse como ela.

Resumindo, eu vivia numa espécie de inocência, como dizem, "o inocente da aldeia". Nós, dos tempos anteriores à guerra, que tínhamos 18 anos em 1939, éramos quase todos inocentes da aldeia. De uma aldeia planetária. E era ainda pior em outros lugares! Pelo menos eu não era uma dessas negras com um tabuleiro que tinha visto, exibidas como macacos sobre um estrado, na Exposição Colonial de 1936. Eu já estava com 16 anos, mas não me ocorreu a ideia de que elas também eram mulheres "condicionais". A condição de agradar aos homens que estabeleciam os critérios de acordo com a própria vontade, ainda que fossem os mais cruéis, e que só se casavam em caso de conformidade.

Assim, aos 20 anos, eu não via nada de anormal no funcionamento da sociedade. Trazia no bolso um diplo-

---

[5] A tradução de Clara Malraux recebeu o título *Une chambre à soi*. A tradução publicada no Brasil é da autoria de Vera Ribeiro. (*N. do T.*)

ma em Letras, lecionava o latim e o inglês numa escola particular; por que não podia votar como os motoristas de táxi ou os varredores de rua, nem abrir uma conta no banco sem a autorização de meu marido, nem abortar sem correr o risco de ser processada e condenada pela sociedade e talvez até executada?

A questão não se colocava.

E por que, durante a ocupação nazista, somente os homens tinham direito a um cartão para conseguir tabaco, as mulheres sendo uma vez mais tratadas como menores de idade?

A questão não se colocava.

(Em compensação, a resposta foi encontrada! Como nenhum de nós fumava, tínhamos confiscado o cartão de meu pai para enviá-lo aos agricultores de Morbihan, que nos mandavam em troca manteiga e coelhos.)

Por que, finalmente, depois de me formar, não fiz o mestrado ou entrei na Escola Normal como os jovens à minha volta? Eu os vi decolar. Mas fiquei no mesmo lugar. A que se devia aquele derrotismo que me incitava a desistir, enquanto não me faltavam tempo, dinheiro, saúde e o gosto pelos estudos?

Nesse aspecto também, a questão não se colocava. A renúncia era considerada uma virtude nas moças, inclusive a renúncia à felicidade.

Mas nesse ponto também, eu achei a resposta ao descobrir, anos mais tarde, em *O segundo sexo*, um trecho que parecia ter sido escrito por mim mesma: "*É no início, no período de aprendizado, que a mulher se acha em estado de inferioridade... Extremamente desmoralizante para a moça que procura ser autossuficiente é a existência de outras mulheres, pertencendo às mesmas categorias sociais, tendo no começo a mesma situação, as mesmas chances que ela, e que vivem como parasitas. Ainda mais que lhe parece que, quanto mais avança, mais ela renuncia a essas outras oportunidades. Ao se comportar de forma pedante, mulher cerebral, ela desagradará aos homens em geral: ou humilhará seu marido, seu amante, por conta de um êxito demasiadamente brilhante... De qualquer maneira, a jovem mulher está convencida de que suas capacidades são limitadas... Resignando-se a esta desigualdade, esta se agrava. Ela se persuade de que suas chances de sucesso só residirão em sua paciência, sua aplicação. Trata-se de um cálculo detestável... Esmagada pelo respeito às autoridades e pelo peso da erudição, o olhar restrito pelos antolhos, a estudante demasiadamente conscienciosa mata em si o senso crítico e a própria inteligência."*

Análise terrível e que se somava àquela de minha mãe. Finalmente, assim eu explicava o sono de minha inteligência. Era meu retrato tão exato que Simone de Beauvoir descrevia que tive vontade de dar uma surra naquela pobre moça que eu tinha sido, e depois abraçá-la com lágrimas cálidas.

Mas então, como fizeram as outras, aquelas poucas que, no século XX, haviam escolhido seu caminho e conseguiram fazer um nome? Eu as admirava com estupor. Conchita Cintron, a primeira toureira em 1937. Marie Bashkirtseff, que meu pai admirava, morta de tuberculose em 1884, com 80 anos, já célebre pelo seu *Diário* e por suas pinturas. Marie Laurencin, minha madrinha, certamente. E Colette, a escandalosa, e Elsa Triolet, que recebeu em 1945 o prêmio Goncourt, pela primeira vez atribuído a uma mulher, depois de quarenta anos! E também Maryse Bastié e Hélène Boucher, glórias da aviação francesa, mas que, apesar dos recordes internacionais e do heroísmo, nunca conseguiram ser contratadas pelas companhias aéreas comerciais. Tudo bem, algumas mulheres conseguiam transpor a barreira dos preconceitos, quebrar o tabu do silêncio, mas a sociedade se apressava a denegri-las ou apagá-las de nossas memórias. Elas não ingressavam realmente no mundo dos homens, não conquistavam lugar nem poder. Exceto as artistas e as atrizes, mas sua condição permanecia precária, ao sabor de uma moda, de sua idade, do favor do público. Ainda não era o mundo dos homens. E, por sinal, o sucesso exigia de início um talento que me faltava.

É preciso dizer que eu havia passado a maior parte da minha vida nas escolas católicas, onde tomavam cuidados extremos para não nos deixar crescerem as asas. Somente a estrutura de nossa religião bastava para nos convencer de nossa insignificância. Nada de deusa da fecundidade ou da colheita, como Deméter nos meus queridos gregos com seus múltiplos deuses. Nenhum vestígio da deusa-mãe como nos egípcios, nem mesmo uma Kali hindu, encarnação da morte, mas também da vida. Nossos deuses eram todos barbudos.

Ao pé de nossa trindade masculina, observa-se claramente uma forma prosternada, a Virgem Maria. Mas ela constituía a um só tempo, pela sua concepção imaculada e sua virgindade, um duplo desafio à natureza e, portanto, um modelo impraticável para as mulheres. O triste destino dessa Mater Dolorosa, esmagada e humilhada diante de Deus e de seu filho divino, pouco convinha para nos encorajar a alcançar os caminhos da emancipação.

Tínhamos até algumas santas, mártires na maior parte, célebres por terem perdido seus seios ou a cabeça, mas nunca escreveram qualquer evangelho, nem epístolas, sequer profecias como a pítia de Delfos, nem mesmo o menor texto fundador. Os raros textos de mulheres eram guardados em segredo.

Acho que se eu perdi a fé, isso ocorreu por volta dos meus 20 anos, foi por causa desta ausência torturante de mulheres dentro da igreja, ao mesmo tempo nos textos evangélicos, na hierarquia e na liturgia. A fórmula ritual martelada a cada domingo sobre nós, "Meus queridos irmãos", me afastava imediatamente do discurso. Sem saber analisá-lo em termos feministas, eu me sentia desonrada por essa exclusão. Um padre vinha nos rezar a missa todas as manhãs no instituto Sainte-Clotilde, mas vinha acompanhado pelo seu coral de garotos, como se nenhuma das mais de 100 meninas ajoelhadas diante dele fosse digna de ajudar na missa. A presença daqueles malandrinhos vestidos de vermelho e convocados para funções que considerávamos prestigiosas, diante do rebanho lamuriento de "mijonas" que éramos aos seus olhos, deve ter seguramente me preparado mais para o feminismo do que os discursos.

E é essa minha cultura católica.

No que diz respeito à cultura grega, apesar da divertida confusão do Olimpo, nada havia de muito valoroso tampouco para meu ego. Aristóteles e Platão haviam me prevenido dois mil anos antes de que eu "não passava de um homem defeituoso, um macho fracassado, um erro da natureza". Diante de autoridades assim tão irrefutáveis, só restava às "fracassadas" da humanidade se curvar e recorrer aos espécimes bem-sucedidos: os homens! Ali, não faltavam heróis. Mas nós os admirávamos sem esperança. O astuto Ulisses, o arisco Aquiles, o belo Heitor inflamavam nossas imaginações, mas do modo como um atleta disputando uma maratona fascina um estropiado sobre uma cadeira de rodas.

Nossas heroínas só pareciam conhecer os destinos patéticos, abreviados por Deus, por seus pais ou por um oráculo.

Todas nós tínhamos podido sonhar em igualar a Antígona, personagem que inspirou tantos autores, mas só por um breve instante, antes que as leis da cidade nos condenassem, por desobediência, a sermos emparedadas vivas aos 20 anos!

Restava-nos Helena, cuja beleza foi a causa da guerra de Troia, na qual morreram os melhores dos gregos; e Jocasta, esposa sem o saber de seu filho Édipo, e que se enforcou desesperada ao tomar conhecimento disso; e Ifigênia, sacrificada aos 16 anos por razões meteorológicas irrisórias; ou Ariane, seduzida e abandonada numa ilha deserta por Teseu. E Medeia, a infanticida, uma feiticeira como sua irmã Circe, o que não lhes impediu de serem também abandonadas. E depois a corajosa Andrômaca, é claro. Na verdade, figuras emblemáticas, sinas de vencidas, de vítimas. Por sinal, Ésquilo, Sófocles, Eurípides e outros haviam ilustrado essas vidas em terríveis e magníficas tragédias cuja própria beleza constituía um argumento a mais contra as mulheres.

E é essa minha cultura grega.

Resumindo, pagã ou cristã, a mulher continuava sendo a metade ruim da Terra, e os Pais da Igreja, com menos talento, porém maior fanatismo que os pensadores da Antiguidade, iriam confirmar a triste verdade: Platão, Aristóteles, São Paulo, Tertuliano, Bento XVI, o mesmo combate!

Sobrava a cultura clássica.

Infelizmente, aí também, desde o começo, a história da França expunha nossa exclusão. E não apenas pela lei sálica, especialidade bem francesa que nos privou de grandes rainhas, como Isabel da Inglaterra ou Catarina da Rússia. Maria de Medici foi nossa última rainha coroada. Catarina de Medici e as demais não seriam mais do que regentes ou esposas repudiáveis.

Para nós, meninas, que nos sentíamos não obstante tão ávidas de sonhos quanto nossos irmãos, não interessavam esses heróis ascéticos dos quais tantos rapazes extraíram sua vocação, sua inspiração, ou simplesmente sua segurança na vida; a segurança de pertencer ao sexo que havia fornecido tantos exemplos gloriosos e o sentimento de que um pouco desse prestígio jorrava sobre cada um deles. Onde estavam nossas personagens lendárias, diante de Petit Tambour Bara, o Grand Ferré, Bayard, O cavaleiro sem Medo e sem Mácula, os Três Mosqueteiros, Gavroche, o ladrão magnífico?[6] Ou então diante de Dumouriez, que salvou o povo e a Revolução em Valmy, de Hoche, o belo general de 20 anos, ou o Père La Victoire, que meu pai venerava? E não me esqueço de Napoleão, ao qual não se resiste quando se tem 12 anos. "Waterloo, planície sombria" me arrancava lágrimas a cada vez. Mesmo na derrota, mesmo no exílio, ele se manteve imenso. Colecionei seus bustos, em gesso, bronze e louça, até mesmo em forma de castiçais, com a vela plantada no meio de seu chapéu de duas pontas. Ele reinou por muito tempo sobre minha mesa de cabeceira, meu Napoleão!

---

[6] Heróis populares fictícios da Idade Média presentes no imaginário francês. (*N. do T.*)

Mas que exemplo podia ele me oferecer? Fui obrigada a romper com meu grande homem. E com a grandeza do mesmo gesto.

Para nós, meninas, não existiam tampouco "autores de programas" pedagógicos de nosso sexo. Em estágio algum de meus estudos, mesmo na faculdade de letras, nenhum desses famosos "autores de programa" havia sido uma mulher!

Erica Jong contou que em Barnard, faculdade fundada por feministas americanas e reservadas às moças, não se estudavam autoras, nem romancistas, nem poetisas. Na biblioteca, não figuravam romances de Colette (supostamente esgotados), nem obras de Simone de Beauvoir, nem de Emily Dickinson. Em 1960! No país do feminismo! Então pode-se imaginar, na Sorbonne, em 1941, o deserto. De fato, nosso panteão estava vazio. À exceção, é verdade, de uma heroína prestigiosa: Joana d'Arc, ainda virgem por sinal, única descendente das amazonas míticas e a única que teve a audácia de romper com sua condição e suas tradições de mulher. Ela foi castigada por isso, como sabemos, e como Antígona, Ifigênia ou Jocasta, condenada a um fim precoce e trágico.

Modelo dissuasivo, há de se convir.

As outras só aparecem como figurantes. Nossos historiadores, sempre preocupados em ocultar a presença das mulheres na história, reduzindo suas ações à agitação de alguns grupelhos, designados para melhor marginalizá-las com nomes ridículos: "Tricoteiras" da Revolução Francesa, dignas herdeiras das heroínas de *Lysystrata* e da *Assemblée des Femmes*, das quais Aristófanes contava que cardavam a lã entre dois discursos políticos... "Petroleiras", cujos empreendimentos heroicos durante a Comuna foram assim minimizados ou ridicularizados. Um sobrenome que ficou para Louise Michel, além de "Virgem Vermelha" (mais uma donzela!), e que relegaria ao segundo plano a vontade política de toda a sua vida, tudo aquilo pelo que ela combateu e foi enviada à prisão.

Da mesma forma, no século XX, para melhor esvaziar as reivindicações das sufragistas, a imprensa as apelida rapidamente de as "*suffragettes*", o que fez com que passassem à eternidade como as alegres animadoras de torcida pelo direito ao voto. Na mesma época, na Inglaterra, elas se batiam heroicamente, acorrentando-se às grades de Westminster, jogando-se sob os cascos dos cavalos no Derby Epson diante de uma multidão estupefata, ou iniciando greves de fome, e obtendo assim o direito de votar vinte anos antes das francesas!

A tática é a mesma na literatura: tratando-as de "preciosas ridículas" ou de "mulheres sábias", zombava-se do fato de as mulheres apresentarem uma inclinação que parecia das mais honradas para um homem: o desejo de se instruir e falar a bela língua. Essas fórmulas-choque, lançadas por Molière em 1679, alimentarão a rejeição que por muito tempo causará o descrédito sobre a ambição criativa das mulheres.

Na verdade, é difícil imaginar o impacto de uma fórmula quando ela chega, historicamente, no bom momento. A relação entre *sabichona* e *ridícula* é agora estabelecida e dá-se o tom para falar sobre isso: este será o do *escárnio*.

A Belisa de Molière, ao lado de sua cunhada Filaminta e de sua sobrinha Armanda, vai servir para desqualificar ao mesmo tempo as devotas, que se tornam histéricas por falta de um macho, e as sirigaitas, que teimam em escrever no lugar de passar a ferro os coletes.

Repreensão das mulheres ainda mais desoladora, visto que, na Idade Média e na Resistência, várias entre elas haviam conseguido adquirir uma cultura notável e se dedicar às letras e às artes. Christine de Pisan foi apelidada "A Sábia Senhora", mas, no final do século XVI, tratava-se de um cumprimento! Heloísa conhecia o latim, o grego, o hebreu e a teologia, e foi o amor e não a ciência que provocou sua infelicidade... e a de Abelardo. Louise Labé falava quatro idiomas e Margarida de Navarra brilhou durante todo o século XVI.

As mulheres do povo não ficavam mais reclusas em seus lares. As tradições germânicas tinham prevalecido sobre o abominável direito romano: podiam ser tecelãs e tapeceiras[7] e *miresses* (os *mires* eram os médicos da Idade Média), ou *prude-femmes* (isso parecia mais lógico ao povo do século XV que chamá-las de as senhoras *prud'homme*"[8]).

O século XVII, patriarcal, recolocaria em ordem as famílias. E, apesar da melhora com o Iluminismo no século XVIII, apesar da reação desdenhosa dos teóricos da Revolução, entusiasmados pela exposição dos grandes princípios ditos universais, mas bem decididos a não aplicá-los às mulheres, não se achará mais nenhuma intelectual que não seja marginalizada e privada de qualquer possibilidade de influir sobre as ideias da época.

Mas eram necessárias leis para reconduzir as moças e as esposas a seus deveres sagrados. Estimando, com toda razão, que a instrução é o primeiro passo para a emanci-

---

[7] São as mulheres que teceram a famosa *Dame à la Licorne*.
[8] Prud'homme: responsável pelos julgamentos em tribunais trabalhistas. (*N. do T.*)

pação, o jacobino Sylvain Maréchal propõe em 1801 seu famoso *Projeto de lei proibindo às mulheres aprender a ler*. O Código Civil de Napoleão irá bem mais longe ainda, para estabelecer a "perpétua e obrigatória resignação das mulheres", tornando-as civis incapazes e menores durante toda a vida.

Tendo o "mulher sabichona" cumprido seu dever, foi preciso uma nova palavra: esta foi "*bas-bleu*", uma expressão vinda da Inglaterra no século XIX. O *bas-bleu*, nos diz o dicionário, designa "uma mulher que tem pretensões literárias". Pois quando uma mulher escreve, é necessário entender que se trata de uma pretensão, e não de literatura.

"Não quero *bas-bleu* em nossa casa", dizia Mme Duevant à sua nora Aurore Dupin,[9] a futura George Sand.

"Não aceitarei que minha filha se torne uma *bas-bleu*", declara a mãe de uma dessas *Dames aux chapeaux verts*.[10]

"Nada de saias aqui dentro", exagerarão os irmãos Goncourt, recusando-se a premiar *Marie-Claire*, o belíssimo romance de Marguerite Audoux, em 1906, por causa das... "saias"!

Como "mulher sabichona", o termo *bas-bleu* faria furor e prejudicaria a reputação das "desertoras" que abandonam seus lares para fazer carreira. As palavras, às vezes, podem matar e fazem mais mal do que uma longa diatribe. Barbey d'Aurevilly, autor que meu pai exaltava com J. K. Huysmans, outro notório antifeminista, intitulou um de seus romances mais peçonhentos de *Les Bas-Bleus*, e

---

[9] Amandine Aurore Lucile Dupin (1804-1876), romancista e contista francesa que adotou pseudônimo masculino. (*N. do T.*)
[10] As solteironas de chapéus verdes, romance de Germaine Acrement. (*N. do T.*)

Albert Cim faria o mesmo dez anos mais tarde. Curiosamente, esta expressão nunca se aplicava aos homens, por mais pomposos que fossem, às vezes!

Não que nunca tenha encontrado filósofos, cientistas, poetas ou homens políticos[11] para afirmar dignidade idêntica dos dois sexos. Mas estes permaneceram isolados (Condorcet foi praticamente o único defensor das mulheres, com Guyomar, durante a Revolução), passando por gentis estouvados ou perigosos utopistas (o genial Fourier passou toda a vida na miséria). Eles nunca eram citados em nossos compêndios por sua defesa dos direitos das mulheres. O feminismo era um capricho, um detalhe sem importância, uma ideia irrefletida.

Como todas as minhas contemporâneas, privaram-me de qualquer referência, qualquer análise de minha situação, e, consequentemente, de qualquer porta de saída do patriarcado.

"Se eu tivesse que romper com a tradição, ter-me-ia sido necessária uma coragem heroica, e eu não sou uma heroína!", escreveu Virginia Woolf.

Eu tampouco o era, e continuei então a me alimentar de livros que me destruíam. Na ausência da televisão, é de fato a literatura, passada e presente, que fornece aos jovens as imagens, modelos e fantasmas que se impõem dentro da sociedade. Com Malraux e Martin de Garde, foram Gide e Montherlant meus mestres de pensamento durante a guerra. Por paixão ao livro *Os frutos da terra*, eu mal me dava conta de que as heroínas dos romances de André Gide eram privadas de desejo e de maternidade, condenadas, como suas irmãs antigas, a mortes sinistras.

---

[11] Cf. *Féminisme au masculin*, publicado em 1977 pela editora Denoël.

Marceline, Alissa de *A porta estreita*, Gertrude, a bela cega de *A sinfonia pastoral*, que se suicida quando volta a enxergar, Eveline de *Escola de mulheres*, Ariane, todas vencidas, vítimas sacrificadas pelo egoísmo masculino. Mas havia Nathanaël, que me dizia, sem notar que eu era uma moça: "Goze. Observe. Possua o mundo!"

Mas como gozar quando nos reconhecemos na patética Andrée Hacquebaut de Montherlant? A Andrée do célebre *As moças*, estendida no capacho de Costals, que ela ama, rastejando diante dele, quando este se decide a abrir-lhe a porta... para insultá-la e não fazer amor com ela. Porque ela comete o "erro" de ser inteligente. Isso a torna feia, e o desejo de Costals não nasce, nunca nascerá. Ele o concede, com todo o desprezo que convém, a Solange Dandillot, deslumbrante de idiotice e de futilidade, o que tem o dom de excitá-lo furiosamente.

Os jovens que encontrei citavam voluntariamente Montherlant, autor com que eles acreditavam partilhar a grandeza, ao adotar suas obsessões de virilidade. A maioria estava acostumada a essa "misoginia de salão" bem francesa, que os autorizava a se acreditarem espirituosos, a partir do instante em que enunciavam as piadas mais manjadas sobre as mulheres. Não rir com eles era considerado uma falta de humor... algo bem feminino. Eu ria então com os outros... não somos umas pobres imbecis gratuitamente. E leva tempo para entender que se contribui com a misoginia ao aceitá-la.

O apartamento familiar onde se praticava alegremente o matriarcado e a perfeita consideração de meu pai por sua esposa, suas filhas e o gênero feminino em geral tinham-me mal preparado para a anormalidade tranquila da misoginia que eu iria descobrir no mundo exterior.

Mais do que uma sólida convicção, era um modo de ser, um tipo de obrigação mundana, um esporte nacional. Era preciso que um moço fosse realmente inteligente, ou vagamente estúpido, ou então de uma originalidade rara para falar normalmente das mulheres. E às mulheres.

Eu era ainda menos aguerrida porque, mesmo nas aulas de filosofia, no liceu Victor-Duruy, nunca havia frequentado classes mistas, ou enfrentado a maldade instintiva dos meninos, sua brutalidade. Eu cheguei bem verde, sem armas nem armaduras, à idade em que as feridas doem. Felizmente, eu cicatrizava com rapidez e formava sólidas calosidades nos pontos de fricção habituais.

Esperando encontrar suficiente audácia para provocar também feridas.

Não é proibido sonhar: a psicanálise recém-nascida poderia ter-se baseado em novos critérios e nos salvar da resignação ao nosso destino subalterno. Mas ela nos afundou ainda mais. Freud e, depois dele, seus discípulos acabariam por trancar a chave nosso destino, dando à mulher uma definição que se unia dramaticamente àquelas de Platão, Aristóteles e Tertuliano, que começavam a se desgastar. Sob um traje moderno envolvendo uma teoria de conjunto impressionante, a mesma maldição nos atingia. Nós nos tornávamos "machos incompletos, homens castrados, seres deficientes de corpo e alma". O modelo ideal de humanidade continuava sendo o masculino. E isso duraria um século.

Freud foi o pai da psicanálise, mas não se diz suficientemente que ela não teve mãe. À imagem da cristandade governada por uma longa lista de papas, esta nova ciência foi definida por uma longa sequência de papas leigos, entre os quais raras mulheres desempenharam o papel de filhas respeitosas, para não dizer submissas — Anna Freud que se tornou a Antígona de seu pai, Hélène Deutsch, Marie Bonaparte, que se submeteu a uma cirurgia do clitóris para alcançar o orgasmo segundo a imposição de Freud etc.

É duro carecer de mães fundadoras, sobretudo quando desmoronamos sob os pais, a começar pelo nosso Pai eterno, o páter-famílias dos romanos, nosso Santo-Pai, o papa revezado pelos padres da Igreja, sem esquecer o Papai Noel e os bons padres de nossos colégios, e o pai confessor ao qual revelamos o fundo de nossas almas infantis antes de nos prostrarmos diante de Deus Pai e absorver Deus Filho sob a forma do Corpo Santo que só o pai abade, capelão de nosso colégio, podia levar aos nossos lábios. Atualmente, mesmo nas delegacias, o atendimento às mulheres é assegurado por pessoal feminino. A igreja não acompanhou a evolução: nenhuma religiosa, nem mesmo a irmã abadessa, tem o direito de receber uma mulher, uma garotinha, em confissão, tampouco lhe conceder a extrema-unção.

Vemos assim surgir no momento oportuno homens providenciais que vêm legitimar a dominação masculina. No século XIX, pelo menos nas sociedades evoluídas, algumas mulheres começavam justamente a refletir e a se emancipar. Freud se empenhou para reconduzi-las ao curral. Toda tentativa de evasão dos papéis tradicionais foi condenada antecipadamente: "A vontade de ter sucesso numa mulher é uma neurose, o resultado de um complexo de castração do qual só será curada através de uma aceitação total de seu destino passivo." A "resignação perpétua" inscrita por Napoleão dentro das leis iria encontrar em Freud seu abrigo dentro da vida social e psíquica.

Eu não tinha lido Freud, felizmente. Se tivesse, poderia ter tomado o feminismo por uma neurose ou me tornar eu mesma uma neurótica.

Mas sem ser uma neurótica (minha natureza não consentia), fui contaminada por esse ensinamento. Pois a desigualdade se aprende desde a infância. Eu a tinha ingurgitado sem fazer caretas em doses cotidianas durante vinte anos e a tinha assimilado totalmente. Eu nunca falava do "problema que não tem nome", que mais tarde descreveria Betty Friedan.[12] Eu aceitei as regras do jogo e me revelei mesmo uma boa perdedora. Eu sentia apenas esse gosto da humilhação na boca sem saber o motivo.

Ser-me-iam necessários ainda vinte anos e três casamentos para me dar conta de que estava jogando com dados viciados e que os rapazes ingressavam na vida com as melhores cartas, antes mesmo de começarem a jogar. Que eu caíra numa armadilha, atada numa rede implacável de leis, interdições, tradições religiosas, injunções morais, da qual seria difícil, doloroso e talvez perigoso me livrar.

E que seria necessário recomeçar cem vezes o trabalho, e que cada mulher deveria se colocar no mundo por si mesma, sem dar atenção aos discursos lenitivos e desmobilizadores, à conversa fiada dos homens e de tantas mulheres que compõem sua tropa de apoio, anunciando após cada sobressalto, após cada pequeno avanço sobre a via da liberdade, que o feminismo não fazia mais sentido, já que a igualdade fora enfim reconhecida!

---

[12] Em *Mística feminina*, traduzido para o francês por Yvette Roudy e no Brasil por Áurea B. Weissenberg. (*N. do T.*)

A única vantagem da inconsciência e da submissão é que elas permitem viver mais ou menos qualquer coisa sem muito desgaste. Alguns acontecimentos da minha vida de moça que me parecem retrospectivamente odiosos e intoleráveis, eu os vivi finalmente e com frequência contra minha vontade, porém sem drama importante ou revolta, nem verdadeiro sofrimento.

Por mais curioso que isso pareça no ambiente aparentemente moderno, eu fui como tantas outras uma moça do século XIX. Em vários domínios, o século XX só começou de fato após a Segunda Guerra Mundial.

Foi pouco a pouco, depois de várias partidas perdidas, de erros alegremente assumidos, de renúncias cada vez menos facilmente toleradas, que eu emergi do bando das convenções para me tornar alguém que eu sequer imaginava.

Mas que nunca mais me abandonaria.

Capítulo II

As Alegrias

André Groult
Decorador

16 de novembro de 1939

25, faubourg Saint-Honoré
Paris 8ᵉ
Tel.: Anjou 26-28

Minha querida Rosie,

Não creio que você deva se empenhar na versão. Por mais experiente que seja em versão, você pode falhar. Diga-me se pode encontrar um professor erudito para ensiná-la a executar um tema grego ou latino. Caso contrário, tentarei achar alguém desse tipo em Paris.

Penso que você deve se dedicar a cada dia a um tema ou versão e não se contentar em traduzir os autores do programa de estudos, mas trabalhar sobre um programa mais amplo. Você prepara seu diploma da faculdade como o do ensino médio! Ora, você deve conhecer a fundo a história da Grécia e de Roma, e as respectivas literaturas. Não estude para obter o diploma universitário, estude para se tornar uma helenista, uma latinista, e você verá que passará brincando.

Se você me traduzir as duas versões anexas, eu as corrigirei, *doctus cum libro*. O Sêneca é fácil, porém, há delicadas nuances. Para dizer a verdade, traduzir nunca é fácil.

Ontem, fomos ao Cinéac, em Saint-Lazare, com os Galanis. Lá pelas dez horas, jantamos em casa: *paloignon* gratinado, ovos mexidos, aspargos, chucrute *garni*, sobremesas variadas. Mas hoje pela manhã, caldo de legumes!

Um beijo para você, minha pombinha. Estude bastante. Dê um beijo em Flo por mim. *Vale et me ama*.

Pater

Meu pai está todo nessas linhas: nossa relação totalmente defasada, fora do tempo, ignorando o cotidiano, isolada no especulativo e em alguns domínios bem delimitados, mas de uma riqueza infinita: os Antigos, o esporte, a botânica, o mar. Resumindo, onde minha mãe nunca punha os pés.

Flora não passava então de uma dependência maternal. Ela tampouco jamais aprenderia a conduzir um automóvel, ou a ler um mapa ou distinguir um feto arborescente (*Pteris aquilina*) de um *Scolopendrium officinale*. Mas ela evoluía com arte entre os rapazes, desenhava com uma graça etérea, vibrava com a menor brisa, como uma mocinha de Giradoux, e tecia com elegância minhas meias de seda compradas com o dinheiro das minhas primeiras aulas!

Na época, eu não me dei conta, mas foi com meu pai que aprendi a amar e a praticar todas as atividades que produziriam as alegrias da minha vida.

Como eu, ele respeitava o esforço, fosse este esportivo ou intelectual. Meu erro era encontrar neste empenho mais prazer do que no sucesso. "Esmagada pelo respeito às autoridades e pelo peso da erudição", escrevera Beauvoir... "Aluna por demais consciente"... Meu pai havia diagnosticado o mesmo mal em mim.

"Leituras à margem dos programas escolares, um passeio, momentos fecundos nos quais o estudo e a diversão se confundiam, podem ser bem mais proveitosos, mesmo a tradução de um tema grego, do que a compilação morna de sintaxes espessas."

Parecia que Pater lera Beauvoir! Mas eu sabia apenas "compilar espessas sintaxes", e foi assim que fracassei duas vezes em obter meu certificado de grego e que não obtive à minha primeira tentativa nem o latim nem a filologia. Com facilidade, só passei nas provas de literatura e inglês. Mas esses atrasos representavam talvez um equivalente a esse herpes que assegurava meus impasses sentimentais: meus reveses universitários me garantiram a prolongação de meus caros estudos.

Na verdade, eu não conseguia me "concentrar". De um lado, a obstinação sem brilho que me servia de álibi; do outro, as belas escapadas.

Era do meu futuro programado que eu esquecia durante minhas longas caminhadas na neve profunda, com meu pai, a pele de foca cingindo os enormes esquis escandinavos de antes da guerra com as pontas arrebitadas, equipados com fixadores grosseiros feitos de arreios de cavalos de carga, nos quais era preciso inserir inacreditáveis borás de infantaria da guerra de 1914-18. Começando com as curvas do papai, prosseguindo com o maldito limpa-neve e concluindo com as manobras paralelas e as gingas, minha carreira de esquiadora teve de se ajustar a inumeráveis mudanças de material e de estilo, que se revelaram cada vez mais dolorosas, sobretudo na região dos pés.

Sim, eu sinto saudades das minhas calças norueguesas tão feias, cobertas de neve, e minhas polainas que asseguravam a impermeabilidade das botas de canos demasiadamente maleáveis.

Sim, sinto saudades das longas subidas glaciais pelos corredores sombrios que levavam ao lago de Tignes e à aldeia hoje devorada; Pater à frente, com seu gorro cobrindo toda a cabeça de explorador polar, eu atrás, nas suas pegadas, empanturrada de noz-de-cola para poder manter seu ritmo.

Sim, saudades dos meus esquis de freixos, tão pesados. Os do papai eram de nogueira. Eu chegaria lá um dia, quando conseguisse meu diploma do ensino médio!

E mais saudades ainda da pausa no cume enfim conquistado, nossos casacos presos aos esquis cruzados, nossas peles de foca dentro das mochilas para nos servir de assento na neve, sozinhos, em meio a toda a brancura, sem itinerários demarcados com balizas, sem galos na cabeça, sem as barras repletas como nos ônibus cheios de desportistas vociferantes. Mordíamos nosso chocolate Meunier, que nunca mais teve aquele mesmo gosto, comíamos uma banana, bebíamos suco de laranja extraído de um cantil que sempre cheirava a ferro. E nos enchíamos daquele silêncio acolchoado, enquanto o cansaço zumbia em nossos músculos.

Flora afirma hoje em dia que cabos transportadores e ascensores mecânicos já existiam no monte Genèvre e em outros lugares em 1936, mas que nosso pai impunha as escaladas com pele de foca para que "merecêssemos" a descida. Durante tanto tempo achei que o esforço era uma virtude em si que não guardei a lembrança de que poderiam ter me privado as comodidades do progresso.

    Narrando as mesmas caminhadas, Flora descreveria sem a menor dúvida a tortura das escaladas em manhãs glaciais, o muco gelado na ponta do nariz, a bolha atiçada a cada passo pelo roçar dos calçados vis com o couro retesado pelo frio, as peles de foca que teimavam em se deslocar dos esquis, a luva perdida na neve macia, enquanto nos esforçamos para apertar as correias com os dedos entorpecidos... e finalmente, quando a gente pensa que já chegou ao fim de suas penas, o esqui se solta e desliza sozinho pela pista de descida, maroto... condenando seu proprietário a renunciar ao outro e começar uma via-crúcis na neve fresca, o esqui sobrevivente sobre o ombro, como um Cristo. A menos que Pater estivesse ainda por lá e se encarregasse do esqui que restara, o que não o impediria de descer regiamente, sob o olhar acabrunhado da acidentada, que de repente pesava 100 quilos!

    Tudo isso é sem dúvida verdade. Tudo isso decerto deve ter me acontecido também. Mas como se sabe, a memória é seletiva e meu relato só é verdadeiro para mim.

    E eu me vejo triunfante, sacudindo minhas botas, que eram o que me cabia, para me livrar da neve, acionando o dispositivo em posição de descida — era nessa hora que o esqui podia nos abandonar —, observando os desníveis mais propícios para deslizar, tremendo pela excitação de em breve estar arranhando toda aquela superfície virgem com as marcas em zigue-zague dos meus esquis.

    E neste prazer, como em todo prazer, o ferrão da melancolia: a maré vai baixar, pondo fim à pesca... a festa vai acabar e será preciso partir noite adentro... O derradeiro grão de caviar vai ser comido... o amor vai ter que tomar o último metrô. O cume sobre o qual nos equilibramos após uma tortuosa ascensão, este cume desemboca na brevíssima exultação da descida; semelhante à primeira metade da vida, na qual a gente hesita sobre o pico por um instante, enquanto a outra encosta se revela, e se pressente não se terá mais totalmente controle da sua velocidade nem de seu destino.

Felizmente, a vitalidade do presente vencerá esta fulgurância.

O retorno do esquiador ao vale, o retorno do pescador a terra fazem parte desse momento em que nos sentimos superiores ao comum dos mortais. O reflexo da solidão, a beleza dos alhures brilhando nos olhos. Os músculos obedeceram, a técnica não nos traiu, o corpo exultou. A fome e a sede são melhores.

Nos antípodas desse entusiasmo, estendiam-se as alegrias humildes e inumeráveis dos jardins.

Nós nunca tivemos um só para nós. Mamãe tinha medo demais dos piqueniques a preparar, as casas de campo a abrir e fechar, os camundongos, as aranhas, o mofo sobre as paredes e as janelas que mal se cerram. Ela preferia ir à casa dos outros ou ficar em sua enorme cama-concha desenhando vestidos ou fazendo as unhas e cantando árias de opereta que davam arrepios.

Aos 18 anos, ela sonhara em se tornar cantora. Uma ideia natimorta em seu meio! Fazer vestidos parecia menos escandaloso, assemelhando-se aos bordados ou à costura, atividades admitidas a uma mulher... se bem que mamãe mal soubesse pregar um botão. Ela optou portanto pela moda, como seu irmão Poiret, 17 anos antes, mas não renunciou ao canto.

Sou incapaz de dizer se ela cantava bem ou não, mas, para mim, sua voz era indecente, aguda demais, como a de um bocado de mulheres nessa época, assustadoramente feminina. Eu teria querido, se ela insistisse absolutamente em cantar, que tivesse a voz de Zarah Leander! Quando ela entoava *C'est Estelle et Véronique, Monsieur, prenez-nous* ou *Poussez, poussez l'escarpolette...* eu queria sumir sob a terra. Cada vez que ela cantava em público para suas amigas, era pior aos meus olhos do que se ela ficasse totalmente nua. Seu repertório de canções de marinheiro, especialmente, me soterrava de vergonha. No banquete de Saint-Céré, em 1934, convidada por Pierre Benoit para comemorar sua espada de acadêmico, ela se levantou durante a sobremesa para cantar diante de uma centena de celebridades, Dorgelès, Carco, MacOrlan, Bérard, Spinelli e outros: *Ah! Quelle triste vie que celle d'un Marin / On y dort à la dure, on crève la faim...*[1] O terror absoluto.

Mas os ouvintes pareceram satisfeitos! Mas papai adorava! Tratava-se sem dúvida de uma dessas fixações incompreensíveis em um ou outro comportamento de um dos pais, tão impossível de se entender quanto de superar, uma dessas fobias infantis cujas origens não poderiam ser detectadas senão após cinco anos de análise. Não tendo jamais sido analisada, ela perdurou em mim por toda a vida. A nostalgia dos jardins que tampouco tivemos, também. Para compensá-la, tive mais tarde de me equipar de três jardins! Mas como resistir a esta terna expressão: jardim ornamental?

---

[1] Ah, como é triste a vida de um Marinheiro / dorme-se mal e se passa fome o dia inteiro. (*N. do T.*)

Só consegui o primeiro, na Bretanha, depois dos 30 anos, quando me considerei definitivamente ligada a Paul Guimard. Um jardim, também, é para toda a vida. Nenhum deles é grande o bastante para que eu possa plantar um liquidâmbar, uma paulównia ou uma magnólia, que os catálogos garantem que ocupariam um terço de meus jardinzinhos! Mas nunca eu teria encontrado o tempo para escrever se possuísse um parque, o pequeno bosque de meus sonhos, um espaço para a imaginação. Trezentos e oitenta metros quadrados já são um mundo.

Por felicidade, meu avô Groult possuía um jardim diante da praia de Dames, em Concarneau, que cercava uma casa ampla onde minha avó Groult, que não gostava de ninguém, acreditava no entanto ser obrigada a receber toda a família, tios, tias e primos, durante todas as férias escolares do ano. Somente o dever contava para muitas mulheres dessa geração. De qualquer maneira, ninguém queria saber de seus gostos, só interessavam as datas em que ela nos receberia e se encarregaria de nós.

Minha mãe, que, como eu disse, não apreciava nem um pouco a Bretanha, as casas de campo etc., fazia apenas aparições breves e escandalosas. Nesta época, ela costumava preparar sua coleção de inverno.

Meu avô era um naturalista e dirigia a Maison Deyrolle, sobrenome de sua esposa, na rue du Bac. "Os filhos de Émile Deyrolle" reinavam nos quatro andares vetustos e fascinantes, povoados de estátuas de animais escalpelados, fósseis, espécimes geológicos, esqueletos de espécies pré-históricas, insetos, borboletas e milhares de animais empalhados. Pater, que tinha se formado em ciências naturais e trabalhava no jornal *L'Acclimatation*, um tipo de *Rustica*, hoje extinto, planejava dedicar sua vida às plantas e aos animais, até que minha mãe, aproveitando-se da perturbação do tenente André Groult, Cruz de Guerra, Medalha Militar, três distinções honrosas, devolvido à vida civil em 1918, o removesse desse universo bestial para fazer dele um antiquário, depois um decorador que se tornaria célebre nos anos 1925-1930.

Até os 20 anos, data em que a derrota e depois a Ocupação proibiram os franceses de possuir terras no litoral, os momentos mais preciosos de minha juventude eu passei em Ty Bugalé,[2] Concarneau, Finistère.

Lá, meus melhores amigos se chamavam *Lofius piscatorius* e *Maïa verrucosa*, *Gadus merlangus* e *Gadus morua*, *Zeus faber* e *Scomber scombrus*, e cavala.[3] Cada vez que eu retirava um da água, na linha ou no tremalho, meu avô, que se parecia com o vovô Victor Hugo, com seus bastos cabelos brancos e seu bigode, erguia um dedo deformado pela artrose e amarelado pelos cigarros Gitanes de palha de milho e dizia: "*Gadus merlangus*, um primo do *Gadus morua*." (A menos que fosse uma pescadinha, neste caso, *Gadus gadus*.)

Em Ty Bugalé, jogávamos apaixonadamente o *croquet* (que simplório, pensarão as crianças da era eletrônica), bola e tênis, quando aprendi a sacar por baixo, como todas as minhas tias. Por causa dos seios, elas diziam, cheias de mistério. Mas meu jogo de verdade era a pesca no mar. Partida a cada manhã às seis horas e trinta minutos no cúter do meu avô. Retorno por volta das onze horas, ar-

---

[2] Ty Bugalé, em bretão, significa "a casa das crianças".
[3] Ou seja: barboto, caranguejo-aranha, pescada-marmota, bacalhau, peixe-galo e... cavala.

rastando uma penca de peixes que pareceriam milagrosos hoje em dia.

Flora ficava enjoada no mar, fato que me alegrava sorrateiramente, pois isso me conferia com justiça uma reputação de loba do mar. E ela não suportava o cheiro da "*gleure*", aquela papa de cabeças de sardinha e farinha que se preparava à medida da necessidade dentro de um simples moedor de carne em ferro fundido como havia em todas as cozinhas e que atirávamos ao ar sobre o mar para o peixe "subir".

Eu me encontrava então a bordo com os homens: vovô, o senhor depois de Deus, Pater às vezes, um ou dois tios de passagem, Flora, quando o mar estava calmo, e meu primo Roland, que complacentemente nos serviu para tudo durante nossas adolescências, inclusive para nos revelar a anatomia do *Phallus miserabilis*. Ele tinha apenas uns 12 ou 13 anos na época, e os comentários zombeteiros de suas duas primas, Rosie e Flora, tornava aquilo que ele nos apresentara como temível a proporções totalmente reconfortantes, se não irrisórias.

Com o mar cheio de águas-vivas, eu renunciava ao barco e nós pescávamos camarão, eu, minhas tias e minhas primas. Eram as mulheres que pescavam camarão (*Palaemon serrata*), todas as gravuras da época o atestam. Não era um esporte considerado viril. Entretanto, erguer toneladas de laminares com um camaroeiro era muito mais cansativo do que pescar com uma linha do alto de um dique ou sentado dentro de um bote. Essas perseguições acrobáticas nas rochas, essas corridas ao pântano milagroso que só se descobrem a partir de um coeficiente de 90, mas permitem garantir sua pesca em cinco tentativas com a rede; essas caminhadas pelos bancos de areia que pareciam se estender sob o sol por toda a eternidade, ao passo que duas horas mais tarde eles estariam... como se nunca tivessem existido... Essa alegria de escutar no fundo da rede o estalido divertido que assinala uma quantidade apreciável de grandes camarões na armadilha... Essa satisfação de sentir a correia do cesto de pesca serrando os ombros, sinal de que as capturas se acumulam... Ainda hoje, eu iria ao fim do mundo para reencontrá-las.

Aliás, vou mesmo, porque parto todos os anos, há mais de vinte, para pescar na extremidade do mundo ocidental, na Irlanda. Parto para lá para reencontrar as alegrias de minha juventude, do tempo em que a costa bretã abundava em tesouros vivos, onde eu pescava cavalos-marinhos nos pântanos, anelídeos (*Pollicipes cornucopia*) no flanco das rochas, adormecidos sob as pedras. Do tempo em que qualquer criança equipada com uma simples rede de caçar borboleta voltava da praia com um balde cheio de bichinhos fascinantes. Praticamente não existem mais borboletas. As pequenas e azuis, especialmente, do tamanho de uma pétala de campânula, desapareceram. As chances agora são menos do que uma em cem de se achar pequenos caranguejos ao se desvirar uma pedra. Mas ainda se vendem nas lojas para turistas as redes para caçar camarões e borboletas que são mais ou menos tão úteis quanto um arcabuz!

A cada vez que avisto do alto uma praia da Irlanda, o olhar fixo sobre o ponto de referência que me mostrará que a maré está suficientemente baixa para iniciar minha pesca, eu sou a garotinha, a moça, a mulher de todas as marés já vividas. Sem idade, exceto a idade do mundo nesse momento preciso, espreito o instante mágico em que o mar colocará à minha disposição mundos e fundos. Contra ventos e marés, estou precavida: o impermeável; o sueste na cabeça para me proteger do que poderá cair do céu; as polainas para isolar o que poderá subir do fundo do mar. O telefone não tocará. Nenhuma má notícia pode me alcançar. Nada mais no mundo me interessa...

O cheiro dos sargaços, os ruídos prateados da água que se recolhe branda por mil regatos, a consciência de que o prazer estará limitado aos horários do *Almanach du marin breton*[4] e que não se pode perder um instante (graças a uma delicada atenção da natureza, a vazante em Kerry ocorre na mesma hora que em Concarneau), todos os ingredientes se misturam para compor a felicidade.

O resto é história. O retorno, espalhar quilos de camarões grandes sobre uma toalha em linóleo, a pesagem, a triagem dos mariscos, caranguejos e ouriços — a vodca que acompanhará os camarões quentes daqui a pouco, a narração inalterada desses momentos sempre inéditos para os apaixonados, as considerações sobre o tempo que faz lá fora, que fará e que deveria ter feito... E amanhã, tudo recomeça, por dois, três, quatro dias, conforme a extensão da maré. Depois, o mar nos abandona, não nos mostrará mais nenhum de seus segredos durante semanas.

Pater nunca veio à Irlanda. Ele morreu em 1967, levando consigo Nicole, três dias depois. A pesca ainda ia bem no Finistère para os turistas do meu tipo, e eu achava que isso duraria tanto quanto eu. Na verdade, tudo se degradou ainda mais rápido do que eu! E como os rebanhos que transumam em busca de capim fresco, tive que mu-

---

[4] Almanaque do marinheiro bretão. (*N. do T.*)

dar de pastos marinhos. Eu não imaginava que pudesse encontrar um universo assim tão violento. O oeste da Irlanda, agredido frontalmente há milênios por um oceano que desde a América não encontrou obstáculo algum, violentado por "perturbações que se sucedem umas às outras sem interrupção", diz o *Guide Bleu,* que retalham suas costas, enfrentam os penhascos que proíbem a entrada ao país, testemunha o duelo sempre reiniciado entre a terra e o mar. Entre dois embates, as províncias do oeste, Donegal, Connemara e Kerry, experimentam breves e sublimes calmarias. As angras de areia se põem a cintilar e surgem centenas de ilhas que o Atlântico não conseguiu engolir: ilhotas cobertas de um pouco de mato onde pastam uma dúzia de carneiros, ou amontoados de rochedos ferozes que homem algum conseguiu abordar, refúgio de galinhas-d'água e alcatrazes. Essas ilhas que sempre fizeram sonhar, essas ilhas que fazem que muito seja perdoado ao mar.

Mas, na Irlanda, as calmarias são apenas presentes que o céu dá a contragosto. O país logo retorna a seus demônios e a névoa volta a cobrir o litoral com seu manto perfurado de luz.

É difícil trocar a redondeza do granito bretão, a suavidade de suas enseadas, a vizinhança reconfortante dos portos, por esta selvageria, à qual a solidão acrescenta uma dimensão angustiante. Ninguém pesca em pé na Irlanda, ninguém colhe nada nos rochedos, sequer um pequenino molusco. Estamos sós sobre hectares de sargaços, com uma rede, um arpéu, uma pá para os mariscos e uma chave de fenda para os ouriços, e todo esse aparelhamento que faz com que nos assemelhemos a cavaleiros medievais.

Durante muito tempo, apreciei esses confrontos; todavia, há pouco, minhas tropas me traem. Eu, que nunca tomei cuidado com esse servidor fiel que foi meu corpo, eis-me precisando lembrar-lhe de seus deveres. Agora já não salto mais sem pensar de uma pedra à outra. Meu piloto automático se recusa a funcionar, e sou forçada a raciocinar: vejamos... se eu colocar minha bota sobre aquela pedra poderei alcançar a seguinte num pulo só, sem escorregar dentro desse buraco de três metros... Será seguro? Nada mais é seguro. Toda a paisagem foi modificada. Agora é necessário me habituar, avaliar as forças, não exigir o máximo dos músculos que se recusam a fazer horas extras. Trapacear. Desacelerar. Tropeçar. Rastejar como Lucy, minha ancestral. Até aqui, fui eu a patroa... é como se, de repente, meus empregados se sindicalizassem e me impusessem suas condições! Um dia, quem sabe, irão me sequestrar dentro de meu próprio corpo e não poderei mais dizer coisa alguma.

Um dia, quem sabe, machucarei a região lombar escorregando sobre as algas, minha bota ficará presa numa fenda ou então cairei dentro d'água, é culpa de Rousseau; clamarei em vão por socorro e morrerei dentro de uma poça que a maré virá recobrir no horário previsto pelo *Almanach du marin breton*. Que apoteose para uma pescadora!

Capítulo III

O Ano de 1943

Estamos em 1943. Tenho 23 anos; a guerra prossegue lá fora e a Ocupação aqui dentro. Flora, que tinha 15 anos em 1939, ainda não conheceu a liberdade da juventude. Nossos verdes anos escorrem entre os dedos.

Depois de Saint-François-Xavier, Chambres des Députés e Solférino, "nossas" artérias nutritivas, outras trinta estações do metrô acabam de ser fechadas.

As tropas do Eixo ocuparam Toulon e a frota francesa afundou os próprios navios. Saint-Nazaire e Lorient estão em ruínas e não existe mais uma zona livre. "O perigo bolchevique está eliminado, a ameaça comunista está definitivamente afastada da Europa", declarou Hitler. Os alemães, aliás, acabam de invadir a Cracóvia e Belgrado. Von Pauls foi ferido em Stalingrado, mas a guerra se eterniza e a França afunda.

Em Paris ainda não há carvão. Trouxemos do sótão os materiais de esqui; nós nos deitamos cedo e lemos em nossas camas com um gorro e luvas de lã. Os franceses nascidos entre janeiro de 1912 e dezembro de 1921 deverão (eu também, se fosse homem) ser recenseados para o STO.[1] O adiamento para os estudantes será suprimido. Finalmente, os alemães proibiram a fabricação de bolos natalinos para as festas de fim de ano. De qualquer forma, não temos creme nem ovos... e além de bolos nos falta lenha.

Quanto a mim, dou aulas no curso Bossuet, na rue de Chabrol, uma escola para moças mantida pelas religiosas à paisana. Isso não seria possível se eu não contasse ainda com casa, comida e roupa passada na residência de meus pais. Eu lhes dou uma parte do meu salário. Nicole mantém viva sua casa de costura confeccionando capas para as enfermeiras. Com seus subsídios especiais de linha e tecido, ela ainda é capaz de fazer alguns vestidos para as privilegiadas. Pater se parece cada vez mais com Bérnard Palissy: um gorro na cabeça, uma capa nas costas, a expressão furiosa, só lhe restam carvalhos para esculpir e passa os dias e os domingos no seu ateliê, falando em queimar os móveis que não vendeu para se aquecer, a fim de fabricar outros que tampouco conseguirá vender.

De qualquer maneira, mesmo quando é possível ganhar a vida, não há nada que se possa fazer com o seu dinheiro, senão usá-lo no mercado negro. Acabou o esqui, acabaram-se as viagens, e eu ainda não sei dirigir, já que não há gasolina nem carros. Ty Bugalé está requisitada pelos alemães e o litoral proibido aos não residentes. Única distração: fazer a fila na calçada dos comerciantes do 7º *arrondissement*, que nunca havíamos observado de tão perto e que agora nos olham de cima. Só se sai de casa

---

[1] Service du Travail Obligatoire. Serviço obrigatório dos franceses em território alemão para assegurar o funcionamento da indústria alemã durante a Segunda Guerra Mundial. (*N. do T.*)

com um saco de compras, um banco dobrável e um livro, em caso de distribuição inesperada.

Acabaram-se os saraus por causa do toque de recolher e acabaram-se os rapazes, que se vão, acabou o amor.

Evidentemente, ainda não me casei e, em menos de dois anos, ficarei para titia. Não se fala muito disso no meio da moda. Nos dois ateliês de Nicole Groult, 25, *faubourg* Saint-Honoré, é a festa das solteironas de 25 anos, no dia 25 de novembro.

"Deixe sua filha tranquila", diz Pater. "Se não se casar, ela ficará em casa para cuidar de nós, isso seria ótimo."

O pior é que acabo de deixar escapar um partido totalmente recomendável, filho de um célebre escritor.[2]

B. era alto, dist., pouc. demonstr., mas sedut. Prof. lib. Aprec. mús., viag., cine. Alt. nív. soc. e cult.

Supus que ele procurava uma moça excel. fam. Afet., sensib., aprec. mús. para relac. sentim. E mais, havendo afinidade.

Eu o conhecera na casa de meu amigo de infância Yves Ciampi, estudante de medicina, como B. Trabalhando no hospital, ele se beneficiava de uma permissão para concluir seus estudos em Paris. Medicina! A profissão dos meus sonhos, aquela que não ousei escolher. Demasiadamente longa, demasiadamente difícil para uma mulher, e capaz de espantar os pretendentes, dizia-se. As línguas antigas, isso era melhor, pois não se era obrigada a mostrar nos salões que se conhecia o grego e o latim. Os pretendentes fugiam assim mesmo...

B. e eu íamos todas as manhãs de domingo aos concertos no Conservatório, ou escutar o quarteto Hewitt, e ele

---

[2] Georges Duhamel.

me acompanhava de volta para casa através de uma Paris glacial, dos grandes bulevares até a rue de Bellechasse, entretendo-me com o sentido que pretendia dar à sua vida e com a necessidade de ter ao seu lado uma esposa que o compreendesse e partilhasse de seu ideal. Ele não me fazia perguntas sobre o meu ideal. Ele era pouco demonstr., já havia me prevenido. Mas, diante da porta do meu prédio, ele me apertou um instante contra seu corpo e, através de nossos dois espessos agasalhos de inverno, eu senti passar uma corrente elétrica.

Minha mãe perseguia todas as videntes mais célebres e mais caras de Paris. Apalpando a luva que eu conseguira roubar de B., todas elas tinham afirmado num tom profético:

"Madame, vejo para sua filha primogênita um pedido de casamento. Muito em breve."

Não podiam todas elas estar enganadas! Minhas esperanças aumentavam a cada semana e as pessoas me cobriam com ternos olhares. Até então, eu só levara à minha casa criaturas consideradas impossíveis: um filho de camponês que conseguira, graças a diversas bolsas de estudo, ingressar na Sorbonne, mas que morava com a mãe, no seu eterno avental, numa casa em Vanves, endereço imperdoável... Depois, um jovem estudante judeu cuja mãe vendia bugigangas na feira... mas esse tinha oportunamente desaparecido num grupo da Resistência... Após tantas excentricidades da mesma estirpe, eu finalmente tiraria a sorte grande!

Extasiada de amor, vivia nas nuvens até o dia em que B. me escreveu informando que acabara de ficar noivo de outra e que ele achava mais honesto que não nos víssemos mais. Uma placa de chumbo caiu sobre meus familiares.

— Mas, Zazate! Você não percebeu nada? Um inverno inteiro de molho, esperando que ele se declarasse, escrevendo-lhe cartas de amor... Eu sei, eu via a luz atrás da sua porta... Tudo isso para descobrir num belo dia que ele ama outra? Se você passasse menos tempo com seus livros, talvez compreendesse melhor as pessoas.

— E quando eu penso — acrescentava o Pater — que você fez com que ele comesse vários potes de *meus* doces de castanha, feitos pelas *minhas* mãos, com açúcar de verdade!

(Só aqueles que conheceram as privações da Ocupação entenderão a gravidade de minha conduta.)

— Não se apanham moscas com vinagre — sugeriu Flora, a fim de amenizar meu ato.

— Aparentemente, o açúcar tampouco adianta muito — cortou minha mãe. — Ah, se você tivesse me deixado escrever suas cartas!

Passa a sombra de Cyrano. Mas eu não sou Christian, e não foi no plano da escrita que fracassei, disso tenho certeza. O problema é que eu ficava paralisada assim que ele aparecia. Quando me visitava na rue de Bellechasse e, insegura em relação a meus próprios encantos, eu saqueava para ele um pote de doce de castanha na reserva sagrada, para a degustar no meu quarto, escutando *Variations symphoniques* ou os *Dialogues de la Mer et du Vent*, e ele me dizia: "Amar é olhar todos os dois na mesma direção...", eu não ousava lhe responder que, para mim, amar era olhá-lo dentro de seus olhos verde-cinzentos e neles me afogar. Ele estava sempre com a cabeça em outro lugar.

Será necessário explicar que eu nunca ultrapassei a intimidade da sua boca? E ainda assim, só em raras ocasiões.

Vivia-se o amor com pouca coisa naqueles tempos ingênuos. Eu me inflamava como um palito de fósforo. E fazia o fogo durar. Ele deve muito bem ter percebido que eu era ligeiramente idiota... Isso lhe convinha, eu acho. Sua noiva, mantida em segredo, estava fora do país e acabara de retornar. Eu servi para mobiliar seu tédio, e assim ele não perdia o doce hábito de ser amado.

Dessa vez, Pater se absteve de dizer: "*Margaritas ante porcos.*" Eu estava cansada de ser chamada de Marguerite! Teria preferido: "*Macte animo, generose puer!*"[3] Pois naquela noite eu estava bem necessitada de um reconforto. Em vez disso, sob o olhar terno de Flora, que adora sofrer, mamãe me tomou em seus braços e foi preciso chorar em família.

— Você verá, ele não será feliz com aquela imbecil.

— E ela nem completou o ensino médio — acrescentou papai gentilmente.

B., por sinal, se divorciou, porém bem mais tarde.

Eu também, mas de outro.

Enquanto isso, só restava me conformar com alguns palermas, desses que estão sempre disponíveis, sempre estremecidos de amor e que nos ajudam a atravessar os cabos das tormentas e recuperar as forças para outro amor, do qual não serão jamais os beneficiários. Todas as moças têm rapazes desse tipo em seus estoques.

Meu verdadeiro problema é que eu não avançava profissionalmente. Não tinha escrito tragédias, nem coletânea de poesias, sequer um pequeno conto. De que serviu ter encontrado no salão da família Paul Morand, Pierre Benoit, André Salmon, Marcel Jouhandeau... Flora tinha

---

[3] "Tome coragem, criança generosa!"

visto Bossingault, Segonzac, Zadkine, Van Dongen... E pois bem, Flora desenhava, era uma artista. E eu era precisamente aquilo que minha mãe mais temia para mim: uma professorinha!

Eu mal ousava dizer que gostava do magistério, que não me sentia infeliz, que era a guerra e que, depois, veríamos, eu mantinha um diário e alguns amigos o apreciavam. Que eu distribuía trechos para Hélène, minha amiga do coração, e para alguns militares também. Um deles havia levado meu caderno de notas para Narvik. Outro, um sipaio, acabara de me devolver minhas folhas cheias de areia do deserto. Ele me comparava a Katherine Mansfield! Eu escreveria um dia, com certeza. Eu tinha certeza de... "Não espere até que eu esteja morta", dizia mamãe.

Terrivelmente viva, ela tomou as rédeas de minha educação todas as noites no sofá do salão. Como escapar do doutrinamento familiar quando não se pode sair nem ver televisão? Toda uma geração, em breve duas, nem imagina que conseguíamos viver sem televisão, antes da guerra ou durante a guerra e mesmo no imediato pós-guerra. Sequer um rádio portátil para escutar no nosso quarto! Para os meus leitores nascidos depois de 1945 e cujos mais velhos devem estar hoje completando cinquenta anos, é realmente impensável. Melhor então falar da cultura pré-histórica!

Sem televisão, era preciso inventar seu espetáculo sozinho. Meu folhetim era "a *troïka*", o grande divã do salão onde nos instalávamos todas as três, mamãe, Flora e eu, quase todas as noites, sob uma manta de pele, quando Pater já tinha ido se deitar. A animação da noite ficava por conta de minha mãe. Só havia um programa: o dela.

Será que os sociólogos já avaliaram a perda de audiência para os pais que representa, hoje em dia, a média de três horas que as crianças passam diante da televisão? De nossa parte, ficávamos expostas para sempre ao discurso materno e dele só escapávamos nas férias.

Naquele verão, não podendo ir mais longe, eu o passei com Flora na casa da tia Jeanne, irmã da minha mãe, 18 anos mais velha do que ela, que tinha uma propriedade em Poissy, nos arredores de Paris.

O doce tédio dos verões no subúrbio me conduziu a um desses sótãos fabulosos onde repousa a memória da família, da época em que se guardavam as casas por muito tempo e onde se acumulava em estratos sucessivos aquilo que sobrava de cada uma das gerações que nos havia precedido. Bonecas com cabelos de verdade e rostos de porcelana, acompanhadas de seus enxovais refinados, bordados com mais afinco do que a maior parte de nossas roupas do tempo de guerra, um berço de vime com grandes rodas no qual tinham descansado Paul Poiret, minha tia Jeanne e suas irmãs cinquenta anos antes, baús com porta-cabides e caixas de papelão para os chapéus que as damas dos Anos Loucos levavam para os navios dos sonhos, algumas arcas e um velho armário contendo a coleção completa de *L'Illustration* e centenas de livros empoeirados. Eram romances para as moças e eu descobria na primeira página em branco, escritos com um lápis desbotado, os nomes das irmãs Poiret, Jeanne, Germaine e Marie, futura Nicole, às quais se destinavam aquela patética literatura.

A maioria desses romances era escrita por mulheres e tinha conhecido um sucesso retumbante, sobretudo quando apresentavam jovens escandalosos que se afastavam do modelo recomendado. As boas heroínas, após alguns desvios, encontravam sua felicidade ao lado de um aluno da escola militar ou de preferência da escola politécnica, e principalmente em sucessivas gestações. As heroínas más, bem mais cativantes no início, tornavam-se, sem exceção, após os 35 anos, 30 anos nos casos mais cruéis, lamentáveis "solteironas", débeis ou cavalares, devotas, tiranas ou histéricas, usando vestidos informes, vítimas de menopausa precoce e acabando sua existência na solidão e na miséria.

Assim eu percorri *Le Sévriennes*, de Gabrielle Réval, *L'Institutrice de province*, de Léon Frapié, *L'Initiatrice aux mains vides*, de Jeanne Galzy, *Ces dames aux chapeaux verts*, de Germaine Acrement, que obteve imenso sucesso em 1922 e colocava em cena quatro solteironas tão feias quanto malvadas, das quais a mais jovem tinha somente 35 anos, porém mais nenhuma esperança de achar um marido. E depois, descobri *Les Emancipées*, d'Albert Cim, *La Rançon* e *la Rebelle*, de Marcelle Tinayre, e, enfim, *Les Cervelines*, de Colette Yver, que recebeu em 1907 o prêmio Femina. Um júri de mulheres, e de mulheres de letras, coroava precisamente o romance que condenava as emancipadas e a sociedade decadente que autorizava tais deficiências da natureza! Prova de que, apesar de profissionais experientes, as senhoras do Femina continuavam sendo bastante masoquistas e respeitosas às tradições para condenarem a si mesmas, na vã esperança de serem "perdoadas" pelo seu êxito.

Graças a este sucesso de público, a palavra "cerveline" (cerebrinas) passaria a designar todas essas mulheres de barba, essas intrigantes que manifestavam a pretensão de serem homens de letras, médicos ou sábios, apesar de suas carências intelectuais demonstradas pela ciência.

Eu havia certamente lido os clássicos: *La Cousine Bette* e *La Vieille Fille*, onde Balzac deixa transparecer todo o horror que lhe inspiravam as mulheres solteiras.

Seria então inevitável que a ausência de homem nos condenasse a ser essas odiosas caricaturas e a fazer parte das figuras mais desoladas e mais antipáticas da literatura?

Eu também lera Henry James, um dos juízes mais implacáveis com o celibato feminino. Não me haviam poupado nem *A volta do parafuso* nem aquela *Terceira pessoa* que enlouqueceu de tristeza e acabou assassinando a mãe antes de se suicidar. O destino se mostrava sempre cruel com essas infelizes.

Pela primeira vez, eu descobria os venenos destilados por todos esses romances que tinham embalado a adolescência de tantas jovens cândidas. E, de repente, naquele sótão, entendi a repulsão da minha mãe pela profissão de professora primária. Pois a maioria das heroínas desses romances era professora!

Coitada da minha mãe! Aos seus olhos, o status de docente só podia ser uma garantia de celibato, condenado ao sacrifício de sua feminilidade, a menos que provocasse uma vida devassa, resultando no mesmo fiasco. E o que era eu aos seus olhos senão uma cerebrina, da qual Colette Yver dizia "que tinham deixado sua vida refluir para o cérebro"?

As estatísticas, aliás, davam-lhe razão: 70% das professoras do ensino fundamental e médio nos anos 1930 de fato não encontravam maridos, ao passo que a maior parte dos professores levava uma vida matrimonial normal.[4] Em 1938, ainda, tratava-se por "Senhorita" 64% das

---

[4] *La République des instituteurs*, de Jacques e Mona Ozouf, Le Seuil, 1992.

professoras do ensino médio e o magistério continuava assimilado às mulheres com uma espécie de vocação religiosa que implicava a castidade. Ao longo de meus estudos no ensino médio, eu por sinal nunca conheci senão duas professoras casadas. A primeira, Mme Ansermet, era viúva, portanto devolvida à sua natureza. A outra, Mme Espagne, professora de História e de Geografia (um nome belo demais para ser inventado), não só tinha em seu poder um marido, como também teve a audácia de prosseguir no magistério quando estava seriamente grávida. Nossa classe do primeiro ano do ensino médio ficara ao mesmo tempo excitada e escandalizada. Então a Mme Espagne fazia amor? Não havíamos nunca pensado em coisa semelhante em relação às nossas outras educadoras.

Voltei de Poissy com o coração atormentado. Eu tinha quase compreendido alguma coisa. Mas nunca tinha avaliado minha situação do lado de fora e não sabia que fazia parte de uma categoria sexual ainda mais constrangedora do que uma classe social. Restava uma realidade imediata: eu escolhera uma profissão sem futuro por falta de uma verdadeira qualificação. Sem um mestrado não havia promoção e, sem promoção, não havia um salário decente. "Afinal de contas, talvez você tenha sido feita para os papéis secundários", dizia minha mãe. Por que me obstinar?

Entretanto, eu via brotar em mim meu primeiro clarão de consciência. Mas era preciso mudar a orientação. No dia em que um amigo da família, grande Resistente, me propôs ingressar na rádio francesa, no secretariado de Jean Marin, que chegava de Londres coberto de glória, abandonei sem lamentar o curso Bossuet. Em novembro de 1944, me tornei secretária. Ganhava o dobro do meu salário de professora e tinha a impressão de ter obtido minha insígnia de marechal.

Nicole me aconselhou em vão a solicitar um posto de jornalista. Mas da mesma forma que tinha me mostrado incapaz de enfrentar uma câmera cinco anos antes, eu não me sentia capaz de encarar um microfone nem de improvisar, ou mesmo ler um texto em voz alta. E também, minha inércia política durante toda a guerra começava a me envergonhar diante dos homens, e das mulheres também, que voltavam de Londres ou da África, onde todos haviam combatido por valores que eu compartilhava mas que não consegui defender. E aí também, não posso responsabilizar minha família. Gaullista de primeira hora, por ódio aos "boches" e amor pela pátria, meu pai se aborreceu pouco a pouco com todos os seus amigos partidários de Pétain. Escutávamos religiosamente as informações de Londres com as janelas fechadas e cantávamos como por exorcismo o tema da França livre: "Rádio-Paris mente, Rádio-Paris mente, Rádio-Paris é alemã!"

"Hitler é um doente mental, como muitos alemães, aliás, e é por isso que eles acabarão perdendo a guerra", repetia Pater, mesmo nos dias mais sombrios.

Mas a derrota alemã tardava, a luta prosseguia na Alsácia. Tínhamos visto chegar a Paris a divisão Leclerc e as tropas americanas, e surgiram da sombra alguns combatentes, graças aos quais pudemos sem demasiada vergonha participar da vitória. Nós nos felicitávamos de termos sempre estado do bom lado, apesar de tudo, e se eu não tinha do que me gabar, acreditava também nada ter a me censurar. Salvo exceção, as mulheres não tinham nascido para fazer a História, mas para se submeter a ela. No entanto, com a volta dos deportados e os primeiros testemunhos sobre os campos, uma vergonha difusa começava a me invadir, atualizando uma lembrança que eu teria querido esquecer: meus pais moravam ainda no número 44 da rue de Bellechasse, mas à nossa frente, no número 35, a Judische Geschäft do joalheiro Markovitch não abrira suas portas.

"Eles nunca mais voltarão", diziam as pessoas bem informadas.

E bruscamente, me apareceu o rosto de uma menina de 13 ou 14 anos. Lembro-me de que seus cabelos eram castanhos e suas bochechas eram grandes e pálidas, e que viera bater à nossa porta certa noite. Tinham acabado de prender seus pais para levá-los a um "destino ignorado". Tinham colocado um lacre judicial na sua porta e ela não sabia para onde ir. Como nossos pais tinham duas filhas um pouco mais velhas do que ela, sem dúvida achou que teriam piedade por ela e a acolheriam ao menos por alguns dias. Mais, justamente: eles tinham duas filhas, e meu pai se recusou a colocá-las em perigo por causa de uma desconhecida, judia ainda por cima. Realizamos então um conciliábulo.

"Se nos denunciarem, se a encontrarem aqui, seremos todos presos", disse Pater. "Tenho deveres para com a minha família. Se estivesse sozinho, seria diferente."

E era verdade, sem dúvida, que, sozinho, ele teria agido de outra maneira. Verdade também que, já nos haviam repetido tantas vezes, os judeus tinham uma parte imensa de responsabilidade na nossa derrota, principalmente Léon Blum, que não nos havia preparado para a guerra. Mas, ao mesmo tempo, papai havia sido partidário de Dreyfus, e gostava de se gabar disso. E também, ele tinha enviado suas rações de tabaco para o amigo Max Jacob durante meses, antes de ele ser internado em Drancy, onde viria a morrer. Podíamos lamentar a sorte de cada amigo judeu, individualmente, mas, de algum modo, aceitava-se seu castigo coletivo. Assim se apresentava o antissemitismo à francesa.

E o meu também, eu que entretanto me vangloriava do humanismo.

Vi aparecerem as estrelas amarelas no peito de meus amigos estudantes, Hélène Heller, Maurice Werther, Anette Birman, que os designavam, eles também, a um "destino ignorado". A fórmula acomodava nossa sensibilidade e justificava nossa falta de revolta. Eu os tinha visto no metrô, obrigados a ocupar o último vagão, e eu acreditava fazer muito, embarcando com eles no final do trem. Mas eu não ia mais além: os judeus tinham um destino que não era da minha conta.

Não me recordo mais se assisti ou não ao envio para as trevas exteriores da pequena Markovitch. Se senti vergonha, já esqueci. Sei que ela nem chegou a entrar na sala. Como um animal extraviado: se a deixamos entrar, estamos perdidos. É preciso agir com firmeza e de imediato. Os pais sabem disso e evitam esse tipo de experiência. Nós tínhamos evitado também olhar muito tempo para a pequena Markovitch.

Afinal de contas, não éramos culpados, e era necessário um bode expiatório para nossa esmagadora derrota. Pater se portou heroicamente em 1914. Participou da batalha de Marne e foi ferido, não se podia desconfiar que estava sendo um covarde agora.

Mas eu, o que eu tinha realizado para me isentar desse heroísmo? Ou mesmo coragem? Ou mesmo reflexão?

Que poção tinha bebido para permanecer um quarto de minha vida em letargia, enquanto o mundo civilizado desmoronava ao meu redor, sem me envolver, se não na História, pelo menos na minha própria história, sem sentir a urgência de romper minha crisálida e me tornar outra coisa que não fosse uma larva: um ser humano?

Era uma pergunta que começava a raiar através das sombrias espessuras, através daquela matéria opaca, inerte, da qual eu era feita, e como eu tantas outras moças da minha geração. Eu apenas entrevia a questão, mas sentia que a resposta era essencial. Acredito que não haja questão mais importante; e nem resposta mais vital para milhões de seres humanos do sexo feminino.

"Como se chama quando o dia nasce como hoje e que tudo está arruinado, que tudo está devastado, e que o ar, contudo, pode ser respirado...?" Como se chama quando a juventude passa sem que se entenda de verdade grande coisa e que se mantém ao limiar da vida, num país rasgado, saqueado, sem saber ao certo o que se fará de seu futuro?

À célebre pergunta da mulher Narsés, enquanto tudo é consumido na tragédia de Electra, Giradoux dá uma resposta não menos célebre. "Isso tem um belíssimo nome, mulher Narsés, isso se chama a aurora."[5]

---

[5] Alusão ao final da peça *Electra*, de Jean Giraudoux, apresentada em Paris em 1937. (*N. do T.*)

Capítulo IV

"Uma Mãe Magnífica"

Minha mãe se construiu sozinha, fundando sua própria moral, que não era a mesma do meio em que vivia. E como tinha muito talento, coragem e caráter, Nicole Groult se tornou um personagem do meio artístico de Paris. Este sucesso devia-se sobretudo ao seu gosto alucinado pela vida, que ela enfim me transmitiu, vim a perceber muito tempo depois. E ela soube estabelecer uma relação rara com seu marido, que sempre a amou, protegeu, mesmo que estivesse completamente superado por esse tipo de mulher que ela representava. Ele sempre a apoiou em sua carreira, cuidando até mesmo da contabilidade de sua casa de costura, de todos aqueles números que minha mãe fingia desprezar. Quanto às liberdades que tomou em sua vida, ela soube escondê-las de nós. Além do mais, quem pode se gabar de conhecer a intimidade de seus pais?

Nascida em 1889, porém, ela havia sido criada tendo em vista o casamento, como todas as moças de sua época. Somente Paul Poiret, o filho primogênito, teve direito a uma profissão. Sem mencionar que, ao ter desejado se tornar cantora de opereta, viram nisso um sinal muito perturbador! E depois chegou aquela guerra de 1914; e as guerras, como as revoluções, sempre liberaram as mulheres... no começo. Minha mãe foi uma das raras que conseguiram conservar o que haviam conquistado. Entre 1914 e 1918, ela ficou sozinha em Paris, sem filho, com sua grande amiga Marie Laurencin, que já pintava e frequentava Montmartre, Apollinaire e outros artistas. Suponho que com Marie ela descobriu a cumplicidade, o prazer entre as mulheres, pelo qual a sociedade tinha um bocado de indulgência na época. Não se levava a sério esse tipo de amor. E depois, Marie fez a grande besteira de se casar com um alemão no começo da guerra, um pintor riquíssimo, um playboy, e foi forçada a sair da França e se exilar na Espanha. Para se distrair, minha mãe começou a fabricar vestidos para suas amigas, e em seguida abriu uma loja. Assim começou seu sucesso. Mas se se deixasse enganar pelo seu jovem marido na noite de núpcias, em 1907, ela teria já em 1914 quatro filhos, como sua irmã Jeanne, ou três, como seu irmão Paul Poiret, ou dois, como sua irmã caçula Germaine, e ela não teria podido se oferecer nem uma profissão nem seus amantes! André, regressando da guerra, lhe teria feito no entusiasmo dois filhos a mais, e tudo estaria acabado: Madame André Groult não teria se tornado Nicole Groult.

Quanto a mim, eu admirava minha mãe em tudo, mas tudo o que fazia em detalhe me irritava: eu tinha horror à moda, aos chapéus, aos vestidos, à clientela, horror às recepções, aos grandes jantares. Além disso, eu não era uma artista: mal conseguia distinguir um Sacré-Coeur de São Sulpício do São Sebastião de Mantegna.

"Rosie tem um gosto de enfermeira inglesa", lamentava-se mamãe. É bom dizer que fui criada por uma babá irlandesa até a idade de 10 anos. Então eu me refugiava na escrita, redigindo pequenos textos bem ruins que escondia sob minha cama, ou que imaginava esconder. Minha mãe, que fuçava por todo canto, decidiu que seria preciso explorar esse talento nascente e que, com 15 anos, eu escreveria uma peça de teatro, fazendo minha estreia. Ela encomendou uma decoração e figurinos e, depois de me comprar um dicionário de rimas, pôs-se ao trabalho. Porque eu escreveria em versos, é claro. Eu achara um tema que estava no nível de Bécassine: um lenhador, uma fada e as criancinhas. Paul Poiret se propôs a interpretar o lenhador. Flora fazia o elfo e eu a fada, evidentemente. Eu segurava minha varinha mágica como um guarda-chuva. Meu tio Paul não se deu o trabalho de aprender seu texto, o traidor! Ele improvisava, o que desconcertava os infelizes atores, e foi mamãe que escreveu de fato a maioria dos diálogos. Ao final, ela anunciou a seus convidados que tinham acabado de assistir à estreia de uma peça escrita por Rosie Groult. Eu avancei para cumprimentar, profundamente triste, pois, no que dizia respeito à glória, me sentia uma usurpadora, diante de uma nova prova de minha nulidade. "Havia coisas boas na peça", me disse o tio Paul, piscando o olho para minha mãe, "mas você, você interpreta como uma porta, minha pobre Rosie!"

— Pois bem, ela vai continuar dando aulas particulares aos alunos retardados do 7º *arrondissement* — disse minha mãe. — Se é este seu destino, o que você quer...

Como minha educação teatral não trouxe os resultados esperados, Nicole abordou imediatamente minha educação sexual, visto que o casamento seria sem dúvida minha única tábua de salvação. Ela acabava justamente de perceber meus primeiros desassossegos. Um dia, voltei da Sorbonne com meu corpete desabotoado no alto, o que não escapou à sua atenção.

— Você amamentou hoje? — me perguntou ela à mesa, diante de toda a família, um sorriso irônico nos lábios.

Flora me olhou com uma expressão colérica e meu pai mergulhou o nariz na direção de seu prato e não ousou dizer: "Deixe sua filha em paz!"

Esse primeiro rapaz era um estudante egípcio que fazia latim-grego comigo na Sorbonne. Minha mãe logo me colocou em guarda: "Atenção com os egípcios, eu os conheço (várias vezes, ela apresentara suas coleções no Cairo). Eles estão sempre com seu negócio na mão. São uns obcecados que só pensam *nisso*." Aliás, ela não estava enganada... Os estudantes árabes que chegavam na França e que descobriam as moças livres diziam entre si que eram putas, evidentemente. Sempre era possível sentir neles, ao mesmo tempo, o desejo e o desprezo. De qualquer modo, era muito difícil se apaixonar quando se estava exposta ao discurso materno: seus conselhos para manobrar os homens me assustavam.

— Não acredite no que está escrito nos romances — ela dizia —, as relações sexuais são em geral um momento difícil a passar, há muito exagero sobre isso!

Seria para evitar esses momentos difíceis que minha mãe sempre dormiu em quarto separado? Ela alegava que trabalhava à noite, desenhando sua coleção, e eu via de fato luz sob sua porta, até bem tarde. Nós tínhamos, Flora e eu, cada uma seu quarto.

— É muito importante para seus estudos — avaliava Pater. — Eu tenho meu ateliê.

Então ele dormia na sala de jantar e em toda a minha vida nunca pensei em lhe agradecer.

Ser um homem, na nossa casa, isso não tinha um valor em si! Reduzia-se a algumas tarefas: apanhar o carvão no porão, consertar as tomadas elétricas, conduzir o carro e levantar o capô quando este enguiçava... E depois, de vez em quando, ele se servia em primeiro lugar à mesa para poder dizer: "*Ego primam tollo, quia nominor leo.*"[1] Mas, como ocorre com os leões, era a leoa o personagem importante. Mesmo artisticamente, ele não sabia se dar valor, se vender. Minha mãe ganhava mais dinheiro do que ele. Sem ela, que elaborava os projetos e lhe achava clientes, ele teria sem dúvida renunciado. Mas, no plano da criação, Nicole via nele o gênio e, até a guerra, ele ganhou um bocado de dinheiro. Infelizmente, o estilo decorativo dos anos 1930 passou de moda após a guerra, e meu pai desanimou. Pouco antes de sua morte, em 1965, ele vendeu seus últimos móveis ao Drouot.[2] Na época, nós não tínhamos dinheiro, eu e Paul, mas eu queria muito resgatar um móvel em couro que sempre vira, quando criança, na nossa sala. Mas meu pai me impediu de fazer um lance. "Não se mexa. Quero ver até que ponto mais ninguém se interessa pelo que faço." E seus móveis foram todos vendidos por preços irrisórios. E ele ficou ali, mudo, saboreando sua derrota. Era um homem de derrotas. Por sinal, eu tampouco me dava conta de seu talento. Quase

---

[1] "Eu me sirvo primeiro porque me chamo leão."
[2] Hôtel Drouot, onde se realizavam os mais importantes leilões de móveis em Paris na época. (*N. do T.*)

sempre, subestimamos nossos próximos. Eu só vim a apreciar realmente suas criações dez anos após sua morte. E ele morreu muito infeliz. Ainda mais por não ter sua mulher para apoiá-lo: ela sofria de anemia cerebral. Acho que hoje se diria mal de Alzheimer.

Quando vejo, trinta anos depois, os preços insensatos que alcançaram os móveis de 1924-1930, os de Pater em particular, sinto vontade de chorar pensando que ele morreu pobre e se acreditando esquecido. Espero que exista um Paraíso para os criadores em algum lugar e que ele possa se alegrar agora.

— Não sejam pessimistas como seu pai — nos repetia Nicole. — Tenho certeza de que ele tem talento. Um dia o saberão, vocês vão ver.

Talvez porque tivesse uma atitude de vencido, como a minha, eu lhe dedicava uma enorme afeição filial. Aliás, eu era sua filha preferida e me aliava a ele contra o clã de Nicole e Flora. Entretanto, imaginei durante anos que não era filha dela. Tinha observado alguns indícios inquietantes: por que só nasci em 1920, se eles já estavam casados desde 1907? Por que eles não dormiam na mesma cama, visto que manifestavam um bocado de ternura recíproca no cotidiano? Por que nunca os surpreendíamos num gesto mais íntimo, um piscar de olhos suspeito entre eles? Acabei interrogando Nicole sobre seu primeiro encontro com o amor.

Na véspera de suas bodas, ela me contou, ao preparar o leito nupcial, sua mãe colocara um protetor de colchão sob o lençol.

— É para o sangue, minha filha.

— Que sangue? — perguntou a futura esposa, que se chamava ainda Marie Poiret.

— Você saberá em breve, minha querida — respondeu-lhe sua mãe.

A perspectiva de ser sacrificada sobre o altar do matrimônio havia aterrorizado a senhorita Marie Poiret. E pior ainda, com a chegada da noite e a aparição de órgãos sexuais ameaçadores, completamente desconhecidos e disformes. Não querendo ser sangrada, ela se recusou a cumprir com seu dever conjugal. Meu pobre pai, que não era um estuprador, deve ter insistido desajeitadamente, suplicado, mas ele tampouco sabia como era feita uma mulher, ainda que fosse formado em ciências naturais! Os jovens se casavam frequentemente virgens, antes da Segunda Guerra Mundial. Resumindo, ele não conseguiu nada, e se alistou em 1914, deixando uma moça virgem, segundo o que entendi.

Minha mãe havia prometido se deixar examinar por um ginecologista, persuadida de que tinha um problema de constituição física. Ela foi com Marie Laurencin e o médico lhe disse: "A senhora é completamente normal, e o negócio deve entrar... aqui onde estou mostrando." Conhecendo-a, não posso crer que não tenha experimentado alguns exercícios práticos para estar totalmente pronta ao retorno de seu marido. Ela, que se casara jovem demais, saía um bocado durante a guerra e fez um monte de amigos. Cheguei mesmo a ter minhas suspeitas retrospectivas sobre seu amigo Léon, que mais tarde se tornou meu padrinho. Ele morreu quando eu tinha 9 anos e, de qualquer jeito, não se tratava de uma pesquisa de paternidade. André talvez não fosse meu pai, mas era meu papai! Muitas crianças imaginam que foram roubadas pelos ciganos... Eu imaginava um pai misterioso, era mais no reino romanesco. Eu possuía um indício, assim mesmo. Sabia que meu pai tinha observado uma ou duas vezes: "Rosie tem os pés exatamente iguais aos de Léon, com o dedo grande separado do segundo; a quem ela puxou, com esse pé grego?"[3] Houve portanto dúvidas no início. Tantas mulheres devem ter enganado seus maridos durante a guerra e tantas crianças vindas de outros devem ter sido atribuídas ao pai legal! Em todo caso, Nicole teve êxito nisso também: convenceu o marido de que suas suspeitas eram infundadas. Ela era "fortona", como diziam na época! E depois, eu me parecia imensamente com ele, exceto pelos dedos dos pés... nesse ponto também ela teve sorte...

Quanto ao prazer físico, espero que ela o tenha conhecido, minha mãezinha, com as mulheres que nunca lhe meteram medo, que ela não tinha necessidade de dominar. As mulheres eram o prazer sem a dor... eu percebi, bem mais tarde, que ela vívera cercada de numerosas amigas evidentemente homossexuais, casais de mulheres, com maior frequência belas, espirituosas, excêntricas. Duas entre elas, Gaby e Tonia, eram antiquárias no *quai* Voltaire, bastante conhecidas, de uma liberdade de tom e atitude que me fascinava. Eu as achava sublimes, tão mais engraçadas do que as esposas! Elas partiam frequentemente de férias conosco. Pater gostava muito delas. No meio artístico, durante os Anos Loucos e até a guerra, reinava uma surpreendente liberdade dos costumes. Mas o homem continuava sendo o grande negócio, segundo Colette.[4]

---

[3] São pés em que o segundo dedo é mais comprido do que o dedo maior. (*N. do T.*)
[4] Sidonie Gabrielle Colette (1873-1954), escritora francesa. (*N. do T.*)

Eu me lembro que minha mãe, ao completar 60 anos (ela era do signo de Capricórnio, é claro), voltou para casa com um ar triunfante, dizendo a mim e à minha irmã, petrificadas:

— Espero que, como eu, minhas bonecas, vocês façam amor no dia de seus 60 anos! Sigam meu exemplo.

Seus amantes, que eram em geral escritores ou pintores, mantinham correspondência com ela, dedicavam-lhe poemas, enviavam-lhe flores, presentes, desenhos... Eu suponho que ela soubesse interpretar para eles a comédia do amor. Muitas mulheres eram frígidas nesse tempo, por falta de educação sexual, falta de experiência. Mas os homens não detestavam isso, afinal de contas. Era menos preocupante para eles do que aquelas que chamavam de "ninfomaníacas". O apetite, a sensualidade das mulheres, e sobretudo de suas esposas, frequentemente assustavam os homens dessa época. Eles privilegiavam para suas esposas o "dever conjugal". Para o erotismo e o prazer, havia casas especializadas.

Eu reprovo meu pai retrospectivamente por um único motivo: não ter jamais me defendido diante da minha mãe, ter-me deixado crer que só existia um modelo de moça — aquele que sua mulher exaltava — e que eu seria uma fracassada se não me conformasse a isso. Ele nunca me disse que eu poderia agradar aos homens tal como eu era e que ele poderia amar uma moça como eu. É uma coisa que as moças precisam ouvir de seus pais, para poder enfrentar os rapazes com confiança. Para Flora, este problema não existia. Ela sabia agradar por natureza, e se encaixava sem esforço ao quadro desejado pela família. Era artisticamente dotada, estudante de desenho na Grande Chaumière, e desenhava pratos para a Christofle.[5] E depois, ao final da guerra, conheceu um oficial inglês, que afinal era um banqueiro riquíssimo, com quem se casou. Ela partiu para viver em Londres e não pôde trabalhar até nós decidirmos publicar nosso *Diário a quatro mãos*, 15 anos mais tarde.

Foi com meu pai que conheci os momentos mais belos de minha juventude, mas eu sabia que se tratava de entreatos, prazeres roubados da verdadeira vida. De retorno a Paris, voltei a ser tomada pelo jugo dos "verdadeiros valores", que eram aqueles do sucesso em Paris, não em Concarneau! Senti então que o resto era apenas um parêntese maravilhoso, associado ao espírito de férias, se posso assim me expressar. Sei que isso parece difícil de imaginar em retrospecto, assim como as posições que tomei a partir de então, mas minha personalidade não conseguia se liberar. Surpreende-me que nem mesmo a guerra tenha me servido de eletrochoque. Havia sem dúvida nisso também uma falta de coragem. Sou resistente, mas não audaciosa. Dizem-me hoje: mas como você não entrou para a Resistência? Fácil dizer, quando não se tem mais medo algum. Não se entrava na Resistência empurrando uma porta. Era preciso caráter, aceitar os riscos mortais, uma verdadeira atitude política que não empreendi. Descobri mais tarde que Simone de Beauvoir tampouco o fizera, Sartre também não. Senti menos vergonha. E os estudos me serviram de álibi honroso. E depois, esquece-se hoje em dia a que ponto estávamos todos transbordando de tarefas de sobrevivência: o reabastecimento, o toque de recolher, as estações do metrô fecha-

---

[5] Christofle: tradicional fabricante de louças francês. (*N. do T.*)

das, os cortes de energia elétrica, as "panelas norueguesas" a serem confeccionadas para cozinhar os alimentos, as horas passadas tentando captar a rádio inglesa. E, além disso, havia um milhão e meio de prisioneiros. Preparávamos as encomendas, tricotávamos, enviávamos livros... As moças não eram feitas para entrar na História, mas para cuidar dos guerreiros.

Com Flora casada e sua primogênita ainda solteira nos seus braços aos 24 anos, minha mãe começou a se preocupar: eu não acertaria na loteria como Flora, então era preciso se resignar ao meu noivado com o único pretendente à minha disposição, Pierre Heuyer, um estudante de medicina que se preparava para fazer residência, era poeta e já havia escrito duas peças, um pouco à maneira de Jean Anouilh. Ele era filho de uma baronesa magnificamente russa e dramaticamente alcoólatra, e de um professor de medicina, neuropsiquiatra eminente, mas cujas simpatias comunistas haviam freado sua carreira. Para minha infelicidade, meu futuro sogro era bem baixinho, vestia-se de qualquer modo e tinha pouco dinheiro.

— Rosie vai se casar com o filho de uma beberrona e de um anão — dizia Nicole às amigas. Ela o apelidara de Professor Nimbus, personagem de uma célebre história em quadrinhos da época, um sábio baixinho com um topete sobre o crânio calvo.

Não ousei lhe confessar que nós havíamos nos apaixonados num equívoco digno de Mariveaux![6] Não era ele

---
[6] Pierre Carlet de Chamblain de Mariveaux (1688-1763), jornalista e dramaturgo francês. (*N. do T.*)

que eu esperava naquela noite dentro da minha tenda, acampando em Ingrandes, às margens do Loire que descíamos de canoa, Flora e eu, com um grupo de amigos. Eu esperava encontrar Jean Deniker, outro estudante de medicina por quem estava muito apaixonada. Mas ele estava embeiçado por outra, muito mais atraente do que eu, e enviou no seu lugar para me encontrar à meia-noite, no camping onde eu estava, seu amigo Pierre Heuyer. Descobri em seguida que esse bando dos "Incríveis", como se batizaram, praticava sistematicamente a troca de parceiras sexuais para deixar bem manifesta sua solidariedade masculina diante do rebanho feminino, ao qual era importante fazer calar os mexericos e as veleidades amorosas.

Deniker era um moreno alto e sedutor, Heuyer um louro baixo e brincalhão; mas estava escuro dentro da minha tenda, eu estava muito emocionada por me encontrar sozinha com um homem num espaço tão restrito, e algo de imprevisto aconteceu no programa: porque não era ele... porque não era eu...

Nós nos apaixonamos, eu e Pierre, dentro de meu saco de dormir!

Três meses mais tarde, ele não ousava admitir para os outros Incríveis que estava pensando em se casar comigo. Eu não ousava admitir a meus pais que amava um rapaz que não tinha concluído os estudos, era um ano mais novo do que eu e apenas alguns centímetros mais alto, sem fortuna e com uma mãe extravagante que falava quatro línguas mas era pouco apresentável em nosso meio abastado.

Para culminar a infelicidade, três meses depois, na véspera do dia em que Pierre deveria partir com os Incríveis para se juntar à divisão Leclerc na África, através de um trajeto clandestino na Espanha, ele foi vítima de uma hemoptise. Foi só o tempo de festejar o noivado, receber o anel, que ainda uso fielmente 68 anos depois, e Pierre, angustiado no seu corpo jovem de 23 anos, foi mandado para o sanatório de Sancellemoz, no planalto de Assy.

Lá ele passou oito meses em tratamento intensivo, ao final dos quais foi declarado "negativo", ou seja, livre do bacilo de Koch, o que lhe permitiu voltar a Paris para se casar em junho de 1944. Na verdade, foi somente uma melhora. A tuberculose raramente poupava suas vítimas antes da descoberta do Rimifon. E o tratamento era muito precário nos sanatórios durante a guerra, faltava tudo, até carvão. Toda semana, eu lhe enviava farinha Nestlé comprada no mercado negro, ovos, um ou dois de cada vez, retirados das rações familiares. Os trens estavam parados, impossível ir visitá-lo. Nós nos escrevíamos diariamente, esperando, em meio ao terror e à esperança, o desembarque das forças aliadas.

Nós nos casamos em 1º de junho de 44 e tivemos que nos contentar, à guisa de viagem de núpcias, com uma estadia no subúrbio de Villiers-Adam, na casa de uma amiga. Foi uma vida em comum brevíssima, visto que um mês depois as radiografias de controle mostraram que o pulmão esquerdo afetado de Pierre havia sido outra vez infiltrado pelo inimigo e era-lhe necessário retornar ao planalto de Assy. Ao cabo de algumas semanas, apesar do ar puro das alturas e do repouso integral, a progressão do bacilo acelerou. O Dr. Tobé, chefe do setor, decidiu tentar uma operação como último recurso: um pneumotórax extrapleural, terrível variante do pneumotórax clássico e tão dolorosa quanto uma toracoplastia.

A operação teve sucesso, nos disseram, mas, em consequência de uma manipulação equivocada, a longa cicatriz que cruzava as costas de Pierre se reabriu 12 centímetros, como uma boca imunda que se pusesse a respirar com um ruído monótono.

Meu jovem marido levaria quarenta dias para morrer com uma infecção da pleura e depois de septicemia, quando os americanos acabavam de chegar com a milagrosa penicilina. Uma semana tarde demais.

Eu estava ao seu lado em Sancellemoz nos últimos dias. E ele morreu intempestivamente, me ditando poemas lancinantes, que seu pai publicaria mais tarde sob o título *La leçon des Ténèbres*, e zombando de Deus na cara do capelão do sanatório que, sentindo a aproximação da morte, espiava todos os dias pela porta do quarto, achando-o suficientemente enfraquecido para aceitar o socorro da igreja.

Na morte, ele reencontrava suas origens, seu aspecto de mujique, com as maçãs do rosto largas, os cabelos louros e sedosos e aquela expressão a um só tempo infantil e velhíssima que têm às vezes os jovens mortos. Seu semblante enfim se pacificava, já que não sofria mais. Mas eu procurei em vão aquele ar terno e sarcástico ao mesmo tempo, que me seduzira desde a primeira noite.

Diante do espetáculo intolerável de um jovem bemamado morto, podem surgir as ideias mais loucas. Contei essa história com outros nomes em *Diário a quatro mãos*. Eu não conseguia dizer a mim mesma, após uma vida em comum tão breve: Tudo acabou. E acabada também a relação de afeto e estima contraída com o professor Nimbus, cuja generosidade e ideias, esquerdistas antes do tempo, eu tanto admirava. Para perpetuar essa história e me manter ligada a essa família, eu só via um jeito: ter um filho póstumo de Pierre. A mãe de Pierre era de São Petersburgo, essa cidade que, durante dois anos de cerco, suscitara tanta angústia e admiração. Romanticamente, sempre sonhei gerar um filho que tivesse sangue russo, e Philippe, irmão de Pierre, parecia-se estranhamente com ele. O pai deles, contra toda expectativa, imediatamente aceitou meu projeto. Ele já estava com 70 anos, mas era antes de tudo um homem de coração; e foi o coração, e só ele, que nos ditou esse gesto louco. Em nosso sofrimento, essa ideia fazia nascer uma espécie de esperança. É preciso se recordar da atmosfera daquele fim de guerra, a descoberta do horror dos campos de prisioneiros, Oradour,[7] o bombardeio de Dresden e seus 100 mil mortos, as cidades francesas do oeste devastadas... Não se vivia mais uma vida normal... Podia-se fazer qualquer coisa, e meu pequeno gesto individual não pesava demais dentro de tal contexto. Não passava de um gesto de vida diante da morte onipresente.

Mas era preciso agir com rapidez para que a criança pudesse passar como sendo de Pierre. Philippe, em campanha na Alsácia, tinha apenas três dias de licença para enterrar seu irmão e tentar alterar meu destino.

Ele veio à minha casa no dia seguinte e fizemos amor sem pronunciar palavra alguma, como uma espécie de dever sagrado. Ele só me disse, ao partir: "Fique deitada por uma hora, isso aumenta as chances dos espermatozoides." Ele praticava a medicina também.

---

[7] Oradour-sur-Glane, cidade francesa que teve 642 de seus habitantes mortos pelos alemães em 1944. (*N. do T.*)

Minha impressão era a de dar uma nova oportunidade a meu amor por Pierre. E eu me sentia fecunda porque esta criança eu a concebera um ano antes, durante meu noivado. Ela se anunciara, como faziam os embriões nesses tempos selvagens, sem aviso prévio e sem nosso acordo. Pierre retornava então de seis meses de exílio no sanatório e não se excluía a possibilidade, lamentavelmente, de ele voltar para lá e permanecer por vários meses, a fim de consolidar sua cura. Como poderia eu acompanhá-lo nesta provação se estivesse grávida? Era preciso escolher entre o jovem vivo de 23 anos que eu amava e aquelas poucas células embrionárias que haviam ingressado por arrombamento em nossa vida e contavam se implantar em mim contra minha vontade; não hesitei sequer um instante. Pierre preparava-se para passar em seu exame de residência hospitalar com um professor de reputação que aceitou, contra sua vontade, sob influência de meu futuro sogro, me livrar da gravidez, desde que eu me submetesse a uma curetagem em silêncio, sem afetação, durante sua consulta semanal de ginecologia, que ele realizava em seu domicílio, no boulevard Saint-Germain. Era muito arriscado para ele operar no hospital: em 1944, o aborto ainda era um crime, capaz de destruir uma carreira. Mas como eu só estava grávida de quatro ou cinco semanas, a intervenção não levaria mais de uns vinte minutos, sem anestesia, é claro, porque ele não estava equipado para isso. Vinte minutos para voltar a ser uma verdadeira moça que poderia se casar de branco, três semanas mais tarde, na igreja de Sainte-Clotilde!

   Receosos mas determinados, partimos então os dois de bicicleta para o consultório médico. Pierre me esperava na frente, no terraço de um café. Era o mês de maio, o dia estava bonito em Paris, eu me lembro. Ele estava mais emocionado do que eu e não tirava os olhos da janela atrás da qual oficiaria o professor V. Eu extraía minha coragem do orgulho de dar a Pierre aquela prova de preferência. Extraía-a também dos relatos de tantos resistentes sob tortura, sofrida na solidão e em pânico, diante do ódio de seus algozes. O que pesava diante da coragem deles a minha pequena curetagem dentro de um consultório acolhedor? Vinte minutos rangendo os dentes, um copinho de conhaque oferecido pelo professor ao fim de sua missão e a garantia de que tudo iria bem após dois dias de descanso junto à minha família que, é claro, ignorava toda essa história.

Na *Encyclopédie Quillet* de meu pai, em *aborto*, eu tinha lido: "Diz-se geralmente em relação às fêmeas animais. Só se refere à mulher quando se trata de execuções criminosas."

Não se comenta este crime em família. Somente o pai de Pierre estava informado. Então eu simulei uma crise hepática e meu noivo veio estudar ao meu lado todos os dias, na rue de Bellechasse. Ele queria ainda passar no exame de residência, ignorando que uma nova hemoptise, três meses depois de nosso casamento, o forçaria a retornar a Sancellemoz, desta vez para não mais voltar.

Mas, infelizmente, eu e Philippe não conseguimos alterar o destino. Eu, que engravidava tão frequentemente contra a vontade, naquela vez fracassei na minha tentativa. E o cúmulo do horror, Philippe, o irmão caçula, que acabava de completar 20 anos, veio a morrer alguns dias depois. Era como se Pierre morresse uma segunda vez. Nunca esquecerei a emoção de meu sogro ao me abraçar no dia do enterro de seu segundo filho, murmurando ao meu ouvido: "Você talvez carregue tudo o que restará de meus dois filhos."

A vida é uma vagabunda, ela me recusou esse presente. Não gosta que se tome liberdade demais com ela. Sua intenção foi me dizer que minha história de amor estava acabada. Desta vez, definitivamente... Que, de certo modo, eu era duas vezes viúva.

Minha mãe queria que eu voltasse para casa, mas esse recuo era exatamente o que eu temia. A França estava começando a descobrir sua liberdade, eu queria encontrar a minha. Finalmente, eu estava morando longe dos meus pais, no 16º *arrondissement*, e trabalhava na rádio. O general De Gaulle estava no comando do governo, Paris ressuscitava e eu também estava com vontade de ressuscitar. Acabara de passar um mês frente a frente com a morte, a de todos os jovens que povoavam então os sanatórios, a de Pierre principalmente, aquela morte que levou quarenta dias para chegar a um termo no corpo de um jovem, fibra por fibra... Eu nada mais podia fazer por ele agora, nem pela sua família, senão viver.

Foi a Liberação que veio me socorrer: a presença americana em Paris, o direito de sorrir nas ruas para os militares, a explosão de alegria após cinco anos de opressão. Eu vivi então seis meses a vida louca. O que deveria ter aprendido aos 18 anos, devorei aceleradamente aos 25! Aprendemos bem rápido nessa idade, quando ficamos livres de nossos pais, da moral e das ilusões. Durante esse período, eu me tornei realmente uma outra, o que me permitiu descobrir que nós não éramos de modo algum uma peça inteiriça, como eu pensava, que trazíamos em nós personagens totalmente imprevistos, surpreendentes e... deliciosos a se frequentar às vezes! Meus aprendizados americanos constituíram uma cura de juventude. Foi preciso isso para apagar Mademoiselle Rosie Groult e Madame viúva Heuyer. E para viver uma existência verdadeira que, afinal, eu jamais conhecera.

Capítulo V

Meus Aprendizados Americanos

Este período da minha vida, que marca o fim da Segunda Guerra Mundial, ficou para mim como um parêntese luminoso, como se faltasse às aulas para me iniciar na vida, depois de uma juventude difícil e um casamento sob o signo da doença. A morte de Pierre criara um grande vazio na minha existência, e a Liberação da França, após cinco anos de guerra, arejava o ambiente, abrindo as portas para o futuro. Tínhamos vivido desde 1939 entre parênteses, e a verdadeira vida recomeçava. Eu acabara de entrar na rádio, estava financeira e sentimentalmente independente, tinha um apartamento, a vontade de esquecer e talvez a vontade de viver enfim essa juventude que me fora completamente suprimida. Aqueles cinco ou seis anos constituíram minha educação... não ouso dizer sentimental... não direi tampouco erótica, pois, depois de uma guerra, não pensamos especialmente em termos de erotismo. A vontade é de recuperar sua vida, redescobrir o direito de rir, de se proporcionar todos os prazeres ao mesmo tempo, nem que fosse comer até não mais poder alguns alimentos esquecidos. Os americanos ficaram para mim associados ao leite condensado, chocolate, carne enlatada, uísque, jazz... e ao amor também, é claro, éramos bulímicos!

Como a minha irmã Flora, eu tive a chance de falar fluentemente o inglês, o que nos permitiu tornarmo-nos intérpretes e recepcionistas. O Centro Franco-Aliado e a Cruz Vermelha Americana procuravam moças e senhoras falando bem o inglês para servirem de guias para os americanos em licença, levá-los a visitar Paris e encontrar as famílias francesas. Nós nos inscrevemos, como muitas de nossas amigas, com este álibi cultural. Ainda assim, consegui que visitassem o Arco do Triunfo várias vezes... As vitórias napoleônicas estavam entre os raros acontecimentos históricos da França que lhes diziam alguma coisa! E subi ao último andar da Torre Eiffel pela primeira vez na vida... Levar estrangeiros para visitar Paris foi a melhor maneira de conhecê-la!

Mas confessemos que a cultura servia sobretudo de pretexto. Na realidade, íamos para os clubes não por amor, como poderia se acreditar, mas para comer!

Nossa principal atividade consistia em frequentar todos os sábados as "matinês dançantes" do Independence, um clube de oficiais baseado no hotel Crillon; do Rainbow Corner, reservado aos soldados americanos; ou do Clube dos Canadenses, belos tipos com a envergadura de lenhadores — ficava na avenue Montaigne, dentro de um grande hotel requisitado pelas forças armadas. Chegávamos às cinco horas, dávamos uma olhada de especialista em todos aqueles rapazes ruidosos, bem nutridos, em uniformes impecáveis, nada a ver com nossos pobres soldados debandados...

Em seguida, *Shall we dance?*, e estava dada a partida. Mas se tratava de chegar! Às sete horas era preciso conseguir seu tíquete de acesso ao restaurante, quer dizer, entrar convidada por um americano. Cada um deles tinha direito a uma moça. Na sala de jantar do Independence Club, no primeiro andar do hotel Crillon, sabíamos que um banquete nos esperava. Leite condensado à vontade, Coca-Cola — então uma bebida exótica para nós —, vinho branco, é claro, bifes que representavam cada um vinte tíquetes de alimentação, bolos sobrecarregados de creme, café de verdade... tudo aquilo com que havíamos sonhado durante meses, mastigando nabo, coladas ao fogão de lenha.

Era um espetáculo bem insólito, ver aquelas senhoritas de boa família se rivalizando na sedução e trocando comentários safados (já que seus cavalheiros não falavam quase nunca o francês): "Você achou um? Vai subir hoje?", olhando em beatitude uns rapazes aos quais não teriam dirigido a palavra numa festa parisiense. Mas nós estávamos prontas a tudo para não sermos rejeitadas nas trevas exteriores. Ou seja, nossos apartamentos gelados, roendo a ração de 100 gramas de pão de milho e comendo uma omelete de ovo em pó.

Então, nós nos iniciávamos de forma intensiva às técnicas da paquera. Tinha certeza de que isso seria útil mais tarde... À medida que as horas avançavam, reduzíamos um pouco nossas pretensões. Às dez para as sete, qualquer pateta em uniforme podia se passar por um Príncipe Encantado! Mas, como nas fábulas, voltávamos a ser cinderelas bem antes de meia-noite, o vagão de trem no lugar da abóbora! É preciso se lembrar que a Virtude, a Virgindade eram ainda muito usadas naquela época. E a maior parte dos militares não tinha permissão noturna, ou então estava alojada em casernas nos subúrbios e voltava a embarcar em seus caminhões às dez horas. E muitas daquelas recepcionistas moravam ainda na casa dos pais. Resumindo, elas aproveitavam o flerte sem ter de passar ao ato. Um verdadeiro sonho de moça!

Eu morava num apartamento minúsculo, na rue Raynouard, com vista sobre os telhados de Paris, bem ao estilo Mimi Pinson[1] e em conformidade com a fantasia americana. Isso contribuiu para minha ruína! A cada vez que vou ao hotel Crillo, hoje em dia, onde se reúne o júri do Prêmio Femina, penso com nostalgia na jovem viúva que prendia sua bicicleta azul às grades do hotel, diante dessa esplêndida Place de La Concorde, onde quase não se viam carros em 1945, e que ia para os chás-dançantes como se vai a um mercado de rapazes.

A grande qualidade daqueles homens era que eles nunca ficavam por muito tempo. Não tínhamos o tempo de nos atarmos àqueles idílios devastadores, cairmos na cilada do louco amor onde foram engolidas tantas inocentes que acreditavam assim justificar posteriormente seus desvios de conduta. Era preciso admitir a verdade: fazíamos (mais ou menos) amor com perfeitos desconhecidos... coisas que a maior parte dentre nós nunca mais ousaria fazer na vida!

Vivi todos aqueles meses numa espécie de alegria egoísta, a morte de Pierre tendo caído dentro de um abismo, como a derrota, o desaparecimento de tantos amigos, e como a minha juventude, sem dúvida. Além disso, cultivo de boa vontade o esquecimento. É uma virtude de sobrevivência. Aliás, os americanos não eram homens, eram nossos libertadores!

---

[1] Mimi Pinson. Personagem de Alfred de Musset (1810-1857), que residia também numa mansarda em Paris. (*N. do T.*)

Fazíamos amor com a liberdade reencontrada... enfim, com os instrumentos dessa liberdade. Nos braços desses homens, celebrávamos o fim do nazismo, o território recuperado, a esperança de paz universal. Isso dava uma dimensão histórica aos nossos... excessos.

Finalmente, é preciso confessar que a impunidade sexual nos trouxe uma leveza inimaginável até então. Porque os americanos usavam preservativos sistematicamente. Nem era preciso falar, eles os tiravam do bolso no momento oportuno. No começo, senti nisso uma humilhação... Eu sequer tinha visto de perto uma "*capote anglaise*" [casaco inglês] como se dizia então. Teriam lhes dito que todas as francesas sofriam de doenças venéreas? E depois, bem rapidamente, gostei de não sentir mais medo ao final de cada mês. Essa segurança compensava amplamente o estalido do preservativo quando o ajustávamos, num momento em que gostaríamos de pensar noutra coisa... Em todo caso, isso me deu acesso ao prazer despreocupado, à leveza, ao gosto de seduzir, que nunca mais senti assim tão bem desde então. Da mesma forma que nunca mais reencontrei nos franceses aquela admiração comovente de tantos americanos, impressionados de se acharem em Paris, surpresos com a aparência e a desenvoltura das parisienses. A França usufruía ainda de um verdadeiro prestígio naquela época, principalmente as francesas. Eles nos consideravam superdotadas do amor com técnicas mais avançadas... como se todas nós tivéssemos estudado em Pigalle![2] Era a um só tempo elogioso e humilhante. Mas, definitivamente, nada disso ti-

---

[2] Pigalle. Bairro parisiense tradicionalmente reputado como região de alta voltagem erótica. (*N. do T.*)

nha a menor importância, já que eles nunca ficavam. Era o homem em estado puro, sob rostos diferentes, numa relação elementar, livre dos constrangimentos sociais e daquilo-que-vão-dizer.

A ignorância deles em relação à Europa me espantava: não tinham a menor ideia do que podia ter sido a Ocupação para os franceses. Quase não acreditavam quando contávamos que havia nos faltado carvão, lenha, eletricidade, sabão, manteiga, água quente... A guerra, tudo bem, mas como poderia faltar sabão? Quando Tex, Red ou Bill vinham almoçar na casa de meus pais, eles traziam tudo o que podiam de suas reservas armazenadas, os chamados PX: embalagens de ovos produzidos nos Estados Unidos 15 dias antes, latas de patê, chocolate, mel, cigarros... Nicole não sabia ao certo como considerar minha conduta. Indagavam se eu não tinha me prostituído ou virado uma "perdida", como dizia Pater.

— É o sofrimento — dizia Flora. — Rosie nunca se queixa, mas estou certa de que ela sofre, no fundo. Então ela sente necessidade de se atordoar, a coitada...

Eu a deixava falar, e eu me atordoava, é verdade!

Algumas de minhas amigas se deixaram atordoar o bastante a ponto de se casarem com americanos e partiram para viver em Winnipeg (Manitoba) ou em Austin (Texas). Prometemos que nos escreveríamos, que nos reveríamos com frequência. Na realidade, elas se perderam para mim assim como as jovens africanas casadas à força e coagidas a abandonar para sempre sua aldeia natal a fim de serem transplantadas para uma tribo desconhecida onde precisariam chamar uma estrangeira de "mamãe".

A ideia de ser reagrupada num navio de *war brides* [noivas da guerra], como as prisioneiras das guerras antigas transportadas dentro das bagagens dos soldados vitoriosos... e atravessar o Atlântico para enfrentar as terríveis "Moms" americanas, que se perguntariam por que sortilégios essas francesas haviam conseguido desviar seus filhotes das moças impecáveis previstas para eles... Tal perspectiva enregelava meu sangue.

No entanto, me apaixonei por um de meus libertadores, um piloto de B52. Seguramente bastante capaz, pois depois se tornou um dos pilotos pessoais de Eisenhower. Ele queria se casar comigo e me levar para viver em Blue Bell, um povoado na Pensilvânia. Era um judeu, filho do açougueiro da aldeia, cuja família, que tinha tido mais faro do que outras, fugira da Alemanha a partir de 1928, quando ele tinha apenas 12 anos. Ele não conseguiu adquirir nenhuma cultura em nenhuma das pátrias que se seguiram. Na sua aldeia alemã, era colocado no fundo da sala por ser judeu, e o professor nunca o interrogava. Na Filadélfia, teve que começar a trabalhar imediatamente como aprendiz de padeiro. Jamais lia um livro, conhecendo dos países por onde viajou somente os aeroportos, e só lhe interessavam as fortalezas voadoras. O que seria de mim em Blue Bell, pobre "paimpolesa" que sequer morava mais em Paimpol, esperando seu piloto que lhe contaria os incidentes do voo?

Ele nunca compreendeu que eu me recusasse a viver na América, justo eu, pobre cidadã de uma França vencida e arruinada: continuei vendo-o, aliás, ao longo de toda a minha vida. Não fomos capazes de parar de nos amarmos. Veio dele a inspiração para o herói de Os *vasos do coração*, no qual transformei-o em um pescador do mar.

Finalmente, em 1945, o tratado de paz tendo sido assinado, as tropas americanas deixaram Paris e eu me achei como a França, com minha vida a ser reconstruída. Mas eu estava persuadida, após esse episódio, de que havia me tornado uma mulher experiente, que saberia "lidar" com os homens. É claro, com os franceses seria mais difícil, mas não me faltava confiança. Estava com quase 26 anos, era hora de encontrar um companheiro de verdade e ter um filho de verdade. Mas, nesse ponto também, nós acabamos sendo vítimas da aceleração da História, depois de cinco anos de estagnação: a tentação era a de fazer tudo e bem rápido: fundar um lar, ter filhos, atingir sucesso profissional, ser localmente feliz, a síndrome habitual dos pós-guerras.

Eu trabalhava na Radiodiffusion com um tal Georges de Caunes, grande repórter, sedutor, brilhante, que era o garanhão da redação. Achei que poderia me divertir muito com ele. Eu precisava de leveza e estabilidade a um só tempo: em pouquíssimo tempo, estávamos casados.

Quanto aos filhos, também fui bem rápida: dois em dois anos! Quanto ao casamento, que se há de fazer, ele foi também bem rápido...

Capítulo VI

A Pobre Zazate

Com frequência, é nos primeiros anos de casamento que os papéis são atribuídos e aquele que ama mais vai baixar sua guarda, às vezes por toda a vida.

Desde o dia do meu casamento, em março de 1946, minha mãe formou uma opinião sobre o tipo de relação que iria se estabelecer dentro do nosso casal.

O almoço, num restaurante do mercado negro frequentado pelas vedetes do rádio e pela imprensa, representou para meu marido, Georges de Caunes, a ocasião de mostrar que ele não estava casado-casado, como dizem no Taiti, e que o grande negócio para ele continuavam sendo os amigos e o trabalho. Meus modos de sentimentaloide apaixonada e a certeza de que o amor me abriria todas as portas secretas o irritavam. Eu tentava segurar sua mão, esperava dele alguns gestos de proprietário, espreitava em seus olhos ao menos um sinal de cumplicidade conjugal, enquanto ele, justamente, fazia questão de evitá-los.

— Sossegue seus ardores — ele acabou por me dizer, fazendo-se de bom moço para divertir a audiência. — Parece até que é a primeira vez que você se casa!

— Esta talvez não seja a última vez, tome cuidado! — eu deveria ter dito jovialmente.

A ideia sequer me ocorreu, e eu me acreditei obrigada a ser a primeira a rir. Georges era sem dúvida impagável, era a opinião geral. Mamãe, que nos observava, já começava a ler meu futuro em meus olhos submissos. Está acabado, ela pensa. Minha pobre Zazate começou com o pé errado.

Parece de fato que nada retive de meus aprendizados americanos, de todas as lições particulares nas quais eu aprendera deliciosamente a me conduzir como mulher livre e segura de seus encantos. Paris liberada, os americanos sumiram e a "pobre Zazate" estava de volta. Além disso, eu suspeitava já estar grávida, e aquela criança clandestina me privava de meu último pedacinho de liberdade, aquele que ajuda a tomar uma decisão... Aquele que permite o pensamento louco de que, até chegar ao pórtico da igreja, ainda se pode mudar de opinião e fugir, deixando os convidados estupefatos. Desta vez, as apostas já tinham sido feitas.

Georges era alto e magro, os olhos da cor de musgo, como são descritos nos romances de amor, justamente, para as sentimentaloides... ele já evoluía na vanguarda de jovens jornalistas que em breve ficaria conhecida. Seu andar ondulante, sua desenvoltura, os pelos encaracolados que escapavam dos punhos de sua camisa, seus sorrisos irônicos, um certo acanhamento com as mulheres me pareciam o máximo da sedução.

— Sim, ele é um rapaz bem bonito — concedera minha mãe. — Mas tem um aspecto provinciano, você não acha, André?

André observou que, com efeito, Georges era natural de Toulouse! Não se podia exigir que todo mundo nascesse no 7º *arrondissement*! O aspecto provinciano era um entrave aos olhos da família e o fato de Georges estar em vias de se tornar um jornalista brilhante, reputado pelos seus jogos de palavras e sua causticidade, não compensava nem um pouco suas origens. O rádio, assim como a televisão, que surgiria alguns anos mais tarde, não impressionava nem um pouco os artistas nem a grande burguesia. Georges, finalmente, aos olhos deles, não passava de um vendedor ambulante que negocia gravatas nas feiras graças à sua boa lábia. Mas eu já estava com 26 anos, e Nicole começava a entregar os pontos. Um "tísico" para começar — evitava-se usar a palavra tuberculoso na época — e agora um camelô que ainda não perdera seu sotaque do Sudoeste; realmente, eu não tinha consideração alguma pela minha família.

Mas, desde meu casamento precedente, eu extraía minhas razões para agir em oposição aos princípios familiares: Georges tornava-se ainda mais digno de ser amado à medida que meus pais o denegriam. Uma história de apartamento que me propunham, a insistência em cima de meu futuro esposo de uma amante que eu temia que pudesse me suplantar, minha vontade de ter um filho, esses elementos apresentavam um sério exame de nossas chances de ser felizes juntos. Fizemos a besteira de casarmos muito rápido, em vez de viver em concubinagem, o tempo de percebermos nosso equívoco sobre nós dois, tão evidente que teríamos rapidamente descoberto.

Eu nunca soube se Georges também se sentira preso numa armadilha desde o início. Não era um homem de confidências. Mas a lembrança desolada que guardo de nossa viagem de núpcias leva a pensar que ele não foi mais feliz do que eu.

Tínhamos partido para esquiar graças à Associação Turismo e Trabalho, que organizava estadias baratas correspondendo aos nossos baixos salários. Eu não estivera fora do país durante todos aqueles anos de guerra, nem havia esquiado desde os 7 anos de idade e tampouco tido um homem amado só para mim, de ótima saúde e supostamente apaixonado. Dessa vez, nada me impedia de ser feliz, e tal certeza me iluminava de uma maneira que deve ter-lhe parecido obscena. Nicole sempre me recomendara não demonstrar demais meu entusiasmo, fazer-se desejada antes de derramar meus ardores amorosos e eu havia, é verdade, visto funcionar este tipo de tática com Flora, com minhas amigas e em todos os romances, mas não queria isso para mim. Malditas sejam as táticas, quando se ama. Doar todo o meu ser, inteiramente, me parecia mais honesto. Mas isso não levava em conta o caráter do desconhecido que tinha se tornado meu marido.

A primeira lição eu a recebi dentro do trem. As formalidades na fronteira, sobretudo a da Áustria ou da Alemanha, ainda eram extremamente severas. Era o meu novo "chefe de família" que carregava nossos passaportes, conforme o hábito, nossas permissões de estadia em Kitzbühl e nossos bilhetes de terceira classe. No posto de fronteira, ele desceu à plataforma para comprar sanduíches e carimbar nossas autorizações. O trem voltou a partir sem que Georges tivesse retornado ao compartimento. Pensei que houvesse embarcado por engano em outro vagão e que reapareceria, elegante, sedutor e felicíssimo por ter-me assustado... Só voltou uma hora depois ou, pelo menos, o que me pareceu uma hora. Ao medo por me achar num país inimigo sem passagem nem passaporte se acrescentou o temor de que ele tivesse sido preso na plataforma. Havia cinco anos, quando alguém estava atrasado, pensava-se de imediato em detenção. Imaginei todas as hipóteses, exceto a correta: ou seja, que ele havia flanado pela estação e depois dentro do trem, em busca de um colega que também deveria estar viajando, e não era porque estávamos agora casados que era obrigado a prestar contas de todos os seus deslocamentos.

Eu me tranquilizava pensando que ele nunca tinha sido casado, e não havia, na sua infância, aprendido a ser amado. Eu estava disposta a ajudá-lo a descobrir as delícias de uma verdadeira intimidade. Não tinha dúvidas de que conseguiria. Ele ia adorar.

Durante a semana passada em Kitzbühl, fiquei a maior parte do tempo enjoada e a comida me dava náuseas. De fato, eu estava grávida de um mês, mas era no coração que o mal era maior e latejante.

Georges parecia irritado por estarmos sozinhos. Eu ia poder cobri-lo de perguntas sobre seu passado, seus sentimentos... tudo o que ele temia. E não havia nenhum amigo por perto! Eu suspeitava que ele havia procurado recrutar um antes de partir, justamente aquele que não encontrara dentro do trem. Durante a viagem, ele me censurou por ser sua mulher e acumulou comentários indelicados. Procurava me magoar, só o suficiente para que eu compreendesse. Mas sou dessas pessoas que se reerguem sorrindo, sem rancor, com uma obstinação desesperada pela felicidade. Mais tarde se instalaria entre nós o hábito, os filhos, as reportagens — que o levariam por sinal ao fim do mundo —, mas ali, naquela viagem de núpcias, era impossível escapar. O êxtase estava nos pequenos detalhes e os olhos nos olhos. Que horror!

Ele se esquivou, como de costume, lendo seus jornais. Cinquenta anos depois, não consigo me ver uma única vez nos seus braços. Devo ter estado, é claro... Mas são os jornais que vejo sobre a cama geminada de nosso pequeno quarto tirolês e ele, escondido atrás. *But, Club, Sport-Dimanche, L'Équipe, Cheval-Pronostic, Paris Turf...* Ele os lia todos, da primeira à última linha. Eram jornais de esporte, ainda por cima, sobre o que eu não tinha comentário algum a fazer.

— Deixe-me ler, Chouquette, você sabe que isso me interessa!

Sua sobrinha em Toulouse já se chamava Chouquette! Mas se tratava sem dúvida de uma etapa para chegar ao difícil "minha querida" e ao impronunciável "meu amor". A lembrança dos poemas e das cartas de Pierre trazia-me lágrimas aos olhos. Ele me chamava "minha I". I de idolatrada...

Pelo menos, reencontrei a alegria de esquiar. Georges não apreciava muito. Eu me virava melhor do que ele. Era o mundo de pernas para o ar.

Muito rapidamente, percebi o fiasco: "Abandonada na noite de núpcias... O vil sedutor, mal casou e revela sua verdadeira face..." Finalmente, eu não valia mais do que as lamentáveis heroínas dos romances que tinha lido no sótão da tia Jeanne, uma dessas tolas que acreditavam ter se casado com o amor em pessoa e que despertavam ao lado de um marido que elas não conseguiam entender. Eu não me resignava à ideia de ter cometido um erro assim tão grande. Restava-me apenas uma saída: transformá-lo em êxito, e para alcançar esta meta só havia um jeito, me tornar em todos os aspectos a esposa ideal, aquela a quem ele só poderia adorar.

"É preciso", creio eu, "que, ao se casarem, um dos dois renuncie totalmente a si mesmo e seja abnegado não apenas em relação à sua vontade, mas também à sua opinião; que tome o partido de enxergar pelos olhos do outro, gostar do que ele gosta. Mas é também uma fonte inesgotável de felicidade, quando se obedece assim a quem se ama! A um só tempo, faz-se seu dever e sua felicidade."

Foi o que pensei no começo, como tantas outras, e foi também o que acreditava Aurore, batizada de Dupin, que escrevia essa carta à sua querida amiga de pensionato, Emilie de Wismes, em 1823, quando se casou com Casimir Dudevant. Quatro ou cinco anos e dois filhos mais tarde, Aurore se divorciaria para se tornar George Sand, levar uma vida livre, apaixonar-se pela política como pelo amor e escrever mais de trinta romances. Eu não sabia ainda que, quatro anos e dois filhos mais tarde, eu também me divorciaria, retomaria meu nome de solteira e refletiria sobre a possibilidade de começar a escrever...

Até que ponto somos capazes de nos esquecer de nós mesmas por amor? Que porcentagem das próprias opiniões podemos trair sem nos destruirmos? Até que grau de semelhança podemos alcançar? Eu não sabia nada ainda e remava cegamente na direção do acordo perfeito.

Ao fim de um ano de casamento, Aurore, ela também, ébria de tantos sacrifícios, escreveu a seu Casimir uma carta à qual eu só faria pouquíssimas mudanças... se tivesse ousado escrever uma para Georges.

"Vi que você não apreciava a música e parei de praticar, já que o som do piano o afugentava. Você lia por complacência e, ao final de algumas linhas, o livro lhe caía das mãos de tédio e sono. Quando conversávamos, principalmente sobre literatura, poesia ou moral, você não conhecia os autores que eu citava, ou tratava minhas ideias de loucas, de sentimentos exaltados ou romanescos... Parei de falar. Decidi adotar seus gostos."

Eu tomei a mesma resolução. O tédio era que adotar os gostos do meu marido consistia primeiramente em esquecer os meus. Não havia espaço para dois sistemas de valores. No meu programa, afiguravam-se agora os esportes que até então ignorara completamente: rúgbi, boxe, touradas, corridas de cavalo e os resultados esportivos de domingo. Felizmente, o segredo que Georges insistia em preservar sobre a dimensão de suas perdas nas apostas me poupava de frequentar os hipódromos de Vincennes et Longchamp. Mas eu assistia, com uma expressão empolgada, aos jogos de rúgbi sem jamais compreender para que servia aquela confusão, a não ser para me deixar admirar os traseiros e as pernas musculosas dos jogadores; acompanhei Georges às lutas de boxe, fechando os olhos de horror a cada golpe mais violento; fingi apreciar a beleza das touradas e esquecer o enjoo ante a visão do sangue derramado; passei a comentar meticulosamente os resultados esportivos, os programas sagrados de nossos domingos, de manhã, os prognósticos e, à noite, os resultados. Enfim, tentei me interessar por seus amigos, o que implicou rapidamente o afastamento e depois o desaparecimento dos meus, que tentavam em vão lembrar a meu cônjuge que eu tivera uma vida antes de conhecê-lo. Muito rapidamente também, ele preferiu ver seus amigos sem mim, já que eles mesmos apareciam quase sempre sem suas esposas. Naqueles anos de pós-guerra, homens e mulheres ainda não sabiam viver juntos. Os machos formavam um vasto clube no qual estavam as auriflamas da virilidade e onde se sentiam à vontade, sobretudo aqueles do Sudoeste, onde uma sólida tradição persistia: caçadas, bocha, pelota basca, aperitivo, apostar nos cavalos, atividades que excluíam as mulheres. Como no Rotary, só nos aniversários as senhoras eram convidadas.

Com mais seriedade, eu me esforçava para fazer uma autocrítica dos pontos mencionados por Georges e, especialmente, minhas pretensões literárias, da qual ele estava persuadido de que as obrigações conjugais e a maternidade me desembaraçariam bem rápido, pois as mulheres metidas a escrever, a seus olhos, não representavam de modo algum uma mulher de verdade, mas uma tentativa, sempre fadada ao fracasso, de macaquear um homem.

O suave embrutecimento e o prazer animal nos quais nos mergulha a gravidez, sobretudo a primeira, encorajavam em mim esse abandono de personalidade. E o que eu tinha a perder, visto que não passava de uma professorinha recém-transformada em secretariazinha?

Georges também, sem dúvida, se apercebia do erro que cometera casando comigo, o coitado! Mas, para um homem, o casamento é compatível com suas ambições e facilita a vida cotidiana. Para uma mulher, é o inverso, e eu me sentia encurralada: tendo enviuvado ao fim de seis meses de casamento, não podia me tornar uma divorciada nos próximos seis meses! Só me restava uma solução: integrar o papel de esposa-modelo e partilhar de todos os gostos do meu esposo.

Para esse delírio de identificação, eu tinha desculpas. Essa busca desvairada para sermos um só foi por muito tempo considerada a forma suprema do amor e um comportamento altamente desejável para uma esposa. A tal ponto que, 120 anos após Sand e quase cinquenta anos depois de mim, uma de minhas filhas, como nós, se comprometeu a renunciar aos seus gostos e fazer votos de obediência ao se casar, como prescrevia, aliás, a lei...[1] Tratava-se para ela, que estava com 20 anos, de se unir a um rapaz belo e rico, mas infinitamente sério, e que julgava a poesia e as tendências boêmias de sua noiva incompatíveis com o estado de jovem esposa que iria doravante viver nas proximidades de Zurique. E com razão, sem dúvida, visto que se separariam depois de dois anos de casamento.

"Eu, abaixo assinada, certifico que, uma vez casada e instalada, farei a limpeza todas as manhãs: aspirar, espanar, escovar. A louça será lavada regularmente, as latas de lixo colocadas lá fora, a geladeira estará cheia.

Uma vez instalada, serei uma pérola.

Lison de Caunes, 29 de maio de 1970."

No verso dessa folha de compromisso por escrito, que ela me autorizou a usar (e cuja existência eu ignorava até então), seu futuro marido escreveu em letras maiúsculas: GUARDAR ATÉ A MORTE. E, um pouco mais abaixo, numa centelha de lucidez, Lison acrescentou: "ou até o esgotamento."

As mulheres sempre tiveram o triste dom de traduzir em termos de trabalho doméstico o amor mais fervoroso. Espanar a poeira, lavar a louça, aspirar, é provar o seu amor. Sem dúvida porque isso segue sendo muito valorizado pelos maridos... qualquer outro compromisso do gênero "juro prosseguir meus estudos até o fim" ou "pro-

---

[1] A promessa "de obediência a seu marido" não existe mais no ritual do casamento civil somente a partir de 1988.

meto, ao me casar, não renunciar às minhas ambições literárias (ou artísticas, ou políticas)" seria considerado com a mais extrema desconfiança.

Eu também acho que minha maior prova de amor a Georges seria me tornar uma pérola. E durante todo o tempo em que estive apaixonada, consegui viver feliz. Mesmo que tenha sido por vezes difícil dedicar uma parte assim tão grande de meus lazeres a essas "artes do nada", como as chamava Proust, sobretudo numa época em que o termo "divisão de tarefas" não havia sequer sido inventado. Eu me virava elevando cada faxina à categoria de prova de amor. Aparentemente, foi a futura George Sand a primeira entre nós duas a suspeitar que as mulheres sempre saíam perdendo nesse tipo de jogo.

"É preciso se perguntar", escreveu ela, ainda para Emilie, "se cabe ao homem ou à mulher se refazer dessa forma, se modelando ao outro. Mas, 'como do lado da barba está o poder soberano' e como por sinal os homens não são capazes de tal obstinação, cabe a nós curvarmo-nos à obediência... É preciso amar muito seu marido para chegar a esse ponto", concluiu ela com lucidez.

Durante mais de dois anos, eu amei muito.

Minha mãe soube bem antes de mim que meu amor não bastaria à empreitada. Eu percebia com frequência o esforço que ela se impunha para se calar, quando me surpreendia em flagrante delito de submissão ou surpreendia Georges dando provas de sua indiferença. Não que ele tenha sido realmente indiferente, disso eu estava convencida. Mas ele julgava incompatível com sua dignidade masculina manifestar seus sentimentos em público e decidira de uma vez por todas que sua profissão, que ele adorava, passaria à frente de sua vida privada.

Nicole não protestou quando minha primeira filha nasceu na véspera do Natal e Georges aceitou passar a noite na rua para entrevistar os parisienses em festa. Mas eu li em seu pesado silêncio que o motivo lhe pareceu irrisório para justificar que deixasse sua mulher sozinha no primeiro Natal que passavam juntos e no primeiro dia da primeira filha. Do meu quarto, na clínica Belvédère, eu escutava as rolhas saltarem em torno das demais mulheres que haviam dado à luz, os maridos rindo.

— É uma missão importante para mim, mas você quer que eu me recuse a trabalhar nessa noite? — Georges me perguntara.

Eu queria que ele recusasse sem que eu tivesse de lhe pedir. Eu queria que não tivesse sequer considerado aceitar aquela missão.

No nascimento de minha segunda filha, menos de um ano e meio depois, Georges se encontrava na Groenlândia com as Expedições Polares francesas. Foi mais simples.

— Com certeza será um menino desta vez. Você me imagina com duas filhas? — ele me dissera rindo, antes de partir, me deixando apenas um nome masculino para a criança que ia nascer. A mãe dele só havia produzido filhos, graças ao Senhor! O belo nome de Caunes teria sua sobrevivência garantida graças à competência de minha sogra. Era minha vez de me mostrar digna. O pobre nome de Groult, este havia soçobrado em meio às tormentas conjugais. Nenhum de meus filhos o portaria e eu não pensava mais nisso.

De qualquer modo, veio uma segunda menina.

— Tentaremos outra vez, minha querida — tinha-me dito Georges, com ternura, mas com firmeza, ao nascimento de Blandine. Eu o decepcionava mais uma vez, e seria preciso me aplicar duas vezes mais e me tornar uma pérola duas vezes maior para fazer com que ele esquecesse.

Aliás, esse desejo de um menino, há de se reconhecer que éramos os dois responsáveis. Não conheço ninguém, homem ou mulher, que quisesse primeiramente uma menina naquela época. Uma vez legitimada por haver posto no mundo um pequeno macho, um minipênis enfim saído de nossas entranhas, nós podíamos então insinuar com um tom leve: "Uma filha me agradaria muito..." Mas não antes. As mães de meninos pareciam mais dignas, mais corajosas, tendo melhor realizado sua função na terra.

Hoje em dia, começa-se a esquecer esta preferência implacável pelo filho que, bem perto de nós, na outra margem do Mediterrâneo, faz com que uma mulher tome uma surra pois acaba de dar à luz mais uma fêmea.[2] E essa surra dada por lá repercute no ventre de todas as mães de filhas. Gisèle Halimi,[3] Françoise Giroud,[4] tantas outras contaram em seus livros o luto do filho esperado que representou o nascimento delas para o pai. Eu me sentia culpada e enferma, como Soraya ou Fabiola.

Só restava enviar um telegrama ao pai humilhado. Em vez do "Bravo, muito bem, Georges", que ele esperava tanto, os companheiros da Expedição bateriam gentilmente nas suas costas: "Não se preocupe, meu velho, elas são uns amores, as meninas."

---

[2] *La Voyeuse interdite*, de Nina Bouraoui, Gallimard, 1991.
[3] *Le lait de l'oranger*, Gallimard, 1988.
[4] *Leçons particulières*, Fayard, 1990.

À decepção com meu desempenho se acrescentava a ansiedade de ter de inventar um nome para aquela criança que não podia de qualquer maneira se chamar Fabrice! E por que não George, sem o "s"? Eu não havia pensado nisso, e Georges certamente não o teria apreciado. Num espaço de 24 horas, a pobrezinha foi chamada de todos os nomes. Violaine, como no livro de Claudel, mas se tratava de um destino muito triste; Félicité, por causa da rosa Félicité Perpétue, a preferida de meu pai; Delphine, por causa de Germaine de Staël; Daphné, como a ninfa amada de Apolo; Marie, porque Marie... Era o nome da mãe de Georges, e da minha também no início. Hesitávamos bastante. "Escolhemos Marie como escolhemos o branco na decoração", disse Nicole. "Trata-se de uma não escolha!" E, de repente, Inés apareceu no firmamento. Ao nosso círculo esgotado, o nome pareceu audacioso, interessante. Pater acabara de partir para a prefeitura de Boulogne-Billancourt, e nós nos perguntávamos que bicho havia nos mordido. André foi avisado pelo funcionário do cartório de registro civil que estava sendo chamado pela família para ser consultado. O bebê não estava contente. Vomitava após cada mamada.

O prazo para a declaração do recém-nascido chegava ao fim e nós concordamos com Marion, o nome da minha irmãzinha falecida. "Impossível", sentenciou o funcionário do cartório que já contava em sua lista de sucessos a recusa de nomes bretões da família Le Goarnic — esta acabaria se dirigindo à Corte Internacional de La Haye, a fim de legitimar seus doze filhos — "Impossível. Aceito Marie ou Marinette, mas não Marion."

Acossado pelo prazo, Pater declarou Marie, depois Laurence, Lison e Delphine, conforme nossas instruções.

Marie não funcionava, nós chamamos o bebê de Lorenzo, esperando Georges que, ao retornar, optou por Marie-Laurence. Mas ela vomitava ainda, após cada aleitamento, para exprimir sua desaprovação. Então passamos para o terceiro nome, era o bom. Lison era suave para pronunciar e ouvir, sem dúvida, pois a criança rapidamente cessou com suas regurgitações.

Eu descobria que, mal tendo saído de nós, as crianças têm um instinto bem firme para fazer a mãe de refém. Os pais, durante os primeiros anos e às vezes por toda a vida, escapam totalmente a essa chantagem afetiva que vai colocar as mães em posição de culpadas. Não seria Georges que Blandine iria culpar pela vinda ao mundo de uma irmã pouco desejada. Era eu que a havia traído! Lison, eu tinha certeza, me punia com o único meio à sua disposição por não a ter desejado e ter me recusado a amamentá-la. Entretanto, era por causa de Georges: eu fazia questão de não arruinar os seios que ofereceria a meu marido quando ele retornasse.

Desde nosso casamento, na verdade, Georges só me vira como fêmea sobrecarregada pelas suas funções animais, o que me humilhava. Grávida desde o primeiro mês de nossa vida em comum, amamentando Blandine, minha primogênita. Depois acoplada duas vezes por dia a uma ordenhadeira elétrica, quando retomei meu trabalho, em seguida continuamente grávida de embriões que tentavam se implantar em nossa vida contra nossa vontade. No quarto, foi preciso se resignar. Ainda mais que não sabíamos mais a quem nos dirigirmos: a parteira amiga de minha mãe, que nos ajudara em primeiro lugar, havia se aposentado e partido para a outra extremidade da França. Aquele primeiro aborto, aliás, só havia sido o primeiro de Georges. O precedente, de Pierre, eu conseguira apagar da memória, bem consciente da necessidade de esquecer, se quisesse continuar a fazer amor sem pensar nos expedientes que seriam necessários depois para desfazê-lo.

Todas nós sabíamos que quatro mil condenações haviam sido decretadas em quatro anos por Vichy em função de manobras abortivas e que uma lavadeira acabava de ser guilhotinada "para dar o exemplo" em 1943. Mas não podíamos pensar em ter um filho a cada ano.

Ainda restava nossa amiga Mme Rollières, mas, enquanto parteira, ela não tinha autorização para praticar uma curetagem. Ela aceitou somente colocar uma sonda em mim. Seria preciso em seguida "aguardar os acontecimentos". "Tome cuidado no caminho", me disse ela quando montei na minha bicicleta em Villiers-Adam para retornar a Paris. Nada de acidente! "Se descobrirem que você tem uma sonda, diga que foi você mesma que a colocou..."

Em retrospectiva, avalio a que ponto nossos percursos, nossas provações, os riscos que corríamos, nós, as "mulheres de antigamente", de antes da Lei Veil,[5] podem parecer loucos, revoltantes, rocambolescos, às vezes. No entanto, era este nosso cotidiano, e era preciso assumi-lo. Ou então ingressar nas ordens religiosas. Tão cotidianas que, três meses depois, eu voltei a engravidar. Tão próximo de meu pedido de socorro que não ousei voltar à Mme Rollières, cujo afeto e solicitude, contudo, tinham sido preciosos.

---

[5] Promulgada em 1975, autorizando o aborto na França. (*N. do T.*)

Foi necessário ingressar nos circuitos clandestinos, empreender esforços humilhantes, pontuados de telefonemas mais ou menos anônimos nos quais as palavras verdadeiras não eram jamais pronunciadas, se chocar às recusas indignadas ou desculpas hipócritas, até o dia em que a amiga de um amigo propunha uma opção mais ou menos duvidosa. Desta vez, me indicaram uma parteira que fazia "isso" na sua casa, no prédio em que trabalhava, sobre uma lona encerada, sob um odor de cozido, com muita eficácia, aparentemente, mas por um valor tão alto que não ousei dizer quanto era a Georges. Ele já me censurava por não saber me "virar", ao passo que os recipientes com tubos de lavagem, as injeções de água com vinagre misturada a quantidades cada vez maiores de água de colônia que supostamente matava os germes, a remoção prematura ainda no calor do abraço faziam parte dos procedimentos tristes e inúteis após o amor.

A dona responsável pela portaria embolsou o dinheiro primeiro e colocou a sonda em seguida. Ela se mostrou honesta: tinha-se direito a uma segunda tentativa em caso de fracasso. Não me foi necessário, mas mal tive tempo de me sentir aliviada e, três ou quatro meses depois, foi preciso recomeçar tudo outra vez. Ora, a fabricante de anjinhos tinha entrementes sido denunciada e detida, descobri isso ao ver sobre sua porta no prédio do 19º *arrondissement* uma notificação da polícia, e tive que fingir subir as escadas, no caso de terem preparado uma cilada. Aterrorizada retrospectivamente e desanimada ante a ideia de destinar mais uma vez quase um mês de salário a tal sinistra necessidade, resolvi me virar sozinha. A venda de sondas era proibida nas farmácias e, nos meios bem informados, recomendava-se o tubo de aquário; mas a linha de pesca, vendida a metro nas lojas do ramo, me pareceu perfeitamente capaz de substituí-las. Os delinquentes têm sempre uma vantagem sobre seus perseguidores. Quanto às agulhas de tricô, instrumentos femininos por excelência, estas continuavam sendo vendidas livremente.

Depois de ter tomado conhecimento da anatomia feminina e consultado os esquemas dos órgãos reprodutores num manual deixado por Pierre, eu me lancei nessa viagem rumo ao desconhecido. Tratava-se de enfiar 30 centímetros de tubo de borracha sobre uma agulha de metal previamente embotada, número 3, se me lembro bem. Meu sistema funcionava perfeitamente ao ar livre: a linha coberta de vaselina deslizava suavemente ao longo da agulha. Mas no túnel vaginal, trabalhando às cegas, eu não conseguia fazer com que alcançasse o colo do útero, que eu não sabia muito bem se se encontrava no fundo ou nas paredes do canal. Ao cabo de duas horas, com dores musculares devido à minha posição acrobática, furiosa com o fato de o amor ter de resultar nessa horrenda ginástica, evitando pensar nos dramas que se contavam clandestinamente entre as mulheres que iam passar ou acabavam de passar por aborto — perfurações, hemorragias, septicemias, mortes súbitas por síncope —, consegui enfim colocar no lugar meu dispositivo. O tubo foi se aninhar no interior do útero e eu pude remover delicadamente a agulha. Só restava "aguardar os acontecimentos".

Georges não conseguia esconder sua repugnância ante aquelas histórias "de mulherzinha", todas aquelas gravidezes, partos prematuros, abortos que pareciam ser o cotidiano de todas as minhas congêneres. Assim, eu esperava que ele partisse por alguns dias a trabalho para me dedicar às minhas condenáveis manobras. Aquilo me repugnava tanto quanto a ele, mas, acima de tudo, eu me sentia responsável e indignada diante da minha impotência. Eu odiava esse corpo que procurava me ditar sua vontade, que não era a minha. Era igualmente deprimente ter de agir sem a menor informação, sem auxílio médico, reduzida às receitas de bruxas, aos remédios das comadres, alguns dos quais datando da Antiguidade; o aborto era o ato mais secreto, porém o mais disseminado da história das mulheres. Os progressos da ciência, na verdade, o advento da Democracia e dos Direitos do Homem (os eleitos!), o acesso à educação para todos não tinham em nada mudado no obscurantismo em que se perpetuava essa prática e na crueldade da sociedade que fingia ignorá-la.

Desta vez também, tudo funcionou bem e voltei a ser uma mulher livre, que não representava mais para seu marido a condenação de cada ato de amor. Mas tendo certamente esperado demais desta vez para intervir, tive febre nos dias que se seguiram e fui forçada a recorrer a uma curetagem, realizada pelo meu parteiro, o Dr. Lamaze. "Se um dia acontecer alguma coisa com você", me dissera Rollières quando da sua intervenção, "não será preciso explicar nada aos médicos. Eles sabem muito bem quando não se trata de um parto prematuro natural. A cada ano, são feitos mais de 500 mil abortos clandestinos na França, por aí você tem uma ideia... O Dr. Lamaze é um homem de bem. Não perguntará nada."

"Começou mal essa gravidez, não é?", me disse ele, só para me mostrar que não era um tolo. "Estava na hora de eu intervir. Assim mesmo, tente evitar a gravidez durante algum tempo..."

Frase que um ginecologista era obrigado a pronunciar, conselho que uma moça devia ouvir, sem que nem um nem outro tivesse o menor meio de colocá-los em prática.

As mesmas causas produziam os mesmos efeitos; quatro meses depois, eu estava de volta à casa Gravidez desse jogo de dados no qual se apostava a própria vida a cada mês. Eu recomeçara a trabalhar na rádio, Blandine ainda não andava, a banheira estava permanentemente cheia de fraldas, a pá de limpeza presa ao bordo, e nosso apartamento de quarto e sala já nos parecia demasiadamente exíguo. Mas era tão difícil encontrar apartamentos, naqueles anos do pós-guerra, quanto meios anticoncepcionais, fraldas descartáveis, potes de alimento para os bebês ou máquinas de lavar. Só me restava arregaçar as mangas e me registrar como grávida novamente na prefeitura para me beneficiar de um suplemento de rações alimentares.

Lison nasceu sem qualquer problema, a não ser seu sexo, a ausência de Georges e minha angústia diante da ideia de vir a ganhar um prêmio de fecundidade. Cinco vezes grávida em dois anos... Eu estava indo na boa direção.

Depois do parto, Lamaze foi a favor de uma longa estadia na clínica, com repouso em posição horizontal, de modo que os órgãos bruscamente descomprimidos retomassem o mais rápido seus lugares. Gostei daquela parada obrigatória de uma semana que me dava, além do direito de poder enfim descansar, o tempo de escrever para Georges. Nossas únicas relações se limitando a breves mensagens pelo rádio com a Groenlândia uma vez por semana, eu mantinha para ele um diário de modo que ele não voltasse à sua vida como um estrangeiro.

Blandine, com 17 meses, tinha vindo ver a "nova", escondida sob a ampla capa de Nicole, que achava graça dos regulamentos proibindo as crianças pequenas nas maternidades. "Droga!", ela decretou, após uma olhada aborrecida sobre a coisa que dormia no berço, antes de se desviar por completo. Aquele desprezo não tendo sido o bastante para fazer desaparecer a intrusa, quando se revelou que ela se instalaria dentro de seu próprio quarto, Blandine caiu numa depressão "pós-parto". Não quis mais sair da sua cama, onde dormia virada para a parede, nem comer, nem olhar para a intrusa. Tinha acreditado que estava só de passagem, e eis que agora ela se incrustava. Num programa radiofônico, alguns anos depois, ela declararia à apresentadora, que aguardava uma resposta enternecedora: "Minha irmã? Minha irmã está morta!"

O pediatra aconselhou separá-la por algum tempo do ambiente familiar e do objeto que lhe causava o sofrimento. Foi preciso enviá-la durante algumas semanas à casa de sua madrinha em Toulouse, a outra Chouquette. Até a adolescência, ela não se consolaria com esse nascimento.

"*Post coïtum, animal triste*"... talvez. Mas *post parturium*, a fêmea do animal fica ainda mais triste. Durante minha semana de repouso forçado, felizmente, recebi a visita cotidiana de um certo Paul, que estava de licença por conta de uma longa enfermidade, ou em longa licença por conta de uma enfermidade, como ele preferia acomodar as coisas, e que morava perto da clínica de Belvédère, onde eu estava com minha filha. Ele vinha passar todas as tardes à minha cabeceira.

Era o mês de maio, o clima agradável, minha janela se abria sobre as árvores com folhagem bem recente; Paul era jornalista de rádio, como seu amigo Georges; eu gostava da mulher de Paul, que tinha um filhinho da idade de Blandine; Paul havia sido testemunha de Georges em nosso casamento; em seguida, o padrinho de nossa primeira filha; no verão precedente, havíamos alugado casas na mesma *villa*, em Port-Manech; e, finalmente, morávamos na mesma rua em Paris... Resumindo, nós formávamos dois casais de alto risco. Era a primeira vez que nos encontrávamos a sós, eu e Paul, e percebemos que amávamos os mesmos poetas, um detalhe que devia nos ter alertado. Os poetas têm estranhos poderes.

Mas nada aconteceu. Continuei muito apaixonada por Georges e não descobrira ainda que "é o espírito e não o corpo que faz durar o casamento", se acreditarmos em Públio Siro.[6]

E depois, esse Paul não me atraía especialmente: magro demais, pálido demais, muito pouco esportivo, um grande apreciador de uísque e com humor demais para o meu gosto. Enfim, sua reputação de grande sedutor me repelia. Sempre detestei os grandes sedutores. Não sei como fiz para viver mais de cinquenta anos com um deles! Grande ele era pela sua altura, sedutor pelo número de moças que eu via gravitar em torno dele, na rádio e em outros lugares. Era tão magro e tão branco que minha mãe me diria, quando nos casamos três anos

---
[6] Autor latino, 50 a.C.

mais tarde: "E pensar que você deu um jeito de achar outro tísico!"

Por ora, estávamos a mil léguas de pensar que ele um dia teria vontade de recuperar sua liberdade e a coragem de pôr fim a um casamento que parecia incomodá-lo tão pouco para viver a seu modo; ou que, de meu lado, eu teria suficiente clarividência para constatar a inanidade de meus esforços e a insuficiência daqueles de Georges a fim de estabelecer uma relação harmoniosa entre nós. Os maridos não lutam pelo casal, a não ser quando está perdido. Georges julgava ter sido bastante complacente me autorizando a portar seu nome, seus filhos e me confiando a guarda do lar. Era ele que ganhava a vida para nós. Era o contrato habitual. O amor estava incluído e não devia ser recolocado em questão a cada dia.

"Você está vendo que eu te amo, uma vez que sempre volto! As mulheres leem romances demais, e apostam demais no amor", dizia ele. "Faz parte da natureza delas se queixar e recriminar."

Por ora, eu contava impacientemente os dias que me separavam de seu retorno. Só mais uns trinta, ele me informara. Eu, de minha parte, dizia: trinta dias ainda! Era preciso que o *Force*, o navio das Expedições Polares, voltasse primeiro a Godthaab, ao sudoeste da Groenlândia, num mar infestado de geleiras, depois, chegando lá, Georges esperaria o navio para a Dinamarca. De Copenhague, ele iria visitar Elseneur, é claro, não se pode deixar de conhecer esse belo lugar, e faria em seguida uma rápida passagem por Malmö, na Suécia, para uma reportagem. De lá, tomaria o trem para Paris. Não se deve esquecer que não havia ligações aéreas nessa época. Isso levaria alguns dias e era importante para ele; eu deveria compreender que não eram três dias a mais que nos fariam muita diferença.

Com certeza. Eu o compreendia muito bem, ainda mais que aquela longa separação tivera efeitos benéficos: não me dilacerando mais nas asperezas de caráter de Georges, eu esquecera meus desencantos e redesenhara pouco a pouco o companheiro dos meus sonhos. Nada podia desmentir essa versão revisada e corrigida, já que, de suas geleiras, Georges não podia escrever nem telefonar! Reduzido às mensagens telegráficas, restava apenas o amor puro. Suas primeiras missivas, confiadas aos amigos de Paul-Émile Victor, que voltava para a França, lançaram sombras sobre minha paisagem idílica...

"Eu estou trabalhando muito. Acumulo experiências para escrever um livro mais tarde. Você sentirá orgulho de seu Parzouf."

Com certeza, eu queria me sentir orgulhosa de meu Parzouf. Mas como faria para conseguir que se sentisse orgulhoso de mim? Esta questão nunca havia sido abordada.

"Vivi uma extraordinária experiência humana. Contarei tudo para você, e espero que você me ajude a realizar tudo aquilo que quero e posso realizar."

Com certeza, eu desejava ajudá-lo, mas ele se dava conta de que, com duas crianças e meu trabalho de expediente integral na rádio, era eu que precisava de ajuda, e de preferência doméstica, só isso. Minha "experiência humana" me parecia irrisória, visto que dividida com milhões de mulheres fazendo a cada segundo os mesmos gestos que eu em milhões de lares semelhantes ao meu.

"Você sabe, querida Namour, que partir é minha profissão e que devo ganhar nossa vida. Mas no dia em que ficarmos ricos, nós nos recolheremos e eu escreverei romances que farão de seu marido um dos grandes homens de nossa época..."

"E de mim, querido Namour, uma dona de casa ainda, mas rica e aposentada?"

"Se você quiser me ajudar, acho que escreverei coisas ótimas, sobre a caça às baleias e a vida dos esquimós."

Eu queria aquilo que ele queria, mas, não tendo jamais visto baleias ou esquimós, estava claro que minha ajuda se reduziria a classificar os documentos e datilografar seus manuscritos. Atividade louvável, com certeza, e imagem típica de produtividade conjugal. Vários casais tinham funcionado assim no passado. Por que eu nunca estava satisfeita? Eu me censurava por não me alegrar diante de um futuro tão radiante.

Não podendo responder às suas cartas, pois estava no mar, eu não sabia como fazer para que ele sentisse que aquilo que não me dizia me fazia ainda mais mal do que suas declarações amorosas. Ela nunca chegou, a carta que me faria criar asas: "Obrigado, Benoîte (e não Miquette ou Chouquette), obrigado por cuidar de nossas filhas e, apesar do seu trabalho, garantir a elas essa presença preciosa que me permite partir, a alma tranquila, na direção daquilo que eu acredito ser meu destino. Um dia será sua vez, e nesse dia, eu a ajudarei, você verá..."

Eu me realistaria por mais dez anos, se ele me tivesse falado assim.

De sua parte, saturado de paisagens grandiosas, de solidão e de aventura, tendo feito várias camaradagens viris, Georges podia enfim se enternecer pelas três fêmeas que constituíam agora seu casulo familiar. Ele sempre me amava mais quando estava longe. "A vida não tem graça sem você", ele me escrevia a cada vez, e era verdade. Mas ele se esquecia de dizer que a vida tinha ainda menos graça ao meu lado. A vida de família não oferecia interesse para ele, a não ser em questão de arrependimento ou de esperança. Ele era inapto no presente.

"Você vai ver, nós seremos felizes..."

"Quando eu voltar, sairemos juntos sempre que você quiser..."

"Prometo não mais partir por tanto tempo. Isso a deixa muito infeliz..."

Eu queria crer em suas promessas, tanto quanto ele mesmo acreditava, pois ele também, graças à ausência, tinha redesenhado para si uma mulher ideal que poderia enfim fazer feliz.

"Quando voltar, vou ensinar você a apreciar as touradas, a compartilhar meus gostos."

Mas só se pode compartilhar aquilo que se tem. Por que ele não escolheu uma mulher que já apreciasse as touradas? Exige-se realmente o impossível de um casamento.

À medida que sua ausência abrandava, a cada carta recebida, o Georges dos meus sonhos se diluía como uma neblina, deixando aparecer os contornos rugosos de meu verdadeiro marido... Sua última carta dissipou o último véu de bruma: "Estou ansioso por voltar para nossa casa, Namour. Espero encontrar nossa casa bela e as crianças limpas. E você também, fique bela, magra, elegante para receber seu homem legítimo. O pobre Georges está cansado, dorme mal, é preciso agradá-lo ao máximo. De sua parte, você deve ter um bocado de coisas para me contar, e eu prometo ouvir obedientemente suas tagarelices..." (E mesmo se você não tiver tido tempo de limpar tudo, mesmo se Lison chore à noite, mesmo que você ainda não tenha recuperado sua magreza de antes, só penso no instante em que a terei em meus braços.) Não, estas linhas eu não recebi. Era o Georges envolto pela neblina que me escrevia. O outro, o verdadeiro, colocaria meus pés de volta no chão.

"Meu retorno, visto meu desejo por você, querida, traz consigo riscos que já conhecemos muito bem. E seria bom se você tomasse precauções para evitar que nos aconteça um abacaxi."

Ele tinha razão, mas quais precauções, senão as mesmas velhas receitas que já haviam fracassado? Somente hoje percebo a dimensão de seu egoísmo e de meu fatalismo. Como foi que não pensamos, nem um nem outro, nos preservativos? Pior, como explicar que nenhum obstetra ou clínico geral jamais nos tenha aconselhado maneiras de evitar justamente "um abacaxi"? Minha situação era ainda mais indesculpável porque eu já conhecera as camisinhas americanas *in situ*... então, é melhor abortar? É, é melhor. Abortar era uma das fatalidades da condição feminina, de certa forma, era a norma... enquanto as camisinhas eram reservadas às prostitutas, às doenças venéreas... Ao Mal e ao Pecado, resumindo. Um casal honesto não devia se "preservar". Tampouco se falava de sexo dentro de um casal honesto, em 1950. Existiam palavras que nunca havíamos pronunciado, eu e Georges, regiões que nunca havíamos tocado sobre nossos corpos ou em nossas almas. Vivia-se nas trevas, assim como se fazia amor.

Hoje, eu me pergunto como podíamos "preferir" abortar repetidamente, em vez de recorrer aos preservativos. Mas sei que esta pergunta não faz sentido. Ela não se colocava desse modo e, na verdade, de modo algum. É como se perguntássemos a um motorista incauto: "E então, você prefere morrer a desacelerar?", e ele responderia que preferia não desacelerar E não ter um acidente. Eu preferia continuar a fazer amor E não engravidar. Por sinal, não foi por isso que morremos, eu e Georges.

Para esta inconsequência estupefaciente, que foi também a de todas as mulheres de minha geração e de tantas daquelas que vieram após, não há explicação, senão que a sexualidade sempre funcionou fora das lógicas, das previsões e das morais. A sexualidade está dentro da imaginação.

Georges não se sentia responsável pelo nosso impasse. Não fazer sua esposa feliz nunca constituiu uma falha para um marido. No máximo um pouco de negligência, mas é a vida que assim quer. As mulheres, a maior parte delas, já não têm tudo para ser felizes? Água corrente, que suas mães não tinham, uma cozinha moderna, aparelhos domésticos cada vez mais funcionais, renovados a cada aniversário, e depois esse grande bebê-homem a mimar, nem sempre é fácil, de fato, mas no fundo elas adoram isso.

O problema é que elas exigem demais. E além disso, que elas se deixam sobrecarregar pelo trabalho em casa, adicionado ao trabalho profissional, que elas decidiram aceitar, na maior parte dos casos. Mas não sabem se organizar. Um homem saberia gerenciar melhor seu tempo.

"Não sei como você não consegue encontrar um minuto para si mesma!"

Toda resposta lógica soaria insultuosa. "E se você me ajudasse?", essa pergunta sequer chegava a emergir no limiar da consciência. A divisão de tarefas seguia implacável em 1945 e nos anos seguintes. Nada havia ainda perturbado as águas plácidas dos lares. Os homens tinham acabado de fazer a guerra, não? Isso lhes garantia uma trégua na reelaboração dos papéis. "Você poderia fazer a sopa esta noite, querido? Eu queria escrever um poema que me ocorreu..."

A terra teria tremido. Aliás, Georges não sabia cozinhar uma batata, que dirá descascá-la. Isso o prejudicaria anos mais tarde, quando decidiu passar seis meses numa ilha deserta do Pacífico. Eu só conhecia um homem nessa época que sabia cozinhar: meu pai. Mas ele cozinhava como artista, era diferente. Ele nos servia peixes em torta, com as nadadeiras desenhadas na massa e bolas de gude no lugar dos olhos. Um homem é um grande *chef* ou não é coisa alguma.

Chouquette não pensava sequer em reivindicar um pouco de ajuda a seu marido. Mas, com frequência, sua vida lha parecia exaustiva. Ela não entendia a razão... já que tinha água corrente!

Parzouf bem havia tentado lhe ensinar sobre a vida, vista do ângulo feminino. O casamento não era essa fusão, essa divisão sublime que ela imaginava ingenuamente. O casamento era a repartição justa do espaço conjugal. Georges não lhe pedia para apresentar o jornal radiofônico com ele. Ela devia aprender a não precisar dele em casa, principalmente na cozinha e no armário da vassoura. Sua primeira lição, ele tinha lhe dado desde o começo, no trem que os conduzira à Áustria. Era preciso reagir rapidamente, sob pena de se atolar naquela papa sentimental que as mulheres jovens sabiam tão bem excretar.

O aborrecimento é que ela recolocava tudo em questão o tempo todo. Ela não discutia, esmiuçava, ela o contradizia, até mesmo em público. Ela esquecera aquela primeira lição que ele lhe havia dado, durante a viagem de núpcias. A segunda lição, saiu sem querer. Ele não a tinha pretendido, mas o tapa escapou de seu controle.

Não se tratava sequer de um enfrentamento pessoal, mas, como de costume, de uma divergência de opiniões, exprimida diante de amigos. O tapa foi apenas uma reação imprevisível que não provinha da raiva, nem do desejo de machucar, mas da necessidade legítima, pois, de mostrar quem continuava sendo o chefe da casa. A cena teve lugar em Port-Manech, na casa "dos Paul" justamente, durante um jantar reunindo uma dezena de amigos. Georges tinha retornado da Groenlândia fazia um mês e se esquecera até que ponto sua mulher podia ser... chata, quando achava que estava com a razão. Tratava-se do cavalo de Calígula, ou outro detalhe qualquer relacionado ao imperador romano, e ela insistia um pouco excessivamente com suas competências históricas.

— Ei, nada de pedantismo literário nas férias, por favor! — Georges lhe aconselhara, irritado.

Em vez de se calar, ela se incendiou. Georges também. Ele então se ergueu da mesa e lhe deu um verdadeiro tapa, diante dos convidados perplexos. No momento, ela não reagiu, hesitando entre um acesso de riso nervoso, as lágrimas ou o insulto. Antes que ela se decidisse, ele abandonou a mesa sem dizer uma palavra, sob o domínio de uma raiva que a vergonha submergia pouco a pouco e que lhe deformava o rosto.

Ele só voltou de manhã cedo, na hora em que os gestos fazem as vezes das palavras. E no dia seguinte, não se ousou evocar o incidente. Sem dúvida, muito medo de puxar um fio e ver se desfiar todo um casamento.

Hoje, eu me pergunto, minha pobre Zazate, como esse tapa que, no momento, a fez calar não abriu seus olhos? Restava-lhe, agarrada ao coração, sua vontade de ser feliz, que um gesto desastrado não bastaria para destruir. E depois, os corpos não renunciam em um único dia a seus doces hábitos, os odores continuam familiares, as palavras continuam sendo ditas, levadas pela corrente. É preciso tempo para que os gestos e as palavras que compõem a normalidade de um casal caiam no abandono. O tempo passa. Não sou nem um pouco rancorosa.

"Mas a leve trinca
Mordendo o cristal a cada dia
Num passo invisível e seguro..."

Esses versos de Sully Prudhomme, em *Le Vase brisé*, que todas as garotinhas aprenderam de cor antes da guerra, me voltavam bruscamente à lembrança. É uma das virtudes secretas da poesia, mesmo a mais anódina, a de retornar aos nossos lábios do fundo do esquecimento, quando então entra em ressonância com um evento de nossa vida.

E o que você teria pensado, minha Zazate, se soubesse que sua querida George Sand, cuja vida parecia fazer acenos à sua, tinha também recebido um tapa de seu jovem marido, e pelo mesmo motivo: desobediência! Um motivo grave, aliás: "A desobediência é a pior das pragas", diz Creonte a Antígona. "Não devemos tolerar de modo algum que uma mulher nos dê lições. Elas devem continuar sendo mulheres e não satisfazer todas as suas vontades." George Sand se chamava ainda Aurore e tinha somente

20 anos, quando se passa esse episódio que ela contará em *Histoire de ma vie* e que colocaria um fim ao seu casamento. Ela "fazia extravagâncias", estas são suas próprias palavras, em seu jardim em Nohant, se divertindo com os filhos dos amigos que passavam lá o verão. Durante suas brincadeiras, um pouco de areia veio cair dentro da xícara de um amigo de Casimir, que ordenou à esposa que parasse com aquela criancice. Ela não lhe deu atenção e saiu fazendo outras estrepolias. Então, ele se ergueu de sua poltrona, seguiu na sua direção e a esbofeteou diante de seu filho e de seus amigos. "Depois desse dia, não mais o amei e tudo foi ficando cada vez pior", escreve Aurore.

Certamente, Georges era sedutor, ao contrário do grosseiro Casimir, mas você, minha Zazate, era mais acanhada, o oposto da fogosa George Sand. Entretanto, a "leve trinca" continuava sua obra, preparando-se para rachar seu matrimônio.

Eu não ousava mais escrever, nem mesmo meu Diário, pois isso era considerado uma atividade doentia para uma mulher casada. Eu tinha acabado por retirar das paredes as fotografias de Pierre, pois Georges era por natureza ciumento e possessivo. Mas ele me dava mais provas de ciúmes do que de amor. Eu não podia receber uma caixa de bombons sem que ele falasse de ir quebrar a cara do remetente. "Venha me encarar, se é homem!", dizia a si mesmo esse tipo de imbecilidades. Aliás, ele o disse ao meu amigo Noguera, um técnico da rádio com quem trabalhei. Era um homem de verdade, está pensando o quê! Por muito tempo, acreditei que ele não me amava o bastante e que sua obstinação acabaria levando-o a confiar em mim. Nossos amigos continuavam persuadidos de que éramos felizes, Georges era tão brilhante e encantador em público! O problema é que deixei de fazer parte de seu público assim que nós nos casamos. Não se desperdiça talento em casa. E quando se leva sua mulher para passear, não é para ficar tomando conta dela, não se sai para encontrá-la, se saímos é para descobrir outras pessoas. Em resumo, eu era infeliz com ele. Ainda assim, coitadinha dela!

Mas, finalmente, foi o lobo que se fez devorar de manhãzinha.

No entanto, Georges estava tão seguro de que eu não podia viver sem ele que no dia em que lhe propus que nos separássemos um do outro para experimentar, durante alguns meses, ele concordou e foi morar com um amigo em Montmartre por algum tempo. "Em três meses, você terá refletido, e poderemos recomeçar juntos. Ainda podemos ser felizes, você verá."

Ele não entendia que eu nunca havia sido feliz! No instante em que saiu de casa, eu soube que nunca mais poderia viver com ele. Ao passo que ele, ao contrário, voltava a sentir vontade de me seduzir: nunca fizemos amor tão bem como durante as breves noites em que ele voltava à casa para ver nossas duas filhinhas. As frases amorosas que eu quisera tanto ouvir havia quatro anos, eis que agora ele as dizia, e eu não o escutava mais. E, ainda por cima, ele me escrevia, quando partia em suas reportagens, cartas que acreditava serem de amor. Já estava eu contaminada pelo desejo de escrever e pelo gosto do estilo? "Teu marido que pensa em ti", "Beijo-te como te amo" e outras frases como "O pensamento em ti está sempre perto de mim" não valiam aos meus olhos o pequenino "Eu te I" de Pierre. Pessoalmente, parecia-me que amamos mais quando o dizemos melhor.

— Não é tinta que corre nas minhas veias, mas sangue — disse-me ele uma vez em que eu lhe explicava minha frustração.

— A tinta também pode ser vermelha — eu lhe respondi.

Estávamos naquele ponto de diálogos assassinos e tudo logo se degradou entre nós, assim que ousei voltar a ser eu mesma e deixei de lado a deferência, já que não tinha mais medo de perdê-lo. Foi portanto bem necessário se resignar a iniciar o ignóbil procedimento que constituía à época "o divórcio pelos erros recíprocos", baseado em falsos testemunhos e cartas de injúria inventadas que iriam logo depois conduzir aos verdadeiros insultos e às inevitáveis chantagens, resultando na dissolução de um passado.

Minha mãe não ficou descontente com o fato de eu abandonar o homem que paralisava meu avanço, segundo ela, e que iria me encher de filhos, inevitavelmente. Ela ficou com minha primogênita, Blandine, por algum tempo na sua casa, a fim de facilitar minha reconversão, o que me proporcionou a oportunidade de descobrir a que ponto a presença de um esposo se traduz em encargos suplementares ao cotidiano. De repente, o tempo me foi devolvido, os dias ficaram mais longos, a vida mais leve. Eu escutava a música que apreciava e não dava a mínima para o resultado das corridas e para a derrota do Paris Saint-Germain. Retomei contato com meus amigos, perdidos porque desagradavam a Georges.

Só faltava determinar o que subsistia da pobre Zazate. Iria me tornar outra vez a Madame Groult? Ou mesmo a

Madame viúva Heuyer, conforme os costumes? Ou então ex-Madame Caunes? Profissionalmente, podia-se indagar sob que nome eu daria continuidade à minha modesta carreira. Nome demais é igual a nome nenhum.

Você começava a descobrir, minha cara Rosie, que a identidade é uma noção bem flutuante para uma mulher.

Capítulo VII

Querido Paul

> *"É totalmente inútil que as mulheres escrevam suas inépcias. Isso só faz confundir as coisas mais claras."*
>
> STRINDBERG

Tenho 30 anos e nem sempre escrevo inépcias, meu velho Strindberg. Nem penso nisso. Mas retomei meus maus hábitos e recomecei meu Diário. Anoto tudo, me dizendo que um dia, talvez... Mas, por ora, saboreio minha liberdade... Enfim, uma liberdade ornamentada com duas filhinhas, com 1 e 2 anos e meio. Uma loura e outra morena. E limitada pelo meu trabalho na rádio: redijo seis horas por dia os boletins informativos transmitidos todas as horas pela Paris-Inter. Uma tarefa de vovô... eu deveria dizer de vovó.

Mas estou de novo morando sozinha no meu pequeno apartamento da rue Raynouard. Pude pendurar os retratos de Pierre na minha alcova e guardo uma foto de Georges sobre uma estante da biblioteca, por causa das minhas filhas, digo a mim mesma, mas é principalmente porque ainda sou sensível à sua sedução. Cada vez que voltamos a nos ver ao longo dos anos, tentei durante os primeiros minutos apaixonar-me outra vez por ele. Como fizemos para conseguir nunca sermos felizes juntos? Espero, meu Georget, que você tenha encontrado a felicidade em seu casamento seguinte, ou no terceiro, mas não fiquei sabendo de nada: você nunca me deu a menor chave para sua preciosa pessoa... ou então eu nunca soube usá-la.

No entanto, não tenho nada a censurar em você senão ter sido um homem como os outros. Meu casamento não era como uma prisão, ele se assemelhava à maioria dos casamentos daquela época. O divórcio era raro e malvisto nos anos 1950, e quase todas as minhas contemporâneas, decepcionadas ou não, descobriam um motivo e encontravam a felicidade em seu papel materno. Sob a influência da minha preciosa Nicole, sem a menor dúvida, eu não soube me resignar à sorte comum.

Além daquelas de meus dois maridos, pendurei outra foto na minha alcova: a de Kurt, o tenente americano em seu uniforme da Força Aérea, ridiculamente lindo com seu sorriso Colgate, que me havia enfeitiçado certa noite e para toda a vida ao me convidar para dançar "Only You-ou-ou". Mas eu sabia que "para toda a vida" não quer dizer "todos os dias" e me recusei a acompanhar meu belo piloto à Filadélfia. Choramos muito ao nos separar, mas eu me sentia incapaz de me enraizar em outro lugar que não fosse a França. Sabendo que eu havia casado, ele se casou também e teve dois filhos. Mas continuamos a nos escrever, sem conseguir esquecer o impulso selvagem que nos lançou um contra o outro e obscuramente nos convenceu de que voltaríamos a nos reencontrar um dia. O que aconteceu. Mas essa é outra história.[1]

Nas minhas primeiras férias em liberdade, um destino se impunha: a Bretanha, e mais particularmente o litoral que nos havia sido interditado durante os cinco anos da Ocupação alemã. Aceitei então o convite de nossos melhores amigos, "os Paul", que tinham acabado de alugar uma casa de pescadores e um barco a motor em Port-Manech.

Georges Heuyer, de quem eu ainda gostava como a um pai, tinha proposto me acolher durante duas semanas na *villa* de Saint-Cast, e às minhas duas filhas, que estavam com a idade dos filhos que ele tivera com sua segunda mulher; passei uma semana com ele naquele lugar que chamávamos ainda as Côtes Du Nord, antes de desembarcar, uma jovem mulher sem obstáculos, nutrindo uma forte necessidade de amizade depois daqueles anos tão pesados de viver, na casa de Paul, o melhor amigo de Georges de Caunes, sua mulher e seu filhinho.

É bom desconfiar do "melhor amigo" nos casais: é um posto de alto risco para todo mundo e para a amizade. No entanto, eu nunca sentira atração particular por aquele Guimard, embora apreciasse, evidentemente, como todos os seus amigos, seu humor, inteligência, cultura e a arte de viver. Mas fisicamente só achava nele defeitos: magro demais, pele branca demais, boca fina demais, nenhum músculo nem sistema capilar, voz macia demais, envolvente demais com mulheres demais, modos indolentes, quase lânguidos. Ao longo dos 54 anos que iríamos assim mesmo passar juntos, nunca o vi correr, se-

---

[1] Cf. *Os vasos do coração*.

quer apressar o passo! Ele não corria tampouco atrás do sucesso ou do dinheiro, tudo parecia pousar ao seu alcance sem esforço e ele parecia mesmo desprezar o esforço, o labor, a dedicação.

Ao longo dos 54 anos que iríamos etc., tenho a impressão de nunca tê-lo visto "dar duro". Nunca, realmente. E eu de certo modo acolhia com frieza esse diletantismo, eu, a estudante dedicada que só confiava no esforço, na dor, enfim, no sacrifício.

Como eu estava no local (Paul não "corria" tampouco atrás das mulheres, elas caíam-lhe por si mesmas em seus braços) e sua esposa titular apresentava algumas carências por conta dos anos de uso, nós nos descobrimos com um prazer imprevisto. Port-Manech não é Saint-Tropez e a concorrência não me inquietava. E então encontrei finalmente um homem que apreciava minhas "pretensões literárias" e podia falar de política com alguém da mesma opinião que a minha e de poesia citando os mesmos poetas.

Eu não desconfiava do outro elemento que tínhamos em comum: o gosto pelo mar, pela pesca e pelo vento. Navegar juntos todas as manhãs, colocar um tremalho, preparar a rede, descobrir os pequenos portos do Finistère-Sud, Merrien, Brigneau, Doëlan, Trévignon, Pouldohan, nos uniu certamente mais do que uma aventura amorosa. Ele se tornaria um excelente navegador e um belo escritor do mar, mas lhe faltava a coragem física e o gosto pelo sofrimento, que são indispensáveis ao verdadeiro explorador dos oceanos. Eu, ao contrário, não tinha medo da marinharia, adorava a corveia, desembaraçar as redes, remendar, limpar os peixes, içar a pesada vela da mezena, escoar a água, emendar os cabos. Paul só gostava de ficar no timão, consultar os mapas com um ar sonhador, estabelecer as rotas na direção das ilhas, vigiando a profundidade, e os bancos de areia que ele conhecia bem. Juntos, nós formávamos um excelente marinheiro, cada um na sua tarefa, na sua alegria de navegar, o prazer delicado de criar uma tripulação que saberia resistir ao mau tempo. O que conseguimos fazer, apesar das divergências, ao longo dos 54 anos que iríamos doravante enfrentar juntos...

O primeiro beijo, que provocou todos os outros, foi no mar que demos, sem o ter premeditado: na verdade, foi o mar que beijamos na boca do outro. Fazia um tempo magnificamente ruim naquele dia e a chuva escorria pelos nossos rostos, misturada à espuma salgada que lhe dava seu delicioso amargor, e não havia realmente nada a fazer a não ser bebê-la com os lábios, sem nunca tirar um olho do mar, que espera sempre uma pequena distração para nos engolir.

Voltando para terra naquela tarde, eu acreditava ingenuamente ter transposto uma etapa na direção de sua intimidade, mas Paul não pareceu ver qualquer consequência naquele beijo e eu imediatamente entendi que, com ele, os códigos de conduta habituais não valiam nada.

Nosso beijo? Que beijo?

Não houve outros naquele verão. Mas ao retornarmos a Paris, como eu morava sozinha e vivíamos ainda na mesma rue Chanez, Paul tomou o hábito de passar no meu apartamento para pegar um livro emprestado, me levar ao cinema, me ler um poema. As semanas passavam e ele continuava indolentemente a procurar mais a minha companhia do que a de sua mulher, sem o menor indício de arrependimento ou impaciência, sem que eu nunca soubesse onde era o meu lugar e onde começava o dela.

De uma maneira tão imprevista quanto o nosso beijo no mar, certa noite, uma noite como as outras, voltávamos a pé da ORTF,[2] onde ele apresentava diariamente o programa *Tribune de Paris*, sobre política, e ele subiu para tomar uma bebida no meu apartamento. No momento em que eu ia acompanhá-lo até a porta, fiquei paralisada: Paul tinha ficado no meio da sala e retirava indolentemente sua camisa e sua calça, antes de deitar-se na minha cama, no fundo da alcova, como se fosse a sua, sem uma palavra de advertência ou desculpa! Fiquei ao lado da porta, os braços caídos, amedrontada como uma donzela.

É claro, eu estava um pouco apaixonada, mas de forma moderada. Aos 30 anos, quem não se apaixonaria por um homem jovem que lhe viesse ler poemas? É claro que estava curiosa para saber como aquele tipo engraçado se comportava no corpo a corpo, mas daí a...

Não houve negociações nem preliminares, tampouco um gesto inadequado... aquela situação não estava prevista no meu manual e, como Paul nunca me contava da sua vida, eu ignorava se ele me achava sexy ou apenas apropriada para preencher alguns interstícios de sua existência que se encontravam vagos.

Ele me observava ironicamente do fundo da MINHA cama e só me restava me despir também, por delicadeza. Não se fica de saia e pulôver diante de um senhor completamente nu. Tarde demais para dizer "não sou quem você está pensando", eu era evidentemente quem ele estava

---

[2] ORTF: Office de La Radio-diffusion et Télévision Françaises. Grupo estatal que controlava rádio e TV no país até 1974. (*N. do T.*)

pensando. Ainda que não soubesse naquele instante até que ponto ele se tornaria aquele que eu queria. Não naquele momento. Na verdade, ele era mais branco, liso, macio do que eu temia, e desprovido daqueles tufos simiescos que sempre me pareceram indispensáveis à virilidade.

Não consigo sequer me lembrar como decorreu aquela primeira noite. Eu, que adoro as preliminares, as missões de abordagem, as hesitações, todas me foram suprimidas e eu me encontrava nua, completamente desorientada diante de um homem que não se fez desejar e que eu nunca teria escolhido no catálogo! Não sei mais se foi através de palavras ou de carícias que conseguiu me seduzir, só me lembro de um clima emocional e do momento em que Paul me disse: "Mas você está chorando?", me cerrando bem forte contra seu corpo. Eu não teria sabido dizer de onde vinham aquelas lágrimas, certamente de muito longe, como se eu tivesse enfim acesso a uma pátria comum com um homem e a uma reconciliação fundamental comigo mesma. Reconciliação por vezes bem laboriosa. Porque hoje ninguém mais se recorda das relações atormentadas que entretinham as meninas e mesmo as moças até os anos 1970 com sua sexualidade. Já se esqueceram de como era difícil para nós aceitarmos nossos órgãos genitais, aqueles desconhecidos dentro de casa. Não se lembram mais que todas nós tivemos vergonha de nosso corpo, sobretudo *down there*, como dizia minha babá irlandesa.

"*Don't forget to wash yourself down there*, Rosie",[3] me lembrava ela todos os dias com uma imperceptível careta de repulsa, me parecia então.

---
[3] "Não se esqueça de se lavar lá embaixo, Rosie." (*N. do T.*)

Como confiar de fato nesse corpo que já nos traiu uma primeira vez ao sairmos da infância, impondo a nós o ritual sangrento de nossas menstruações, sofridas com estupor e sem explicação, voltando sem cessar, e nos deixando aterrorizadas com a possibilidade de que "aquilo" fosse percebido, que os meninos descobrissem o que escondemos todos os meses dentro de inconfessáveis absorventes higiênicos, enquanto eles passavam soberbamente da infância à idade de homem sem sofrer este ordálio humilhante.

Como abordar, nessas condições, as primeiras relações com o outro sexo? Como envolver nossos órgãos, tão depreciados, numa troca confiante e relaxada? Enfim, como se fazer perdoar por ser uma mulher?

Eu tinha experimentado diversos métodos. Diante dos impulsos apaixonados de meu primeiro amor, eu me forcei a me manter em conformidade às suas expectativas. Ele tinha somente 22 anos, mas estudava medicina, o que me impressionava, enquanto eu ainda estava no grau zero do conhecimento de meu próprio corpo. Ninguém jamais me falara de clitóris, ainda que ao explorá-lo, quando tinha 10 anos, isso me tenha valido uma camisa em baetilha abainhada e atada aos pés que eram compradas, me recordo, na seção de roupas para meninas do Bon Marché, que era, nos anos 1950, uma loja bastante frequentada pelas comunidades religiosas do bairro. Quanto à palavra *cunnilingus*, cujo sentido eu adivinhava, afinal de contas eu era professora de latim, suas consonâncias bárbaras tornavam a coisa impensável. Eu consentia a isso de vez em quando, envergonhada, como se subisse no cadafalso.

Com Pierre, que logo cairia adoentado, estava fora de questão bancar a difícil, e seu ardor, exacerbado pela proximidade do seu fim, que ele pressentia com certeza, criava entre nós um clima tão intenso que nos transportava para fora de nós mesmos. Não se tratava mais de prazer, mas de um desafio à morte.

A aterrissagem foi dura. Georges pensava, sem dúvida, que não se faziam certas coisas com sua mulher legítima. Fora a passagem de ida e volta, nós não tentamos nenhuma outra excursão. Era o respeito? A timidez? O receio de uma rejeição? Tudo isso, é provável. Nesse ponto também, seria preciso encontrar, ler em algum lugar, inventar as palavras para dizê-lo. Ora, um profundo silêncio cobria essas questões, fazíamos amor no escuro, no sentido próprio e figurado, e Georges só começou a me revelar seu prazer quando já estávamos em instância de divórcio. Ele teria considerado muito indiscreto, sem dúvida, interrogar-me sobre o meu, e eu era muito inábil para explicar aquilo que eu mesma não ousava confessar a mim mesma.

Alguém me disse um dia que Georges me amara um bocado. Eu não percebi. Ele tampouco, em minha opinião. Pobres de nós!

Alguém me disse bem mais tarde que ele era um amante maravilhoso. Fiquei boquiaberta. Não falávamos evidentemente do mesmo homem.

Levei anos para descobrir que cada um traz em si múltiplos personagens, dos quais muitos nunca verão a luz do dia, principalmente nas mulheres, que a tradição e a moral isolam em espaços tão restritos, tão pouco acessíveis à diversidade da vida.

Que desperdício são todas essas vidas não vividas, que empobrecimento para aquelas que foram privadas de experiências, de ocasiões de resiliência!

Eu tinha apenas 30 anos e já estava no limiar da minha terceira vida. Sem mencionar algumas escapadas vadias, que às vezes nos ensinam mais sobre nossos gostos e nossas capacidades do que um longo percurso. Se eu chorava lágrimas assim tão doces nos braços de Paul, era por ter encontrado não apenas esse homem ao meu lado, mas a mulher que ele estava fazendo nascer em mim e que se parecia comigo, enfim.

Paul me confessou bem mais tarde que ficara comovido com minhas lágrimas. Mas ele não era homem de dizer "eu te amo" sem um bom motivo. Ele navegava suavemente entre sua mulher e as mulheres, sua profissão de jornalista e a escrita, seu sonho de dar a volta ao mundo e sua negligência congênita e, ainda mais, sua necessidade de fugir e ao mesmo tempo sua vontade de que cuidassem dele. O casamento era-lhe um álibi confortável para não se envolver com mais nada em outro lugar.

Infelizmente para ele, que detestava que lhe pusessem uma corda no pescoço, ainda que fosse uma corrente de ouro, eu era mais obstinada e mais conformista ao mesmo tempo. O concubinato ainda era muito malvisto naquela época e me expunha ao risco de perder a guarda de minhas filhas. Ora, eu experimentava pela primeira vez não apenas uma atração crescente pelo modo como aquele homem me tomava em seus braços e me enredava em suas palavras, mas também o desejo de experimentar uma relação homem/mulher que não fosse onerada de nenhum pressuposto relacionado ao sexo, nem de princípio algum que fosse contra nossa exigência de liberdade — e a dele, eu descobria, era tremenda. Finalmente, eu me sentia bastante orgulhosa, ou bastante ingênua, para recusar esse tipo de desafio.

Sempre pensara que, para sobreviver à vida em comum, era preciso se sintonizar não só nas virtudes da fidelidade, tão aleatórias que facilmente se transformam em prisão, mas nas fundamentais: a ética, a moral (ou a ausência de moral), as convicções religiosas (ou a ausência de religião), as opiniões políticas, sem se esquecer dos gostos culinários; afinal de contas, comemos duas vezes por dia. E depois, é importante rir das mesmas coisas e amar as mesmas pessoas e os mesmos esportes. Paul não praticava nenhum deles, fora se sentar ao lado do timão e apertar o botão de ignição do motor a diesel; isso seria fácil.

No entanto, com o passar dos meses, com sua porção de noitadas deliciosas, fins de semanas roubados e conversas que não levavam a lugar algum para a satisfação de pelo menos um dos interessados, podia-se temer que a situação se eternizaria. Mas Moïra, a deusa da providência, veio me socorrer com um gesto bem seu.

Nós estávamos, Paul e eu, na minha cama certa tarde, fazendo o que se deve fazer numa cama a uma hora dessas, quando meu colar de pérolas se partiu. Com frequência, fico com meu colar quando me dispo: sobre uma pele nua e bronzeada, as pérolas ganham um brilho comovente. Era um colar de pequenas pérolas finas sem nós entre cada uma delas, que meu padrinho me dera no meu décimo aniversário, pouco antes de seu falecimento, aquele senhor chamado Léon, que teria também me legado esse pé grego que atormentara meu pai, há tanto tempo. Eu o queria muito por todas essas razões e nós nos precipitamos a quatro patas para recuperar sobre o tapete e sob a cama cada uma das pérolas que o compunham.

Para terminar a noite, descemos e fomos saborear ostras no restaurante vizinho e Paul voltou para casa lá pelas dez horas. Sua mulher já estava deitada e, enquanto se despia ao lado da cama, ele lhe explicava calmamente por que tinha ficado até tão tarde no estúdio, quando de repente ela estendeu um dedo vingador na direção da região pubiana do marido:

— Paul! Pode me dizer o que é isso que estou vendo?

Paul baixou os olhos: uma pérola fina estava aninhada entre os pelos de seu púbis, indubitavelmente, e apesar de sua imaginação e sua arte da dissimulação, ele só pôde responder, após uma olhada no local:

— Pois é... Isso me parece muito bem ser uma pérola...

— E você pode me explicar como ela foi parar aí?

Paul, infelizmente, se recusou a me narrar a conversa que se seguiu. Eu ansiava, porém, para saber que linha defensiva poderia ter adotado aquele homem que nunca se deixava desarmar: ele simplesmente me entregou a pequena pérola e eu fiz com que o colar ficasse como antes.

Mas é sem dúvida a essa minúscula pérola, querido padrinho, que devo meu casamento com Paul, desobrigando-me de uma má conduta. Mas o que significa essa "má conduta" diante da certeza de ter encontrado um homem que me satisfazia em todos os sentidos, inclusive o sexto, inclusive o sentido da minha vida, e, sem que ele o soubesse, diante do compromisso de me tornar, sob quaisquer condições, sua âncora de misericórdia, da qual ele precisaria um dia, ele que não se preocupava sequer em utilizar um arpéu no caso de tempo ruim, contentando-se em flutuar com elegância ao sabor dos ventos.

Só me restava transpor o Himalaia: seduzir Paul a ponto de fazer com que se divorciasse e, depois, uma vez divorciado, me reconduzisse ao matrimônio. Ele não via a relação.

Em seguida, casada com Paul, tive vontade de ter um filho com ele. Nesse ponto também, ele não via a relação. Entretanto, ele perdera um ano antes seu filhinho de 2 anos e eu achava indecente trazer até ele, dentro da minha cesta de prendas do casamento, duas crianças que não eram suas e que ele precisaria amar e criar. Ele nunca mencionava a morte de Gilles. Paul não falava muito de seus sentimentos. Mas eu imaginava que um novo filhinho abrandaria um pouco seu pesar.

A maior parte das mulheres de minha geração tinha quatro ou cinco filhos: era a época do *baby boom*. Dois me pareciam o suficiente, ainda que sonhasse em ter um menino, antes que soasse o que Sylvie Caster chamou com justiça de "o alarme dos ovários". Devido ao fato de ter trocado de homem, também, eu achava normal fazer um outro filho que carregaria o nome Guimard. Não para eternizar o patrônimo, mas para tornar sua presença visível na geração seguinte. Para não ter apenas filhos de sobrenome Caunes, quando nem eu mesma me chamava mais assim! E considerando que eu era capaz de gerá-los sem problemas...

Na verdade, eu nunca ouvira falar de menstruações dolorosas ou enxaquecas periódicas na minha família. Menos ainda de menopausa. Minha mãe parecia invulnerável e afirmava nos ter fundido corpos inoxidáveis que nos obedeceriam sem vacilar.

— Só faça isso se tiver realmente vontade — me repetia Paul com solicitude, não querendo influenciar em nada um gesto assim tão carregado de consequências. — De minha parte, você sabe, não sou um apaixonado pelas crianças.

Eu estava realmente com vontade, pois, além do desejo de dar à luz um pequeno bretão, ruivo e encaracolado como seu avô, contava muito na minha resolução a vontade de recriar aquela relação tão forte que havíamos urdido, minha irmã Flora, eu e Nicole. Eu queria que minhas filhas conhecessem aquele sentimento insubstituível que é a cumplicidade entre irmãs, mais preciosa ainda que aquela entre irmãos, apesar do que dizem. Porque os meninos já se beneficiam dos locais e dos vínculos de todo tipo para acolhê-los e aproximá-los! Do escoteirismo aos Antigos Combatentes, dos clubes de futebol ao Automóvel-Clube (onde as mulheres não era admitidas), dos jogos de bocha aos partidos políticos em seu conjunto, sem falar nos jantares de negócios. Ao passo que as mulheres não dispõem de nenhum local de acolhimento, desde o desaparecimento das lavanderias comunitárias e dos patronatos paroquiais, onde, sem parar de trabalhar para sua casa, é claro, como as Tricoteiras da Revolução, pudessem semanalmente chorar e rir juntas, contar histórias e se queixar de seus homens.

Finalmente, eu me beneficiava de uma circunstância favorável: pela primeira vez, meu "pretendente" não desagradava minha mãe, ainda que se tratasse de um provinciano de Nantes que tinha "subido" também para Paris aos 20 anos. Mas sem sotaque, já que Nantes ficava na região de Gallo,[4] onde não se falava o bretão. Paul lhe agradava porque ele amava as mulheres. Não A mulher, mas as mulheres, diversas. (E como amava!)

— É um casanova — decretou Nicole. — Ele gosta demais de todas para se contentar com uma só. Você não conseguirá guardá-lo, receio, porque é humilde demais. Mas espero que ele consiga convencê-la a escrever... nisso também, você é humilde demais. Você precisa que te empurrem dentro d'água, minha Zazate. Eu não fui capaz...

De fato, Paul iria me empurrar para dentro d'água alguns anos mais tarde, mas eu tinha algo a fazer antes: primeiro, em 1953, eu a tive, essa terceira criança, ruiva e frisada, chamada Constance! Em seguida, trabalhei com Marina Gray, Manette Sauzay e Maurice Blézot numa emissão radiofônica diária intitulada *Encontro às Cinco da Tarde* e destinada às "mulheres do lar". Eu fazia resenhas críticas de filmes, com trechos gravados e entrevistas com os atores. Tive a oportunidade de ouvir mais tarde uma fita e fiquei consternada: sou eu, essa apresentadora desajeitada que se exprime como uma aluna tímida? Eu estava com 33 anos e não havia ainda conseguido encontrar o famoso tom alerta e brilhante que era necessário para "falar no rádio"!

Eu me dava conta de que, durante toda a minha escolaridade, no ensino médio e no superior, tinha aprendido a escrever, a contar, a conjugar, mas nunca a falar. Este é o caso de muitas mulheres, mesmo aquelas que pareciam mais seguras de si mesmas. Numa entrevista da

---

[4] Dialeto da língua falada na Bretanha que se distingue do bretão. (*N. do T.*)

Figaro Magazine de outubro de 1996, Ségolène Royal declarava: "Até 1984, eu era incapaz de tomar a palavra em público. Mesmo num jantar, eu permanecia em silêncio." Esta confissão me tranquilizou: hoje é difícil, mas sei que é possível se curar dessa enfermidade. Foram-me necessários 20 anos de esforços e que eu me encontrasse em assembleias exclusivamente femininas para começar a me sentir à vontade, depois de 1968, e mais ainda após 1975, e *Assim seja ela*. Eu já estava com 55 anos... e conheço algumas mulheres que nunca foram capazes disso.

Pois aí também nos esquecemos sempre de um detalhe, quando se trata das mulheres: quaisquer que sejam suas profissões e suas origens sociais, elas devem viver simultaneamente, lado a lado, noite e dia, seu ofício normal de mulher do lar, mãe de família!

Relembro algumas coisas difíceis de acreditar aos olhos das bobinhas de hoje: nos anos 1950, não existiam fraldas descartáveis, potinhos de alimento para os bebês, nem lava-louça, nem máquina de lavar roupas! A Moulinex[5] não havia ainda libertado as mulheres! Eu me recordarei por toda a minha vida da velha lavadora em zinco sobre o canto do fogão da cozinha, na qual as fraldas estavam perpetuamente sendo fervidas... E não existiam tampouco, senhoritas, os "absorventes íntimos femininos" descartáveis, e muito menos os "absorventes internos" que teriam exigido, que horror, que nos tocássemos *down there*, a tal ponto que a marca americana Tampax fornecia pequenos bastões para evitar qualquer contato.

---

[5] Tradicional fábrica de aparelhos domésticos francesa. (*N. do T.*)

Três filhinhas com menos de sete anos num apartamento exíguo, isso fazia um bocado de barulho, além da presença de um homem nascido em 1921, ou seja, que nunca havia pensado na possibilidade de "trocar um bebê" ou sequer passar uma esponja na toalha de mesa da cozinha. Eu tampouco o teria pensado: era simplesmente inimaginável e até mesmo de uma indecência...

Entretanto, fui bastante inconsciente para me colocar um segundo lar sobre os ombros! Eu sonhava, desde a minha infância em Concarneau, em me enraizar completamente na Bretanha, onde Paul também havia passado sua infância. Seus pais moravam ainda em Saint-Mars-la-Jaille, no Loire "inferior", conforme se dizia então. Com um empréstimo, conseguimos comprar duas choupanas em ruínas numa aldeia minúscula, perto de Raguenès. Ainda me recordo do preço: 5 mil francos com 300 metros quadrados e 80 metros de um pequeno jardim com frutas, flores e legumes. Sem água corrente, sem eletricidade. Exceto as palhas novas, as verdadeiras, de centeio, não de junco, como hoje em dia, eu fiz quase tudo sozinha. As vigas tratadas a óleo de linhaça, o teto revestido de verniz naval, tinta vermelha sobre o chão de cimento para imitar os tijolos que não podíamos comprar. As portas e janelas pintadas de azul, o terraço de pedras planas recolhidas uma a uma ao pé das muretas da vizinhança e trazidas para casa num carrinho de pedreiro à noite...

Cada melhoria, cada etapa vencida na direção do conforto — o primeiro ano em que não tivemos que tirar água do poço; a primeira ducha controlada por uma torneira, no lugar de um balde de água, muito engenhoso, que içávamos até o teto com uma roldana e da qual acionava-se o espicho em forma de crivo do regador com uma cordinha... O primeiro aquecedor catalisador para substituir o butano que fazia escorrer água sobre as paredes... —, cada avanço representava uma admirável proeza financeira e uma vitória pessoal. Não havia casa mais úmida, mais desconfortável, mais frequentemente inundada (estávamos em um nível inferior ao de um atalho cheio de lama), mais obstinada a retornar à sua vocação de estábulo de vacas, mais enfumaçada (a magnífica chaminé de granito sempre se recusando a funcionar), mais assassina, enfim, para o crânio dos visitantes medindo mais de um metro e sessenta (os bretões são baixos e os lintéis de pedra das portas instalados num nível bem inferior). Nenhuma outra casa me deu tanta alegria e orgulho.

Só faltava, para realizar nossos sonhos, comprar um barco, o primeiro de uma série bem longa: este foi uma pinaça, a *Fleur d'Ajonc*, imediatamente batizada de *Potemkine* e pintada de preto com uma orla vermelha. Esse barco só ficou conosco por três meses! Não sabíamos ainda que não se deve jamais brincar com os nomes de batismo das embarcações, quaisquer que sejam. Nosso barco de Morbihan, que media 5,10 metros, não gostou de carregar o nome de um encouraçado da frota russa e pegou fogo três meses depois, ao que parece em consequência da imprudência de um mecânico, que viera abastecer seu tanque de combustível.

Ao segundo, comprado de um pescador em Lorient, nós conservamos o nome *Kenavo* e ele cumpriu suas tarefas durante dez anos, como um bom e fiel cavalo.

Nossa choupana foi inaugurada no aniversário de Paul, no dia 3 de março, e para celebrar nossos dois anos de casamento.

— Faço também questão de celebrar meus dois anos de fidelidade conjugal — me anunciou Paul, removendo a rolha de uma garrafa de Gros Plant, produzido em sua região natal. — Nunca acreditei que seria capaz disso... e ergo minha taça a este milagre, pelo qual você é responsável, meu amor!

— Nós nos superestimamos sempre, está vendo... a gente banca o Don Juan e depois...

— Você há de admitir que é bastante idiota não poder se separar uma hora de sua mulher sem que ela nos faça falta! Não sei o que me aconteceu depois que encontrei você — acrescentou ele, com uma expressão enternecida na qual acreditei perceber uma boa dose de nostalgia.

— Não se preocupe, meu grande lobo mau, se há algo de seguro no mundo, é que você vai se curar dessa doença.

Do outro lado de nossas paredes de granito, uma tímida primavera se insinuava entre as árvores, nossa primeira camélia estendia suas flores rosa e brancas bem planas, em conformidade com suas promessas, e nós saboreávamos lagostins seguidos de caldo de barboto ao molho de caril, inspirado no molho de camarão à moda de Nantua, e eu contemplei a bela fronte de Paul e seus cachos de pastor grego que a umidade do clima bretão embelezava ainda mais, me perguntando o que se tramava por trás daquela fronte granítica. Lamentaria ele ter se comprometido com uma mulher que não lhe permitia mais ser exatamente ele mesmo? Não tinha sido mais tranquilo com a antiga esposa, afinal? Ele detestava ser compreendido, estudado, dissecado... Ao mesmo tempo que eu bebia ao nosso amor, sabia que fazia meu luto de um certo amor.

Quando comemoramos nosso terceiro ano de vida em comum, ele não me diria nada mais sobre esse assunto, e eu não ousaria nada perguntar, pressentindo que sua natureza tinha retomado o controle. Seria Paul mais feliz com certeza, e talvez até me amasse ainda mais, pelo fato de não mais vir a trair o rapaz que tinha sido?

Nenhum dos dois tinha surpreendido o outro traindo: estávamos plenamente de acordo sobre o pacto de todo casamento honrado. Jamais apagar o fogo-fátuo das aventuras, não dizer adeus ao improvável, não fechar a tampa da juventude nem as cortinas de ferro da esperança. Resumindo, exigir o impossível. Mas por que não? Foi dura a vida em alguns momentos, para um ou para outro. Nós tínhamos "degustado" ambos, cada um ao seu modo, cada um na sua vez. Mas nunca deixei de pensar que viver era isso, e que não podíamos economizar o sofrimento, de qualquer maneira.

Finalmente, era o pacto de Sartre e Beauvoir que nos parecia o modo menos assassino de alienar sua liberdade por causa do outro. Eu percebia que Paul se sentia tão preso na armadilha da instituição matrimonial que eu me recusava a vê-lo descobrir que toda vida em comum implica a renúncia de uma parte de si mesmo. Sua exigência de liberdade era ao mesmo tempo sua qualidade suprema e seu principal defeito, e eu não queria vê-lo sofrendo. Demasiadamente frágil para a infelicidade, ele não tinha vocação para essa espécie de sentimento. Eu não queria que ele encontrasse o lobo da fábula de La Fontaine que lhe diria uma noite num canto do bosque:

— Então não podes correr para onde desejas?

— Nem sempre, mas que importância tem isso? — respondeu-lhe o cão.

— A importância é enorme, já que de todas as tuas refeições nenhuma me apetece.

E eu poderia até acumular as refeições, mas sabia que elas jamais pesariam tanto quanto a leveza de Paul. Com ele, eram os imponderáveis que deviam ser levados a sério.

Não havia nada de preciso que me alertasse, aliás: Paul vivia com elegância e, de meu lado, sou cega voluntariamente. E em voluntário há a palavra vontade.

Paul portanto nunca me enganou, afinal, pois ele nunca me enganou em relação a si mesmo. Seu signo era Peixes, personagem duplo, é o mínimo que se pode dizer. Ele era quíntuplo e até mais e, pouco a pouco, eu travaria conhecimento com todos os Paul com quem me casara, do diletante ao diplomata, do responsável político ao poeta, do navegador do fim do mundo ao cozinheiro inventivo, do editor ao editado, do meu amante àquele que eu suspeitava de manter outras relações, do escritor que nunca escrevia uma carta, por prudência, dizia ele.

Eu sempre me saía bem, pois sabia antecipadamente que seria acrobático viver com tantos personagens que pretendiam todos se chamar Paul Guimard! Mas ele foi fiel toda a sua vida ao seu modo, fiel às coisas da vida: ao uísque *single malt* como aos bons vinhos, ao cigarro e ao cachimbo assim como ao charuto, ao oceano Atlântico como ao Pacífico, a todos os incondicionais do mar aberto, de Eric Tabarly a Olivier de Kersauson, de Fauconnier a Alain Colas.[6] Fiel aos homens bem diversos e sabendo, ai de mim, inspirar verdadeiras paixões, me

---
[6] Todos célebres navegadores franceses. (*N. do T.*)

deixando no coração uma questão lancinante: quando, com quem ele foi realmente feliz? Sem dúvida, ele não era um homem feliz, mas um homem de prazeres. Ao passo que, apesar de uma ou outra infelicidade, eu era uma mulher feliz.

E depois, tínhamos por aliado o mar, que atravessamos juntos na Bretanha, no Caribe e, em seguida, na Irlanda até nossos 80 anos, bem além do que é razoável. E nesses momentos, formávamos uma unidade vital, uma tripulação que não precisava de palavras para se entender. Por sinal, eu sempre sonhei que seria lindo se soçobrássemos juntos num banco de areia celta e fôssemos os dois arrastados "em meio aos sargaços verdes" pelo peso de nossas botas de cano longo. Uma bela morte para dois romancistas...

Isso não aconteceu. Paul se foi sozinho, bem lentamente, lentamente demais, no oceano sem fundo da velhice; e quanto a mim, o problema continua inteiro.

Mas nos anos 1950, eu ainda estava vivendo meu recém-nascimento: um amor feliz, uma nova filha e a escrita. Esta surgiu um pouco como um rio subterrâneo, que encontra enfim uma saída ao ar livre. Ela sempre irrigara minha vida, sob a superfície, nos meus diários íntimos, nas correspondências que mantive por toda a minha vida com uma ou duas amigas, com rapazes que eu teria podido ou desejado amar, ou cessado de amar; com minhas filhas também, resolvemos quase todos os nossos problemas pelo correio. Toda essa correspondência está empilhada dentro de grandes pastas escolares da minha juventude. Eu adorava as pastas escolares; e quanto maiores fossem, mais me agradavam. Na época, só os meninos as carregavam nas costas. Lembro-me ainda do gesto que eu fazia para equilibrá-las sobre o quadril esquerdo... Sem dúvida, faço parte da última geração que terá escrito em vez de telefonar.

Não era, portanto, a escrita que estava ausente de mim, mas a ideia de que ela pudesse ser mostrada. E, contudo, eu assistia à criação literária de Paul. Em 1956, ele publicou *Les Faux Frères*, que obteve o prêmio do Humour, e, em 1957, *La rue du Havre*, que recebeu o prêmio Interaillé. Foi então que comecei a avaliar a injustiça diante da criação. Nós éramos seis morando na rue du Havre, num apartamento de sala e três quartos, sendo dois deles bem pequeninos, e não tínhamos um local para trabalhar, exceto uma escrivaninha em nosso quarto, sobre a qual se acumulavam correspondências, impostos, papéis da assistência médica social, as emissões radiofônicas que eu preparava e os deveres das meninas, quando era preciso ajudá-las. Paul teve que ir morar num hotel para poder dar continuidade a seus romances. Medida inimaginável para uma mulher com três filhas em casa. Além disso, uma esposa tem "um marido de quem cuidar", ao passo que um homem tem uma esposa para cuidar dele. A nuance é importante.

Não foi porque tinha talento que Gauguin partiu para pintar no Taiti, abandonando sua mulher e seus quatro filhos: ele ainda não tinha a menor ideia de seu talento. Foi porque era um homem e porque podia desertar da sua família sem ser perseguido, internado, condenado pela sociedade.

Longe de mim a ideia de falar de destino contrariado, de talento sufocado... Busco simplesmente explicar a renúncia de um número imenso de mulheres que tinham talvez algo a dizer, a inventar, e que nunca puderam se exprimir. "E como poderia ser diferente? As mulheres ficaram sentadas no interior de suas casas durante milhões de anos, de tal forma que, atualmente, são as paredes que estão impregnadas de sua força criadora."[7]

No que me diz respeito, seriam necessárias circunstâncias totalmente feéricas para que eu pensasse finalmente em publicar: por exemplo, que Paul fosse convidado por milionários, que não conhecíamos 15 dias antes de nossa partida, para dar a volta ao mundo de barco! É o tipo de milagre que lhe acontecia e que ele considerava como devido: Josette Day, a Bela do filme de Cocteau, e seu marido, Maurice Solvay, descendente do "processo Solvay", do qual eu havia ouvido falar nas aulas de química,[8] procuravam pessoas que os distraíssem de suas companhias habituais, escritores de preferência (Josette havia sido adorada sucessivamente por Cocteau, Paul Morand e Marcel Pagnol, especialmente), para partirem numa viagem de seis meses com eles. Um amigo comum, Christian Millau, lhe havia proposto o nome de Paul, que acabara de receber o prêmio Interaillé. Era ainda uma época em que os escritores gozavam de um prestígio incrível, quase o mesmo de um ator americano hoje em dia. Em três semanas, deslumbrados por essa proposta excepcional, arrumamos nossas malas, liquidamos nossos trabalhos, distribuímos nossos filhos — a primogênita na casa de seu pai, que estava então casado com Jacqueline Joubert, a segunda mais velha na casa de um casal de amigos, Marie-Claire e Jean Duhamel, a terceira na casa dos avós Guimard, em Nantes — e embarcamos em dezembro de

---
[7] Virginia Woolf.
[8] Procedimento para conseguir a soda cáustica.

1958, em Cannes, a bordo do *Shemara*, uma embarcação de 72 metros, tripulação de 35 membros, incluindo todo o pessoal.

Só fiquei ausente durante cinco meses — o senso do dever maternal! —, e voltei para garantir as férias de Páscoa, deixando Paul continuar com nossos amigos para as ilhas Marquises, Galápagos e o canal do Panamá. Durante esses cinco meses, eu sentava à mesa todos os dias sem saber o que iria comer, nem quem tinha comprado a comida, nem como seria cozinhada; luxo raro para uma mulher. Durante esses cinco meses, não lavei um copo, não fiz minha cama, não passei uma camisa, não toquei numa vassoura. Não havia sequer manobras a serem executadas a bordo, já que a tripulação daquele contratorpedeiro inglês transformado em navio de cruzeiro cuidava de tudo para os nove passageiros a bordo! Entre as miríficas escalas, Pireu, Port-Saïd, as ilhas Haniche, Aden, Bombaim, Cochin, Hong Kong, Cingapura, Nouméa, Cairns, na Austrália, Tonga, Taiti etc., nós efetuávamos intermináveis travessias numa velocidade média de 12 nós. O Mediterrâneo, canal de Suez, mar Vermelho, oceano Índico, depois o Pacífico, o mal-afamado. O ócio me obrigava a escrever: primeiro um diário, que me serviria dez anos mais tarde para meu romance, *La part de choses*; sobretudo, me dediquei à tradução dos contos americanos de Dorothy Parker, todos eles obras-primas, para a editora Denoël.

Mas, para minha perplexidade, anos mais tarde, folheando esse livro quando ele foi adaptado para o teatro por Andréas Voûtsinas, notei que estava assinado Benoîte Guimard! Em 1960, eu e Paul achávamos normal que eu ingressasse na literatura com o nome de meu marido!

Nascida e batizada Groult em 1920, meu nome de família foi Heuyer quando estava com 25 anos, Caunes aos 26, e Guimard aos 30! E aos 40 anos eu ainda navegava sob bandeira conjugal! Foi em 1959, ao retornarmos de nossa volta ao mundo, que Paul me propôs escrever uma crônica diária com ele. Nós frequentávamos um ambiente impressionante, gente do cinema, jornalistas, escritores, e, como durante toda a minha vida eu mantivera um Diário, não me foi preciso muito esforço. E depois, ao fim de alguns meses, Paul me confessou que não se sentia nem um pouco na pele de um cronista e que escolhera aquele método para me incitar a escrever. Por uma feliz coincidência, Flora se mudou no mesmo momento, e nós encontramos dentro das malas de vime dezenas de cadernos *moleskines* pretos com as bordas vermelhas e um elástico, modelos comuns na época, nos quais todas as noites havíamos registrado nossa vida cotidiana sob a Ocupação e os sonhos de duas mocinhas entre 1939 e 1945.

Com um recuo de 28 anos e dentro de tal contexto histórico, essas vidas entrecruzadas ganhavam um relevo e um encanto inesperados. Foi para nosso próprio prazer, primeiramente, que elaboramos o projeto de fazer deles um livro. Flora, tampouco, jamais imaginara publicar o que escrevia. Desde seu retorno à França com o marido, que dirigia a sucursal parisiense do Barclays Bank, ela auxiliava minha mãe na Maison de Couture, *faubourg* Saint-Honoré... aquele tipo de trabalho dentro da empresa familiar que não traz nem salário, nem aposentadoria, e nem mesmo consideração... "Ela ajuda sua mamãe", dizia-se, como se aquilo não constituísse nem uma profissão nem um ganha-pão, se aparentando a uma dedicação filial. Uma atividade não remunerada e reservada exclusivamente às moças, é óbvio.

Paul, que era então diretor literário, se comprometeu a nos publicar e nós nos pusemos ao trabalho com prazer, reencontrando os acessos de riso e discussões de nossa adolescência, como se eles esperassem apenas uma palavra para renascer. Um ano depois, em 1962, o *Diário a quatro mãos*, retocado e revisado, estava pronto para reviver, com nossos nomes de solteiras, é claro. Era uma necessidade, desta vez, deixar de lado nossos maridos, Pringle e Guimard; nós voltávamos a ser as irmãs Groult após 20 anos!

No momento da primeira publicação, em 1962, eu julgara "minha" moça detestável. Alimentada, abrigada, vestida e "pensada" por pais cujas certezas intelectuais a esmagavam, e incapaz de se livrar desse jugo. Mas era justamente pela sua autenticidade e sua inocência que nosso diário iria agradar.

"Uma obra original e brilhante, com frequência profunda, um documento precioso sobre os tempos difíceis e sobre duas moças de nosso tempo." Assim se concluía uma longa resenha de Andrés Maurois publicada na revista *Elle* e que seria seguida pelas de Pierre de Boisdeffre, Mathieu Galey e François Nourissier... o bastante para garantir o sucesso de um livro e nossa "decolagem" na vida literária.

Continuamos então a escrever a quatro mãos *O feminino plural*, depois *Il était deux fois*. Essa concubinagem literária nos tranquilizava diante da misoginia da crítica, que mal se pode imaginar hoje em dia e que nós descobríamos com estupor. Pois, após o interesse profundo de um Maurois, os jornalistas, com uma indulgência divertida, nos recolocaram em nossos devidos lugares, no cercado reservado para *écrivains femmes*,[9] como se diz "atletas deficientes".

Existe uma associação dos pintores deficientes "pintando com a boca ou o pé". Nós éramos deficientes também por causa do falo amputado e condenadas a escrever com nossos ovários uma literatura destinada às leitoras também providas de ovários! Nos salões, os homens nos diziam, persuadidos de estarem nos agradando: "Minha esposa adorou seus livros", como se estivesse fora de questão que nossas garatujas pudessem interessar aos maridos! Com muita frequência, os críticos não resenhavam nossos romances nas páginas literárias, mas na rubrica "Para senhoras!", entre uma receita de cozinha e um conselho de beleza, sob títulos que lembravam sempre nossas funções: "As Irmãs Groult acabam de dar à luz um livro!" ou então "Quando as mulheres trocam o espanador pela pena".

Quanto ao espanador, tudo bem, mas pela pena... Erraram o alvo. Ou então no traseiro, como Zizi Jeanmaire[10] ou as dançarinas do Cassino de Paris!

Para piorar, eu escrevia nas revistas *Elle*, *Marie-Claire* e outras publicações femininas, o que era uma garantia de futilidade e não conferia nenhuma autoridade no mundo das letras.

Juntas, eu e Flora escrevemos três livros, mas acho que não teríamos conseguido nos tornar autoras em

---

[9] Literalmente, "escritores mulheres", não havendo na época em língua francesa o termo *écrivaine* (escritora). (*N. do T.*)
[10] Dançarina clássica francesa que abandonou a ópera de Paris pelo music-hall. (*N. do T.*)

tempo integral, apesar do sucesso de público, e que não teríamos necessariamente achado a coragem de nos separar. A geografia veio em nosso auxílio: Flora, divorciada de seu primeiro marido, acabara de se casar com um diplomata inglês que logo foi nomeado embaixador na Finlândia. Ela partiu então para viver em Helsinque e nós descobrimos a famosa solidão dos escritores! Mas o gosto pela escrita permanecera em nós: publiquei sozinha *La Part des choses*, em 1972, e, no mesmo ano, Flora escreveu *Maxime ou la déchirure*, e um belo romance de título tchekhoviano: *Un seul ennui, les jours raccourcissent*. [Um único aborrecimento, os dias ficam mais curtos].

Depois, em 1970, para minha enorme surpresa, cheguei aos 50 anos, assisti às agitações de 68 e experimentei a necessidade repentina de esclarecer alguns pontos sobre os fragmentos esparsos de feminismo nos meus romances e, principalmente, nos artigos que eu publicava em diversas revistas. Entretanto, eu estava tão bem encaixada na categoria "literatura feminina" e tão pouco considerada como uma feminista que ninguém me havia proposto assinar a declaração sobre o aborto, conhecida sob o nome de "Manifeste de 343 salopes" [Manifesto de 343 vadias]! Lamentei isso toda a minha vida. Quando vejo os nomes das signatárias, Simone de Beauvoir, Delphine Seyrig, Christiane Rochefort, Colette Audry, Ariane Mnouchkine, Marina Vlady, Marguerite Duras, Dominique Desanti e tantas outras, digo a mim mesma que meu lugar era entre essas mulheres que eu tanto admirava!

Mas aconteceu um fenômeno que ainda não consigo entender: não fui considerada (pelo menos antes de publicar *Assim seja ela*) nem uma verdadeira feminista nem uma verdadeira romancista!

Não era uma verdadeira feminista porque não fazia parte do gueto universitário, que era o único a garantir a notoriedade e a atenção das colegas. Aquelas que incluíam mulheres como Hélène Cixous (professora titular de Letras, doutora), Lucy Irigaray (filósofa), Julia Kristeva (semiótica, antes de se tornar psicanalista), Andrée Michel (diretora de pesquisa no Centre National de Recherche Scientifique), Marie-Josée Chombart de Lauwe (chefe de pesquisa) ou as professoras assistentes na universidade, antropólogas africanistas como Françoise Héritier-Augé (segunda mulher a ocupar o posto de professora no Collège de France, e diretora do Laboratório de Antropologia Social). Ou ainda Nicole Loraux,[11] especialista em pensamento grego e da condição das mulheres, e diretora da École de Hautes Études de ciências sociais, ou Véronique Nahoum-Grappe,[12] socióloga, ou Annelise Maugue,[13] doutora, ou ainda linguistas como Claudine Hermann[14] etc.

Eu tampouco era editada por Antoinette Fouque, uma das figuras de vanguarda do feminismo que, em 1974, criou a editora Des Femmes, sociedade secreta muito fechada, que fabricava e lançava suas próprias glórias; mesmo Evelyne Sullerot, ensaísta de sucesso, publicava "com a colaboração do CNRS". Todas essas mulheres possuíam títulos retumbantes, masculinos, para serem ainda mais retumbantes e obter um rótulo de qua-

---

[11] *Les enfants d'Athéna*, Maspero, 1981.
[12] *Le Féminin*, PUF.
[13] *L'Identité masculine en crise*, Rivages, 1987.
[14] *Les Voleuses de langue*, Des Femmes, 1976.

lidade, de credibilidade. Como fazer para ser patrocinado pelo CNRS, prefaciado por Levi-Strauss ou Beauvoir? Ou para se intitular semiótica? Ainda que também tivesse me diplomado, eu não representava nada diante dessas universitárias, ainda mais que não ousava empregar a mesma linguagem, com muita frequência extremamente hermética.

Sem dúvida, ainda que eu ignorasse, havia um pouco da Henriette de *As sabichonas* em mim: "As conversas eruditas não me interessam nem um pouco!" Eu não conseguia me emancipar de todos esses clichês. Eu me sentia um pouco uma "ladra da língua", como diz Claudine Hermann. E, além disso, eu permanecia esmagada por esse vasto desprezo pelas mulheres que irrigou a literatura francesa, de Rousseau a Barbey d'Aurevilly, de Baudelaire a Montherlant, para não citar outros. Paul era julgado ou criticado enquanto indivíduo, com seus defeitos ou qualidades, e eu me sentia sempre tributária de meus órgãos genitais, dos quais convinha se envergonhar, me lembravam a todo momento. Pascal Jardin, por exemplo, na revista erótico-chique *Lui*, escrevia, evocando Kate Millet, Annie Leclerc, Marie Cardinal e algumas outras entre as quais eu me encontrava: "Todas essas descendentes sinistras de Simone de Beauvoir são somente um grupo lúgubre das sufragistas mal comidas, mal vestidas, devoradoras de homens com incisivos aterrorizantes, brandindo moralmente seus clitóris monstruosos... Elas são apenas ovarianas assustadoras ou sindicalistas da menopausa." Todos os fantasmas dos neuróticos reunidos: vagina denticulada, clitóris hipertrofiado e a velha mulher que se transforma obrigatoriamente numa bruxa!

O segundo tipo de "crítico", se assim os ousarmos chamar, como Maurice Clavel, no *Nouvel Observateur*, me tratava de "mal comida"! Como se o sexo condicionasse o talento feminino! Isso machuca e envergonha, quando vem de autores que estimamos tanto, como Clavel, e que escrevem nos jornais que todos os seus amigos leem. Não nos recuperamos jamais por completo desse tipo de golpe baixo, mesmo que o consideremos desonroso para seus próprios autores, principalmente para eles.

Foi sem dúvida na esperança de adquirir um pouco mais de legitimidade que quis escrever um ensaio-panfleto sobre as mulheres. Os artigos dispersos são frustrantes, depois de certo tempo. Eles desaparecem como folhas mortas. Um livro permanece e testemunha.

Quando falei sobre esse projeto com Jean-Claude Fasquelle, meu querido editor e amigo, ele pareceu confuso: "Que ideia curiosa! Seus romances vendem bem. Agora, você vai se arriscar... a incomodar todo mundo."

Falei sobre isso ao meu redor sem encontrar o menor entusiasmo. Celebrava-se, no entanto, o Ano da Mulher em 1975. Só recebi advertências:

"Sobretudo, não fale de clitóris!"

"Se você se passar por uma MLF, todo mundo vai cair em cima de você, os homens e as mulheres!"

"Mas a igualdade, todo mundo concorda, agora. É um fato consumado. Resultado, os homens estão em crise. Era isso que vocês queriam, vocês, feministas? Destruir a sociedade?"

A conclusão geral era: "Você vale mais do que isso", significando que o feminismo em bloco não valia nada, e que eu tinha tudo a perder me envolvendo com o tema.

Tudo isso me excitava furiosamente... como dizem nos livros de Sade! Fui então à Biblioteca Nacional, a verdadeira, na rue de Richelieu, e, ingenuamente, comecei a procurar "mulher" nos fichários. Na época, eram pequenas fichas de papelão bege dobradas nas pontas devido à manipulação, impecavelmente escritas à mão e organizadas em longas gavetas deslizantes. Todo aquele saber do mundo compilado por humildes escribas e bastava saber ler para se apoderar dele! Hoje em dia, é preciso todo um treinamento tecnológico para se ter acesso a um livro virtual do qual sequer podemos virar as páginas...

O acaso quis que me caísse nas mãos os livros *Femmes d'Islam, pourquoi pleurez-vous?* [Mulheres do Islã, por que choram vocês?], de Asma El Dareer, *Le drame sexuel de la femme dans l'Orient arabe* [O drama sexual da mulher no Oriente árabe], de Youssef El Masri (1962), *La cité magique* [A cidade mágica], de Jacques Lantier (1972), e os três volumes de *La fonction érotique* [A função erótica],[15] do Dr. Gérard Zwang. Foi graças a esses livros que eu descobri "o segredo mais bem guardado do mundo", e um escândalo ainda maior.

Estima-se (números do GAMS[16] citados pelo *Nouvel Observateur*, em 1992, e por *l'Express*, em 1996) que 100 milhões de mulheres vivem hoje em dia com o sexo mutilado em uns trinta países. Mesmo na França, 25 mil filhas de imigrantes da África foram excisadas ou o serão em breve. Em consequência disso, em 1985, depois de muitas hesitações, a Organização Mundial da Saúde

---

[15] Reeditado em 1998.
[16] Grupo pela Abolição das Mutilações Sexuais, fundado por Awa Thiam.

(OMS) tomou finalmente partido de forma clara contra a excisão e a infibulação, "catastróficas para a saúde, a fecundidade e a dignidade do ser humano". Vários países as proibiram.[17] Mas as tradições, o analfabetismo e agora o integrismo impedem a aplicação das diretrizes oficiais.

A descoberta dessa prática, inimaginável nos piores pesadelos, me serviu de eletrochoque: em 15 dias passei do estado de burguesa ocidental resignada à desigualdade dos sexos, que parecia uma verdade universal, vivendo de modo harmônico com o primeiro sexo; de senhora bem-educada, frequentável, que aceitava sorrindo as piadas desgastadas dos machos e se deixava tratar, dando com os ombros, como "ovariana assustadora e sindicalista da menopausa" por velhos prostáticos que com frequência se encontravam na Academie Française e escreviam nos melhores jornais da direita e da esquerda; que apertavam suas mãos nos salões, em vez de cuspir em seus rostos... resumindo, passei do subdesenvolvimento sabiamente urdido pelos nossos Senhores e Mestres a uma revolta que só iria se expandir e se amplificar na grande confusão de Maio de 68. Uma revolta que nunca mais me abandonaria.

Como pude me submeter durante cinquenta anos a uma discriminação tão gritante? Por que não ousamos proclamar que feminismo era apenas uma forma de humanismo que libertava enfim a outra metade da humanidade de sua escravidão milenar?

A resposta já era uma evidência para Paul. Afinal, ele era mais feminista do que eu.

— Tenho a impressão de que você está madura para escrever um ensaio sobre as mulheres — me disse Paul.

---
[17] Thomas Sankara foi o primeiro, em Burkina-Faso.

— Já faz 25 anos que *O segundo sexo* foi lançado! As coisas não mudaram muito, mas é agora que as coisas estão acontecendo. É o bom momento... Além disso, ouvindo você esse tempo todo, um título me veio à cabeça: o que você acha de *Assim seja ela*?

— Paul! Imagina só! É o mais belo título que se pode dar a um ensaio feminista... depois de *O segundo sexo*, é claro! É como se o livro já estivesse escrito, é tão evidente... luminoso... E você se recorda de que foi Jacques-Laurent Bost que o achou para Simone de Beauvoir!

As lágrimas me vieram aos olhos de emoção. Que presente mais precioso um escritor pode dar a outro escritor? Que diamante mais magnífico um marido pode dar à sua mulher? Porque um belo título é muito mais do que algumas palavras, é uma locomotiva que vai puxar todo o livro.

— Dito isso — acrescentou Paul —, eu não sou necessariamente a pessoa de que você precisa para discutir o assunto. Você deveria abordar talvez certos aspectos da questão com outra mulher, uma jornalista, de preferência, e de outra geração. Mas, sobretudo, não uma feminista declarada... Uma feminista no livro é ótimo, mas o suficiente... sob pena de não ser lida, se quiser minha opinião.

Foi um conselho do qual eu me lembraria mais tarde. Mas, em 1972, eu já havia escrito um bocado a quatro mãos e não estava mais a fim de fazer uma "obra de senhoras", como diriam os críticos, mas um livro de combate. A vontade de testemunhar e de assumir posição no campo de batalha do feminismo me atormentava. Celebrava-se o Ano da Mulher, a primavera do feminismo, cada editor tinha sua estrebaria de jovens escritoras que abordavam sem precauções e sem pudor os assuntos mais ardentes. Eu nunca tinha escrito em tal estado de entusiasmo. E foi assim que, de uma maneira imprevista, *Assim seja ela* se tornaria o livro mais vendido na França de toda a minha carreira! E, infelizmente, ele não perdeu seu frescor trinta anos mais tarde, considerando os obstáculos que cerceiam os direitos das mulheres, ainda excluídos dos Direitos Humanos, e que foram novamente questionados em todos os países, a todo instante e pelas razões as mais diversas.

Em compensação, em 1990, quando quis compreender por que eu tinha me evadido[18] tão tardiamente de minha condição, precisei de ajuda para desentocar as razões dessa letargia e me sacudir em meu conforto intelectual. Eu precisava, para o ensaio que iria empreender, de alguns esclarecimentos vindos de alhures, de um outro olhar que não fosse o meu, de modo a evitar o que uma pesquisa assim pode comportar de complacência e autossatisfação.

Para isso, pensei em Josyane Savigneau, pois tinha apreciado suas biografias de Marguerite Yourcenar e de Carson McCullers, e conhecia sua independência assim como seu espírito crítico.

— Você tem um começo curioso para uma feminista — ela logo me disse. — Conduzida à literatura pelo seu cônjuge — o terceiro, pois você é também uma recidivista do casamento —, apoiada em sua escrita pela sua irmã mais nova, Flora, e, para concluir, publicada por Paul Guimard, seu marido, então diretor literário das Éditions Denoël!

Era exatamente isso o que eu esperava dela. O começo era promissor...

---

[18] *Histoire d'une évasion*, 1992.

CAPÍTULO VIII

Enfim Feminista!

> *Benoîte, eu gostaria de saber: você já era feminista quando começou a escrever* Assim seja ela? *Afinal de contas, com que idade você descobriu que era feminista?*
>
> JOSYANE SAVIGNEAU

Benoîte Groult — Lamentavelmente tarde. Quando comecei *Assim seja ela*, eu não sabia ainda que seria um manifesto feminista. Mas, como você sabe, Beauvoir tampouco se reivindicava uma feminista ao escrever *O segundo sexo*. Esta palavra nunca é pronunciada. Ela achava ingenuamente que com o advento do socialismo a igualdade homem/mulher se instauraria automaticamente. Tende-se sempre a subestimar a profundeza da misoginia... e a determinação dos homens para que nada mude.

— *Você também sempre se subestimou. Desde os anos 1960, a meu ver, sua atitude feminista era explícita. Fora sua colaboração com a pequena revista mensal* Pénéla, *seus artigos publicados na* Elle *não deixam dúvida alguma sobre sua determinação. E sua "Carta aberta a um homenzinho" em resposta à "Carta aberta a uma mulherzinha", de Jean Lartéguy, e sua réplica em* Le Point, *em 1974, intitulada "Novas francesas e velhos misóginos", na qual você responde a um artigo de Jean Dutourd, que achava justo fixar para as mulheres uma idade limite para terem amantes. "Será que sairemos dessa um dia?", você indagava, no início do artigo. "Será que um dia uma mulher, ainda que seja avó, poderá fazer amor com o senhor de sua escolha, ainda que seja jovem, sem que sua personalidade seja colocada em questão, que seu status moral e social seja demolido, sem que seja tratada de 'boêmia, palhaça ou louca'?" Sua pergunta "Será que sairemos dessa um dia?" não é infelizmente atual até hoje?*

Em seguida, houve seus editoriais na revista Marie-Claire *durante dois anos, depois suas crônicas na última página da* F Magazine. *Ainda que tudo isso venha após* Assim seja ela, *quer dizer, num momento em que todo mundo está sabendo que você é feminista, isso deve ser lembrado, pois desde então você insistia na necessidade de se empregar o feminino nos nomes das profissões, se as mulheres quiserem de fato existir como mulheres nessas profissões — por exemplo: "a" ministra, "uma" vereadora, "uma" secretária de Estado. E, desde novembro de 1978, você prevê que a primeira mulher eleita para a Academia Francesa seria chamada Senhora "Acadêmico". Você tinha razão em relação à primeira, que foi Marguerite Yourcenar. Mas continuou sendo verdade para a segunda, depois a terceira! Não sabemos quem romperá com esse hábito ridículo. Pior ainda, em seu discurso de posse, todo novo acadêmico deve começar por "Senho-*

res", mesmo depois que as mulheres passaram a integrar a Academia. Jean-Denis Bredin, eleito para a cadeira de Marguerite Yourcenar, chocou um bocado começando por "Senhora (tratava-se de Jacqueline de Romilly), Senhores".

— E no dia de sua admissão à Academia, em 1997, Hector Bianciotti não foi autorizado a seguir esse... mau exemplo e foi obrigado a pronunciar "Senhores" para os quarenta membros da Academia, dentre os quais duas acadêmicas sentadas à sua frente![1] E que não se manifestaram. Teria sido lindo, se elas tivessem saído da sala!

— *Você se antecipou amplamente a tudo isso e salientou que, longe de serem detalhes, eram sinais de um bloqueio simbólico, de uma recusa ao feminino! Mas eu volto ao choque que foi para você — e para todos aqueles que descobriram pela primeira vez em* Assim seja ela — *a revelação sobre as mutilações sexuais na África. Foi este aspecto extremo, definitivo, da opressão das mulheres que agiu como uma espécie de detonador e que provocou seu testemunho. Ao escrever esse capítulo, que suscitou um tamanho escândalo e uma imensa incredulidade inicialmente, você teve a impressão de que esse livro já constituía para você uma libertação?*

— Sim, bastante! Nascer feminista era um pouco como nascer, mais nada. Fui de algum modo a primeira "vítima" daquilo que eu escrevia. Depois de tantas lutas individuais, ainda que perdidas antecipadamente, eu adquiria a convicção de que a emancipação das mulheres, em todo

---
[1] Eram elas Jacqueline de Romilly e Hélène Carrère d'Encausse.

o mundo, devia ser o combate de nosso século... e do seguinte. Eu recuperava finalmente tudo aquilo que não ousara formular durantes meus primeiros 50 anos. Cinquenta anos sem se conscientizar, é horrível! Só me tornei uma cidadã aos 25 anos, com o direito de voto, e uma feminista consciente somente aos 50!

— *Assim seja ela foi primeiramente um desejo para você mesma, um livro para você mesma?*

— De certa forma. Mas na medida em que era para mim, era também para um bocado de outras mulheres. Recebi tantas cartas após os lançamentos de meus romances que senti uma espécie de dever de solidariedade. Sempre tive um lado militante... Eu tinha a impressão — inebriante — de abrir as portas, de poder ajudar outras mulheres...

— *No entanto, você tomou como ponto de partida não a situação das mulheres que lhe escreviam ou a sua, mas a tragédia vivida por mulheres de outras sociedades, em nome da tradição, da perpetuação de uma civilização.*

— Cuidado, não se deve confundir cultura e civilização: as mutilações resultam de um fenômeno cultural, portanto variável conforme o regime político ou o peso de determinada religião. A prova disso é que existe tal prática em inúmeros países muçulmanos, mas também entre os coptas cristãos e os animistas da África negra. De fato, se eu quis abordar esse problema foi porque o mundo das mulheres, na África e nos países árabes, era, é ainda, o mundo do silêncio. Podemos encontrar aqui e acolá algumas reportagens de jornalistas ou "exploradores" sobre o que eles qualificavam de "costume pitoresco". Mas o sofrimento, a submissão física e moral que representa esta prática era sempre mantida em silêncio.

Lembro-me de ter lido à época, numa luxuosa revista da Air France, a descrição de uma dessas "cerimônias de iniciação" no Alto-Volta (que não se chamava ainda Burkina-Faso), afirmando seriamente que a operação tinha por objetivo "perfazer a feminilidade das adolescentes". Resumindo, aumentariam a feminilidade extirpando um órgão especificamente feminino! Seguia-se um artigo do mesmo jornalista se indignando com o escândalo dos cães abandonados a cada ano na França. E ninguém interrogava sobre o escândalo das crianças mutiladas, pois ninguém se preocupava em abordar um assunto assim tão incômodo e... indecente!

Não é correto dizer que os jornalistas e os antropólogos tenham ficado indiferentes. É pior: eles ficaram desconfiados. Se eles se desembaraçam de toda compaixão, de toda denúncia desse costume, é porque, em todos os lugares, os homens têm medo de tocar na relação homem/mulher. Nesses países, sob o pretexto de respeitar os costumes; aqui, porque eles próprios não acertaram seu contencioso com as mulheres. Muitos fatos escandalosos foram assim ignorados, graças a uma iminente conspiração silenciosa. Pensemos no estupro, por tanto tempo negado ou com sua responsabilidade atribuída à vítima; no incesto, nas mulheres agredidas, na pedofilia etc. "O silêncio é a forma mais civilizada de genocídio", escreveu Régis Debray em *Le pouvoir intellectuel en France*.[2]

---

[2] Publicado pela editora Ramsey, em 1979.

Mais sutil e ainda mais nefasta era a argumentação dos etnologistas que foram citados como testemunhas, nos casos de excisão resultando na morte de crianças, aos quais a justiça francesa teve de se inclinar. Seus argumentos — respeito das tradições locais, direito à diferença cultural — levaram os juízes, no começo, a inocentar os acusados. Entretanto, esta concepção, que se vangloriava do respeito às etnias (a ponto de ter sido admitida no início pela SOS-Racismo), conduziu a desvios inquietantes: a ideia de que os direitos humanos possam variar segundo o sexo, a raça ou a religião é, como o *apartheid*, uma forma de racismo. Esse famoso DIREITO à diferença era, para as mulheres mutiladas, um DEVER à diferença, o contrário de uma liberdade. Se considerarmos as garotinhas africanas iguais às nossas, devemos protegê-las do mesmo modo, qualquer que seja sua cor, contra toda agressão à sua integridade corporal, e contra todas as formas de tortura (Artigo 3 da Convenção Europeia dos Direitos e das Liberdades Fundamentais).

Por sinal, esse suposto respeito às tradições africanas, mesmo as mais nocivas, não sufocava o escrúpulo de ninguém, quando se tratava de impor aos povos da África os "valores" de outro modo menos humanistas, tais como a economia do lucro, a monocultura à custa das culturas alimentares ou a urbanização excessiva.

Por um tipo de sentimento de culpa dos antigos colonialistas, o que Pascal Bruckner chamava "o lamento do homem branco", alguns sociólogos, ou pretensos sociólogos, foram ainda mais longe. "A exérese genital", como eles dizem sem estremecer, teria sua utilidade: "A criança de países civilizados, ignorando esse procedimento, parece ter muitas dificuldades para transpor diversas etapas de sua existência. Longe de alienar o indivíduo, a iniciação ajuda portanto a transpor os estados de sua evolução sem conflitos e sem repressões" (Robert Arnaud).

Convém assinalar aos nossos terapeutas: a clitorectomia, fator de saúde mental! É preciso observar que, nesses 100 milhões de mulheres e meninas mutiladas, em cerca de um quarto dos casos, a excisão se reforça com uma garantia suplementar: a infibulação ou "circuncisão faraônica".[3] Ela consiste na extração dos pequenos e grandes lábios e na sutura total do sexo, resultando numa monstruosidade anatômica, um espaço liso marcado por uma saliência cicatricial rígida, deixando apenas um orifício único e minúsculo para a passagem da urina e do sangue menstrual. Imaginem as dores durante a cicatrização, as pernas atadas durante três semanas para garantir a soldadura do sexo; as dores durante as regras e durante a penetração pelo esposo na noite de núpcias; e as dores nos partos, que exigem uma reabertura da vulva e depois uma nova sutura para assegurar ao marido um órgão "limpo". Eu assisti, com Micheline Pelletier-Lattés, durante uma reportagem em Djibuti para a *F Magazine*, a esta terrível intervenção. A jovem esposa — tinha 15 anos — dava à luz pela primeira vez, mas pediu ao obstetra para a costurar "bem apertado" após o parto, conforme o desejo de seu marido. O médico do hospital de Djibuti, um francês, se resignou a esse fechamento, sabendo muito bem que a poligamia, os maus-tratos ou o repúdio puniam toda insubordinação.

---

[3] Assim chamada pois se encontra descrita num papiro encontrado no Alto-Egito e datado de dois mil anos antes de Cristo; 80% das mulheres são infibuladas no Sudão, na Etiópia, Djibuti etc.

Toda a vida sexual das mulheres se desenvolverá desse modo, sob o signo da faca ou da lâmina de barbear, "o absurdo clitóris", órgão inútil à reprodução e sem interesse para o prazer do marido, tendo sido suprimido. Visivelmente, não se trata de uma "iniciação", mas de uma fixação masculina demencial sobre o sexo feminino que convém reduzir à sua expressão mais simples.

Os fracassos operatórios, tais como as hemorragias, septicemias, tétanos, fístulas, fazendo comunicar a uretra ao reto e tornando a vítima uma enferma por toda a vida, não são raros. Mas não têm peso algum sobre o objetivo procurado: "acalmar o temperamento de nossas negras" (*dixit* Yambo Ouologuem, maliano, licenciado em filosofia e autor do *Devoir de violence* [Dever de violência]). É verdade que esta prática é frequentemente considerada ilegal hoje em dia, mas foi recomendada, durante a independência, por inúmeros países. Jomo Kenyatta, por exemplo, tomando o poder, a restabeleceu no dia mesmo da independência do Quênia.

— *Você resumiu, num parágrafo de* Assim seja ela, *todo o horror ressentido ao descobrir essa tortura: "Sentimos dores no c... não é, quando lemos isso? Sentimos náusea de nós mesmas, sofre nossa dignidade de ser humano, sofremos por todas essas mulheres que se parecem conosco e que são destruídas. E sofremos também por todos esses homens imbecis que acreditam indispensável serem superiores em tudo e escolheram para isso a solução mais degradante para os dois sexos: rebaixar o outro." Como você explica que um costume tão desastroso e tão corrente possa não ter sido denunciado pelas mulheres e combatido por elas mais cedo?*

— Trata-se mais uma vez da grande conspiração do silêncio que já mencionamos. Tudo se passa como se a opressão às mulheres não significasse um problema global de exploração dos mais fracos, mas exprimisse somente a maneira que tem cada povo de colocar "suas" mulheres no lugar escolhido para ela. Na realidade, a sociedade patriarcal — e todas o são — considera cada mulher como a propriedade de cada homem, seu "campo genital", como diz o Corão. Napoleão não dizia outra coisa em seu Código Civil! Se esse costume conseguiu perdurar depois de tantos séculos, é porque ninguém o mencionava.[4] Todos que sabiam decidiram se calar. E o que pode fazer um escravo que se crê congenitamente feito para ser escravo?

— *Simone de Beauvoir dizia que a palavra é em si um ato subversivo, a primeira etapa da libertação.*

— Certamente, desde que foi revelada, a situação, que estava totalmente bloqueada, começou a evoluir.
Os prognósticos dos mais otimistas é de que serão necessárias ainda duas gerações para fazer esse costume desaparecer. Eu sou pessimista, considerando as inércias políticas e religiosas. Mas a ideia de que um livro como *Assim seja ela* tenha contribuído por pouco que seja à tomada de consciência da gravidade do problema é uma fonte de alegria para o resto de meus dias. Outra fonte de alegria é o fato de as feministas se acharem na origem dessa libertação. As meninas e as mulheres que

---
[4] O professor Minkowski foi um dos raros a trazer seu auxílio às nossas ações.

são ou serão libertadas dessa maldição deverão isso somente à ação obstinada e solidária das mulheres da Europa e da América[5] que puderam investigar localmente e ter acesso à intimidade das africanas — o que era proibido aos homens —, e que convenceram a OMS de que se tratava de um problema de saúde fundamental e não de um objeto sexual. As mulheres mutiladas nada podem fazer sem nós, sendo proibidas de falar e privadas de qualquer poder. Elas estavam, aliás, convencidas de que, no mundo inteiro, as mulheres deviam sofrer essa "retificação genital".[6]

— *Depois do sucesso de seus livros (um milhão de exemplares vendidos, incluindo as edições de bolso, inúmeras traduções, inclusive para o japonês), porém, você não se tornou uma das grandes sacerdotisas do feminismo?*

— Acho que eu era inapta para essa função.

— *Entretanto, e razão pela qual se pode falar de* Assim seja ela, *hoje, trinta anos depois, a força desse livro está em misturar sua experiência individual e suas pesquisas sobre as mulheres de outras sociedades ainda mais oprimidas do que as ocidentais. O que permite a* Assim seja ela *preservar todo o seu interesse é que você realiza sua reflexão sem tentar adivinhar ou calcular o efeito que isso vai provocar sobre tal ou tal grupo, sobre tal ou tal escola. Em momento algum*

---

[5] Fran Hosken, especialmente, teve um papel essencial com sua publicação mensal *WIN.News*, desde os anos 1950.
[6] Ao passo que a excisão não é prescrita em momento algum no Corão. Consultar a pesquisa de Claire Brisset em *Le Monde*, num campo de refugiados na Somália, em 1994.

você diz, o que era frequente na época: "Eu me coloco do lado de tal feminismo... A favor do Psych e Po contra Choisir"[7] e você evita fazer referência a uma ou outra ideologia feminista.

— Eu me recusei a escolher entre as capelinhas... ia dizer entre as seitas! Eu teria tido a impressão de ser uma militante corsa intimada a se juntar ao MFL canal histórico ou MFL canal habitual!

— *Mas, em 1968, você participou da efervescência?*

— Eu já era sem dúvida velha demais em 68 para me unir aos estudantes. E depois, na época, eu morava no interior, fazia um ano. Enfim, eu tinha dificuldade em me identificar entre todos aqueles movimentos espontâneos, frequentemente desorganizados e completamente utópicos, o que era por vezes sublime: Françoise d'Eaubonne e seu grupo Ecologia e Feminismo, que se propunham a "arrancar o planeta dos machos de hoje para restituí-lo à humanidade de amanhã... Assim, a terra, colocada no feminino reverdeceria para todos!". Era-me difícil levar a sério as palavras de ordem das "feministas revolucionárias", por exemplo, que pregavam "a destruição total da ordem patriarcal". Um belo sonho, sem dúvida, mas que me fazia pensar na fórmula infantil: "Vamos brincar que a gente tinha desaparecido com os pais!"

Dito isso, eu admiro as militantes e as fundadoras de todos esses movimentos de mulheres. Tenho admiração

---

[7] Psychologie et Politique e Choisir, grupos feministas franceses atuantes nos anos 1970.

por Elizabeth Badinter, ainda que não compartilhe de todas as suas ideias, tenho amizade por Antoinette Fouque e por Gisèle Halimi, e fiz parte do grupo Choisir. Mas confesso que me sinto um pouco perdida entre o "feminismo materialista", de Monique Wittig e Christine Delphy, e o pretenso "French Femminism", o único reconhecido na América, mas que se reduz a uma santa trindade irremovível, personificada em Hélène Cixous, Julia Kristeva e Luce Irigaray, cujas teorias se baseiam aliás nos trabalhos de filósofos masculinos, Lacan, Foucault ou Derrida. As historiadoras ou filósofas como Annie Leclerc, Michèle Le Doeuff, Séverine Auffret, Michèle Perrot, e muitas outras ainda, são capazes de enriquecer muito melhor o debate! Mas me senti desanimada pelas diferentes escolas e preferi me manter de fora para escrever em total liberdade.

— *O que permite a* Assim seja ela *conduzir uma reflexão sem calcular o efeito que vai se produzir sobre esta ou aquela corrente. Mas eu gostaria de ressaltar que foi em parte graças a seu humor que sua mensagem pôde ser ouvida tão amplamente. O sucesso junto ao público foi imediato e maciço, mas como reagiram a crítica e os misóginos diplomados?*

— Sabe, em 1975 celebrava-se o Ano da Mulher, pela primeira vez. E, durante um ano, os misóginos diplomados, como você disse, baixaram as vozes e eu tive críticas que me deram imenso prazer: as de Romain Gary, de Claude Roy, de Jean-François Josselin no *Nouvel Observateur*, do pastor Roger Parmentier, que escrevia em *La Croix*: "Eis um livro feminista que os homens deveriam devorar." Fiquei perplexa de ler isso em *La Croix*, escrito por um protestante, é verdade... E depois, recebi milhares de cartas, e cada uma delas contribuiu para me dar confiança em mim para sempre. Mas aquela que mais me comoveu veio de Gaston Defferre, que eu ainda não conhecia pessoalmente: "Gostei de tudo em *Assim seja ela*", ele me escreveu numa longa missiva de seis páginas: "o estilo, o pensamento, a violência às vezes, a documentação, a força de argumentação, e em filigrana, ao longo de todo o livro, apreciei o seu humor."

— *Você insiste de modo bastante justo sobre a relação problemática das mulheres com o humor: "Desde 1758, data da criação do primeiro periódico destinado às mulheres, nunca se criou um único jornal humorístico feminino. Nós não sabemos rir, nós não sabemos brincar, e ninguém nos encoraja." Você acredita que isso tenha mudado ou que as mulheres se sentem ainda incomodadas em relação ao humor?*

— É preciso certo grau de liberdade para poder rir, de si e dos outros... Esse limiar, uma vez transposto, abre caminho para o riso, o humor, mas também à gargalhada ou ao direito ao gracejo, uma certa incorreção — é importante também a incorreção. Entre essas que conseguiram, eu coloco no topo, é claro, Claire Bretecher. Ela curou muitas mulheres de seu espírito terrivelmente sério, que elas se julgavam obrigadas a cultivar. Meu reconhecimento vai também para todas as atrizes do café-teatro, das três jovens Jeanne a Josiane Balasko ou a Charlotte de Turkhein, sem esquecer Zouc, às comediantes femininas, de Claude Sarraute a Isabele Alonso. As melhores e as menos boas. Precisávamos de todas para abrir o caminho. Os misóginos profissionais continuam produzindo seus horrores tradicionais (ver Angelo Rinaldi contra Julia Kristeva, Jean-Edern Hallier contra você mesma), tratando-as de macacas e de gralhas... e segue todo o bestiário. A grande diferença é que as macacas mudaram e seu humor desarma os velhos discursos, tornando-os inoperantes; acredito profundamente que se produziu uma onda submersa que não pode mais refluir. Mas as mulheres estão muito mal situadas para travar um combate eficaz: quando o "opressor" é ao mesmo tempo seu amante e pai de seus filhos, e principalmente, com frequência, o provedor dos fundos, a emancipação se torna necessariamente um empreendimento complexo e de alto risco... De tal modo que um bom número de mulheres prefere a segurança, mesmo sob tutela, aos acasos da liberdade. Pelo menos na vida privada, graças à independência financeira e à contracepção, os dois seios de nossa liberdade, as relações de força foram perturbadas dentro do casal. As estatísticas mostram que são, em grande maioria, atualmente, as mulheres que pedem o divórcio. Elas descobriram que o casamento as prejudicava. A expressão "homem abandonado" fez sua aparição e as famílias chamadas "monoparentais" são famílias de mulheres, com ou sem companhia, mas que assumem a si mesmas. Trata-se de uma imensa novidade.

— *Assim mesmo, dois bastiões, para não dizer bastilhas, resistem, defendidos ferozmente pelos homens, já que têm uma relação com o sagrado: a Igreja e o poder político. Nesse terreno, o sangue vai jorrar!*

— Já está jorrando, quando pensamos que, apesar da falta de padres, a Igreja Católica ainda não se resignou a considerar que as mulheres são seres humanos como os outros. Existem mulheres rabinas, mulheres pastoras, mas nenhuma abadessa, como havia na Idade Média. Percebemos que a misoginia nada perdeu de sua virulência. E estou convencida de que ela pesou mais do que disseram no fracasso parcial de Ségolène Royal no segundo turno.[8] No momento de inserirem seus votos na urnas, muitas mulheres devem ter-se dito: "É mais seguro votar num candidato 'normal'", e um candidato normal é forçosamente um homem. Uma mulher nunca é considerada igualmente competente e capaz.

Eu tive a impressão de ter voltado um século atrás, quando li que um jovem gritara para Hilary Clinton, num comício eleitoral, em 2008: "Você tem mais é que passar minhas camisas!", e que isso fez o público rir, por hábito, por resignação (à imbecilidade!). Quem pode imaginar alguém gritando para Barack Obama numa conferência coletiva: "Você tem mais é que engraxar minhas botas!" Seria um escândalo em toda a imprensa. O racismo escandaliza, o sexismo é considerado natural, incurável e inevitável.

— *Ao ouvi-la, Benoîte, eu me pergunto: por que você nunca entrou na política? Em todos os seus discursos, pode-se ver até que ponto você quer convencer, partilhar suas ideias. Por que não ingressar na arena?*

---

[8] *La saison de mon contentement*, Pierrete Fleutiaux, Actes Sud, 2008.

— Não é por medo dos outros, os ataques não me assustam muito, é por medo de mim mesma. Eu tinha uma voz pouco segura, não sabia captar a atenção, nunca aprendi a falar. Passei cinco anos na Sorbonne sem nunca ter apresentado um trabalho oralmente. Foi somente após 68 e, sobretudo, após 1975, nas reuniões entre mulheres, que eu comecei a tomar a palavra. De fato levei muito tempo para ousar falar diante de um auditório masculino.

Então como ousar a realização de uma reunião eleitoral? Eu temia ser apupada, de ter de sair sob vaias!

— *Falando nisso, você pertenceu a algum partido político?*

— Não me inscrevi no Partido Socialista, mas sempre fui uma... companheira de estrada... calada! Eu me pergunto se também acontece com os homens de sentirem tanto medo do outro sexo? As moças superaram essa desvantagem, hoje em dia. Creio que o medo desapareceu. Vemos isso nas manifestações dos alunos do ensino médio... na televisão: as meninas não têm mais medo de se colocarem na frente.

— *Talvez seja verdadeiro para a geração de amanhã, mas no mundo do trabalho, eu percebo que as mulheres se encontram sozinhas. Nos círculos masculinos, onde sou às vezes a única mulher, me dou conta de que minha palavra não funciona. Os homens se confortam uns aos outros e se entendem para me excluir. Quando, de repente, eu intervenho, me tomam por uma ovelha negra.*

— É por isso que a paridade é a única solução: quando a metade das ovelhas é negra, não existe mais uma norma, portanto não existe mais intimidação.

— *Li recentemente, na revista* L'Infini, *uma entrevista com Julia Kristeva e Danièle Sallennave. O assunto, no início, era literário, mas a conversa desviou-se para a questão das mulheres. Kristeva disse uma coisa que me surpreendeu bastante, porque corresponde ao meu ambiente de trabalho: "Hoje em dia, é mais fácil ser mulher não sendo uma mulher, mas se confundindo com a ordem normalizante que não deixa de recompensar àquelas que se curvam."*

— É lamentável ser obrigada a demarcar sua feminilidade para ingressar no mundo do trabalho. É por isso que a paridade é vital para nós, em todos os níveis. Segundo estudos realizados nos 30% que as mulheres podem exercer alguma influência, efetuar uma ação apreciável dentro de um grupo. É um limite fatídico. Abaixo disso, elas não servem para nada, senão para oferecer modelos de identificação para outras mulheres, o que já é, aliás, alguma coisa. Mas elas são como um álibi, como reféns, que não poderão modificar de modo algum a ordem normalizante.

— *Eu perguntei a Françoise Giroud, quando ela era secretária de Estado, sobre a paridade, em relação às declarações de dez mulheres ministras. Ela dizia, com bastante justiça, me parece, que a obrigação da paridade não podia ser uma "reivindicação intelectualmente satisfatória", mas devia ser "uma escolha tristemente sensata e indispensável". "Então, taticamente, é preciso se resignar às cotas, senão as mulheres não conseguirão avançar."*

— É preciso saber o que iremos privilegiar: ou os grandes princípios, tais como a indivisibilidade da República, ou o acesso das mulheres às responsabilidades e à gestão de seu país. Da mesma forma que se pode ficar à vontade em relação aos grandes princípios, se pode achar incômodo propor compromissos, ainda que momentâneos. Dito isso, pode ter certeza de que não é o universalismo que guia nossos deputados, quando se recusam a aplicar a paridade ou a declaram inconstitucional: é a preocupação em conservar seus cargos! O que, aliás, não é repreensível, mas totalmente hipócrita.

— *Elizabeth Badinter, num artigo publicado em* Le Monde, *se disse "profundamente humilhada" pela ideia de cotas.*

— Pois a mim, se algo me faz sentir profundamente humilhada é o fato de nós sermos a última democracia da Europa no que diz respeito à representação das mulheres nas assembleias. Pior ainda, 95 países, entre os 176 dispondo de um Parlamento, têm uma porcentagem de mulheres superior à da nossa Assembleia Nacional. E depois, confesso sentir certo prazer vendo deputados sobre assentos ejetáveis... diante das candidatas,[9] que reivindicam desde Olympe de Gouges,[10] a honra de participar na gestão do Estado e que foram regularmen-

---

[9] Penso em Jeanne Deroin, Pauline Roland, Hubertine Auclert e outras.
[10] Olympe de Gouges, pseudônimo de Marie Gouze (1748-1793), feminista revolucionária e dramaturga francesa, que morreu guilhotinada. (*N. do T.*)

te devolvidas "às suas panelas", se não aprisionadas ou guilhotinadas.

— *Mas você chegaria a dizer que as mulheres eleitas fariam uma política melhor?*

— Elas não fariam necessariamente uma política "melhor", a questão não é essa, mas com certeza uma política mais completa, mais respeitosa dos interesses dos dois componentes do gênero humano. O primeiro sexo é defendido em toda a sua diversidade e seus particularismos; o segundo, não. Existem deputados de regiões agrícolas para defender os produtores de cereais ou os criadores de rebanhos, existem os eleitos pelas cidades marítimas para falar em nome de todos aqueles que vivem do mar, e como praticamente não existe mulher na Assembleia, os problemas e as necessidades específicas das mulheres não são jamais considerados prioritários. Temos necessidade urgente de deputadas para inverter as prioridades.

— *No entanto, podemos constatar que as mulheres que exerceram o poder supremo, Golda Meir, Indira Gandhi, Margareth Thatcher etc., nada fizeram pelas mulheres, ao contrário...*

— Na esfera suprema, uma mulher é obrigada a se manter em conformidade e até mesmo dar provas suplementares de sua conformidade. É em outros níveis do poder que as mulheres poderiam propor opções, em virtude de serem numerosas.

— *Mas, assumindo aqui o papel do advogado do diabo, obrigar os partidos a apresentarem uma cota de 25 ou 30% de mulheres não implica uma incitação às outras categorias, muçulmanos, homossexuais, deficientes físicos, para reivindicarem igualmente uma cota de eleitos?*

— É assombroso colocar em circulação esse tipo de argumento! Nós somos, além disso, e em última análise, muçulmanas, homossexuais ou portadoras de deficiência física. Nós não somos uma categoria, já que estamos representadas em todas elas! Por falar nisso, você viu as estatísticas sobre a proporção de mulheres nas eleições municipais de 2008? Nas cidades com mais de 20 mil habitantes, o Observatório da Paridade estima que 85% das cabeças de chapa são homens, 85%! A paridade é certamente obrigatória para esses tipos de eleições, mas não se especifica o sexo da cabeça de chapa... de modo que os prefeitos continuam majoritariamente homens. As leis são sabiamente redigidas pelos homens para poderem ser modificadas e nós permanecemos lamentavelmente sub-representadas na França. Eu desejaria ver ações voluntaristas que dessem um empurrãozinho ou, eventualmente, um chute na bunda, quando a situação fica bloqueada. Mas nós, nós não temos Panteras Cinzas[11] como nos Estados Unidos, nem as Grandes Gueules[12] como na Itália. Mas está provado que a gentileza, a paciência e as súplicas não levam a nada. Lembremo-nos bem: as coisas se passaram exatamente da mesma maneira para nosso direito de

---

[11] Gray Panthers: Organização americana dedicada à justiça social e econômica, fundada por Maggie Kuhn em 1970. (*N. do T.*)
[12] Movimento social italiano semelhante ao Gray Panthers. (*N. do T.*)

voto, aprovado regularmente pelos deputados de 1915 a 1939, e ainda assim regularmente rejeitado pelos senadores. Vinte e cinco anos de reivindicações gentis e o resultado: Zero!

A história se repete quando se trata de manter o segundo sexo sob tutela.

Os homens da Resistência esperavam enviar as mulheres às suas casas, após a vitória, exatamente como os homens políticos o tinham feito em 1918. Sem o general De Gaulle, em 1945, uma Lucie Aubrac, uma Germaine Tillon[13] não teriam tido o direito de votar! Foi para evitar que essa farsa recomeçasse que o general De Gaulle concedeu o direito de voto às mulheres, em 1945, por decreto; um procedimento excepcional que evita o debate.

É por isso que eu me recuso a me deixar comover por esses que nos falam de universalismo com as vozes embargadas. O universalismo de 1789 era tudo que pode haver de mais particularista e comunitarista. Quando o universalismo produz tal exclusão, é preciso encontrar um corretivo, e este corretivo existe: é aquele que os países escandinavos colocaram em prática e que faz deles as democracias mais igualitárias do mundo.

— Enquanto os homens estiverem à frente dos grandes partidos e fizerem as nomeações, a lei sobre a paridade será deturpada. Mas, às vezes, eu me pergunto: serão os dois sexos assim tão diferentes para trabalharem juntos, para governarem juntos?

---
[13] Lucie Aubrac (1912-2007), resistente francesa durante a Ocupação nazista na Segunda Guerra Mundial; Germaine Tillion (1907-2008), antropóloga francesa. (*N. do T.*)

— Pessoalmente, não acredito nem um pouco. As pessoas que gostam do poder, sejam homens ou mulheres, têm algo em comum, é evidente. Que tenham seios ou sacos. Os comportamentos masculinos numa mulher foram tão sufocados ou denegridos que nunca os vimos de fato em ação. E o inverso é também verdadeiro. Quando as pessoas se sentirem menos travadas pelos seus gêneros, uma aproximação poderá acontecer.

— *Mas, precisamente, você não acredita que as mulheres se deixaram trancar um pouco dentro do diferencialismo? Não será isso uma armadilha?*

— Em minha opinião, é uma palavra a ser proscrita. Seria o caso de dizer: é uma armadilha para os otários! Cada um de nós tem direito ao destino que acredita trazer em si, e não unicamente àquele que seu sexo autoriza ou impõe. Aquilo que os indivíduos têm em comum é justamente serem diferentes uns dos outros, serem únicos!

— *Danièle Sallenave escreveu que o direito à diferença conduz à diferença dos direitos.*

— Uma bela fórmula! E é em nome desse direito que certas feministas se atolaram, na minha opinião, e atolaram as mulheres em caminhos sem saída.
Só teremos uma saída quando substituirmos a palavra "diferença" por "diversidade". Enquanto não se pensar os indivíduos em termos de diversidade, e não em termos de diferença, ou, ainda pior, complementaridade (sendo válido para a cor da pele assim como para o sexo), bate-

remos de frente contra a impossível equação da "igualdade dentro da diferença".

— *Eu gostaria de lhe fazer uma pergunta, Benoîte: você enviou* Assim seja ela *a Simone de Beauvoir?*

— É claro. Eu queria tanto conhecê-la! Mas ela nunca se manifestou. Assim mesmo, eu teria ficado comovida se ela apreciasse meu livro.

— *De qualquer maneira, você não precisa de uma autoridade para confortá-la.*

— Naquela época, sim. Além disso, vindo dela, era mais do que uma autoridade, era mítico. Era ingressar na filiação das feministas históricas.

— *Foi pouco depois que você lançou com Claude Servan-Schreiber a* F Magazine?

— Foi. Por volta de 1978. *Assim seja ela* teve tal sucesso que, comercialmente, eu me tornei de repente um trunfo para Jean-Louis Servan-Schreiber, cuja esposa, Claude, sonhava em criar uma revista feminista, redigida unicamente por mulheres. Junto aos anunciantes, era importante que eu não tivesse um aspecto de espantalho, como eles gostavam de imaginar todas as feministas: eu tinha a aparência de uma senhora aceitável. Não vestia jeans rasgados, tinha as unhas limpas, não dizia "merda", então eu o acompanhei ao longo de toda a campanha de promoção e busca de capital. Por um momento, acreditei que ele gostava de meus livros, da minha personalidade...

Mas quando ele declarou, dois anos depois, que as feministas haviam saído de moda, e que nossa revista, que teve um bom início, começava a periclitar, eu percebi que tinha sido apenas um peão, e a *F Magazine* uma anomalia, um milagre na história da imprensa feminina. Claude Servan-Schreiber foi afastada, a equipe de redatoras trocada e a *F Magazine* foi rebatizada de *Nouveau F!* E voltava-se às receitas iniciais! Então vimos aparecer as lembranças de Sylvie Vartan, as confidências de Dalida, e artigos de homens que julgavam a espécie feminina, Bernard-Henri Lévy, Philippe Sollers, Gonzague Saint-Bris e companhia.

— *O feminismo não era mais promissor! Voltava-se aos ingredientes tradicionais que fazem o sucesso de* Cosmopolitan, Biba *etc.*

— Infelizmente, sim. Nós tentamos realmente fazer outra coisa, com mulheres que queriam falar de outro assunto além de orgasmos, macetes para apanhar um marido, rugas, bundas, culote e lipoaspiração. Quando eu folheio, trinta anos depois, um número dessa revista com as assinaturas de Paula Jacques, France Nespo, Michèle Perrein, Marie Cardinal, Nicole Chaillot, Martine Storti e outras, quando revejo a capa do primeiro número trazendo uma foto bem grande de Claire Bretecher, o ombro desnudo com uma pequena "frustrada"[14] desenhada sobre sua pele, eu reencontro o humor, o dinamismo, a inteligência de toda aquela equipe. Inteligên-

---

[14] Como eram chamadas as diversas personagens de Claire Bretecher. (*N. do T.*)

cia! Uma palavra que não se costuma associar à imprensa feminina, que se reserva às revistas masculinas como *Les Temps Modernes* e *Tel Quel*. E, no entanto, os artigos inteligentes sobre o cinema, por exemplo, e os papéis reservados às mulheres; sobre lugar de saltos agulha nas fantasias masculinas; sobre mulheres acima dos sessenta anos, mesmo setenta — que horror —, que têm rostos lindos e não apenas a pele velha, que grande avanço! Aliás, nós atendíamos a um verdadeiro desejo das leitoras. Chegamos a uma tiragem de 100 mil exemplares e tivemos um bocado de assinantes, que se comprometiam às vezes durante dois anos!

— E era uma revista com ótima diagramação, papel de qualidade, belas fotos... não tinha nada de um jornaleco em papel reciclado, como tantas publicações femininas da época.

— Exatamente, custava caro fabricar, e os publicitários, que acabaram exagerando e nos ofereceram um enorme orçamento, recuperaram seus reflexos misóginos, ou mais exatamente antifeministas. E, por fim, conseguiram nos estrangular. Para que elogiar os xampus para mulheres que não lavam os cabelos? A publicidade voltou assim que a cozinha, a moda e a beleza voltaram a ser as únicas preocupações da *Nouveau F*.

— Você percebeu, nesse momento, que os ventos estavam mudando?

— Percebi, e ele varria todas as nossas ilusões. Os editores deixaram de lado suas coleções "Mulher"; antes todos tinham uma: Denoël, Stock, Laffont... A imprensa não noticiava mais as manifestações feministas... Estávamos de volta às sombras.

— *Você compreendeu então que, finalmente, o que tinha sido tomado como uma verdadeira reviravolta da sociedade não passara de uma moda?*

— Senti que, nas mulheres, era uma mudança profunda, e que aquilo que havia sido conquistado nunca mais seria devolvido... Mas que, exteriormente, seria preciso agora adotar um perfil discreto. Felizmente, nesse momento, a esquerda chegou ao poder, graças aos votos das mulheres, por sinal, em François Mitterrand, e, ao menos nos primeiros anos, aqueles do Ministério dos Direitos da Mulher, com Yvette Roudy, realizaram várias reformas e melhoraram a condição feminina nas esferas civil, profissional e pessoal.

— *Leis foram votadas, certo, mas não se muda o comportamento através de decretos. As leis, em geral, precedem os costumes. Ora, os comportamentos permaneceram os mesmos, isto se não pioraram. Dentro do microcosmo da minha empresa, algo me choca bastante. Quando os homens discutem entre si, mesmo se o tom sobe, não mostram jamais as mesmas palavras ou a mesma irritação de quando ficam furiosos com uma mulher. E isso é bastante característico dos homens da minha geração. Porque os homens da geração anterior não ousavam ficar furiosos contra uma mulher!*

— Porque se compraziam num comportamento patriarcal. Você não os assustava. Para os homens jovens, é o pânico, você é uma rival, eles não têm mais a autoridade congênita.

— *Talvez, mas ainda assim... Quando entrei neste jornal, eu não era ninguém dentro da hierarquia. Com homens como Jacques Fauvet, Bernard Lauzanne ou André Fontaine, que eram realmente de uma outra geração, nunca me senti desprezada como me sinto desprezada hoje por homens da minha idade.*

— É uma reação de defesa. Quando os animais sentem medo, eles mordem. Os homens vivem uma crise de identidade e não sabem como agir diante de mulheres jovens tão competentes quanto eles e que utilizam suas armas, mas com outro tipo de munições, uma outra maneira de atirar... Então, é o pânico; às vezes, o ódio.

— *E o que podemos fazer?*

— Pois é, há uma geração...

— *Sacrificada? É a minha? Muito obrigada!*

— É a primeira fileira, aquela que sai das trincheiras e se acha desprotegida em campo aberto. Afinal, nós todas estávamos no abrigo; protegidas, assistidas e, bruscamente, estávamos expostas... Forçosamente, há perdas. É duro dizer isso, enquanto estou bem tranquila no meu canto. Faço parte de uma geração que teve medo e que não provocou medo! E depois, você está no meio da confusão, e numa profissão que simboliza o poder, a influência. É preciso reaprender tudo na prática, a combatividade, a astúcia, a insensibilidade às ofensas, às agressões, a não recolocar em questão o conjunto das mulheres no caso de impasse de uma só.

— *Talvez seja este o aspecto reconfortante: as mulheres se deixam impressionar menos. Há perdas, como você dizia, mas, no conjunto, avançamos, apesar da metralhadora.*
Falando em avançar, eu queria abordar um assunto que não representa uma unanimidade entre as mulheres, algumas considerando se tratar de um problema fútil... enquanto você atribui um bocado de importância a esta conquista: você presidiu a Comissão de Terminologia pela feminização dos nomes das profissões, das patentes militares e das funções, de 1984 a 1986, e você se identifica por sinal como écrivaine. *Confesso que, no começo, eu me perguntei se se tratava de uma questão relevante.*

— Olhe, Josyane, voltamos a priorizar as "matérias fundamentais" no ensino básico no ano de 2008 e a boa e velha gramática de Hamon é perfeitamente clara: "O substantivo comum geralmente muda de forma segundo o gênero, masculino para os seres machos e feminino para os seres fêmeas. A forma feminina é assinalada na maior parte do tempo com um *e* mudo no final da palavra. O substantivo em francês perdeu seu gênero neutro, tão frequente em latim." Está perfeitamente claro, não? Então, quando a Academia Francesa, através da voz de Maurice Druon, que era na época seu secretário perpétuo, avalia que "a oposição entre o feminino e o masculino da 'antiga gramática' (sic) era inadequada e seria conveniente preferir a ela os termos 'assinalado' e 'não assinalado', o não assinalado representando o masculino, ou seja, uma forma neutra tendo a capacidade de representar os dois gêneros", é como se os Imortais nos repetissem o golpe do Sufrágio Universal de 1789, que só representava os homens e que ousava se considerar universal!

— *A Academia acreditou de fato, durante três séculos, que tinha a capacidade de representar os dois sexos! Mas você, por exemplo, Benoîte, você consegue ainda se identificar como* écrivaine?

— Isso suscita alguns sorrisos piedosos: "Coitada, está obcecada pelo seu feminismo!" Mas acho grotesco ser UMA romancista e UM escritor (*écrivain*). Dizemos imperadora e soberana. *Écrivaine* é gramaticalmente correto em francês, então resisto. Confesso que tremo diante do fisco... quando preencho minha declaração de renda, na pergunta "Profissão", coloco *écrivain*, no masculino, caso dê azar de o formulário cair nas mãos de um misógino ou uma misógina!

— *O que me perturba, tenho de admitir, é meu próprio comportamento. Estou convencida de que aquilo que não tem nome não existe, e concordo com a dimensão simbólica de seu combate. Mas não consigo me engajar nessa mobilização. Assim mesmo, no meu cartão de apresentação, fiz questão de escrever* rédactrice en chef *[redatora-chefe]. Mas por que não deixar as coisas evoluírem por si mesmas? Por que essa fúria para regulamentar tudo?*

— Porque, quando se trata de mulheres, nada evolui por si só. Quanto à importância de nossa ação, se a avaliamos em relação à violência das reações suscitadas, podemos concluir que nós nos lançamos num verdadeiro ato de terrorismo verbal! Uma violência que confirma que a linguagem toca em algo profundo, visceral em cada um de nós... Não é apenas uma simples ferramenta para se comunicar, é o reflexo de nossos preconceitos, o espelho de nossas relações de força, de nossos desejos inconscientes. Como falam as mulheres, como falam com elas, como falam delas, tudo isso desempenha um papel essencial para a imagem que elas dão e, mais ainda, a imagem que fazem de si mesmas. Tornar invisível no vocabulário o acesso das mulheres a novas funções é uma maneira de refutá-lo. Os homens, por sua vez, se acomodam ainda mais à linguagem desde que as lacunas do vocabulário não lhes digam respeito: não são chamados, por exemplo, de *Monsieur La sage-femme*.[15]

— *Se, como você constata, "é o uso que decide", para que legiferar, como achar que uma lei não aceita, não "integrada" socialmente, poderá modificar o uso?*

— Mas para que você acha que serve uma gramática? Ela diz o que é correto e incorreto. E é bom lembrar que a Academia Francesa tentou legiferar desesperadamente! Era preciso pelo menos neutralizar suas posições totalmente misóginas.

Então fingimos que a língua evolui sozinha e que de nada adianta fazer recomendações. Mas isso é totalmente falso, sobretudo em nosso país. Desde Vaugelas,[16] a língua

---

[15] Literalmente "senhor mulher sábia". Em francês, *sage femme significa* "parteira", e para este termo não existe a forma masculina. (*N. do T.*)
[16] Claude Favre de Vaugelas (1585-1650), gramático francês. (*N. do T.*)

francesa não cessou de ser codificada, retificada, repreendida! Os franceses têm uma relação muito particular, muito apaixonada com sua língua. Sua história começou com a famosa *Ordonnance de Villiers-Cotterêts*, em 1539; com ela, Francisco I decidiu que o francês deve substituir o latim e todos os dialetos do território em todos os textos administrativos e oficiais. Ele fundou o que se tornaria mais tarde o nosso Collège de France, onde, contra a influência da Igreja, que praticava o latim, os professores ensinariam em francês. Achamos às vezes essas coincidências comoventes: o rei Francisco I [em francês, François I] dando seu título de nobreza ao "*françois*", como escreviam na época os franceses!

Em seguida, houve a *Défense et illustration de la langue française*, de Joachim du Bellay, em 1549, e depois, os gramáticos começaram a se multiplicar. A língua se torna um assunto de Estado. Richelieu funda a Academia Francesa para elaborar um Dicionário sob o comando de Vaugelas; depois, Futetière, em desacordo, elabora um outro, rompendo com os princípios rígidos da Academia. Logo em seguida! Mais tarde, em 1660, vem a *Gramática* de Port-Royal... A França desaba sob o peso dos dicionários e das gramáticas. Somos, em todo o mundo, o país que mais publicou éditos, diretrizes e manuais de boa utilização. Somos também o país que respeita tanto sua língua que se sente culpado se mudam de lugar uma mera vírgula! Mesmo que o pratiquemos mal, somos todos apaixonados pelo "bom francês"...

Outro tema de espanto para os estrangeiros: nosso respeito pela ortografia, por vezes aberrante. Nós tivemos por muito tempo, únicos no mundo sem dúvida, nossos cruzados e nossos mártires do ditado, sob o bordão de

Bernard Pivot! Mas para que eles entrem na linguagem, é preciso antes criar palavras aceitáveis. Foi o que fizeram nos anos 1980 várias comissões de terminologia, a fim de adaptar o vocabulário médico, tecnológico, filosófico às novas realidades.

Essas comissões compostas de linguistas e especialistas de cada disciplina fizeram um trabalho inestimável. Graças a elas, escapamos de uma invasão implacável do *franglais* [franglês]: *pacemaker, computer, hardware, software, walkman* etc., com as pronúncias enviesadas que se imagina, foram substituídas por *stimulateur cardiaque, ordinateur, logiciel, informatique, baladeur* etc. É o uso que decide, definitivamente, mas é preciso antes propor novas palavras. Não foi o público que inventou *logiciel* ou *ordinateur*. Certamente, há palavras que não "pegam": *Ciné-Parc* por *Drive-in*, ou *commanditer* no lugar de *sponsoriser*.[17] Quanto a *baladeur*, os jovens não a adaptaram, é uma pena. Era bem mais poética do que *walkman*! Não precisamos inventar coisa alguma: basta fazer a língua funcionar, formar o feminino como fazíamos antigamente. Na Idade Média, feminizávamos sem nos preocuparmos excessivamente, dizíamos *une tisserande, une abbesse, une diaconesse, une pécheresse*.[18] Mas nossa comissão, visto que cuidava da linguagem relacionada às mulheres, foi recebida em 1984 por uma imensa explosão de risos!

"Como? As ridículas preciosas vão ficar tagarelando sobre nossa bela língua francesa em volta de uma xícara de chá?", ironizava Bruno Frappat em *Le Monde*, o seu jornal, querida Josyane!

---

[17] Respectivamente, drive-in e patrocinar. (*N. do T.*)
[18] Tecelã, abadessa, diaconisa, pecadora. (*N. do T.*)

Cada um com sua lenga-lenga, mesmo o apresentador da meteorologia no *Libération*:

"Denso delírio", escrevia Alain Gillot-Pétré. "Benoîte Groult talvez tenha vencido sua cruzada para se tornar *écrivaine*, mas eu pergunto: qual é o masculino da expressão *enculer les mouches à merde*.[19]

A *Figaro Magazine* saudava nossa "comissão de futilidade pública que pretendia vestir de saias o vocabulário".

"Sintamos pena dessa coitada Benoîte Groult e seus fantasmas", escreveu Georges Dumézil num artigo do *Nouvel Obs*. "Essas senhoras possuem um profundo desconhecimento das línguas indo-europeias."

"Socorro, é chegada a clitocracia", intitulava o texto de Jean Dutourd na segunda página do *France-Soir*.

Quando vi essa artilharia, entendi por que Yvette Roudy me pedira para presidir a comissão. Eu estava presente na mídia nessa época; *Assim seja ela* ainda era recente, e ela pensava que eu acharia facilmente uma tribuna de onde responder aos detratores. Em todo caso, mais facilmente do que uma linguista, ainda que notável, lecionando numa universidade de província. Convencida da necessidade de fazer alguma coisa, aceitei embarcar nessa confusão. Pois não passava disso. Mas eu estava encantada, pois esta aventura ia confirmar que os comportamentos misóginos não haviam mudado, ainda que se exprimissem de modo mais sutil, o que justificava todos os ressentimentos que eu nutria contra os homens em geral e os homens do poder em particular... Mas são

---

[19] Literalmente, algo como "enrabar as moscas que pairam sobre a merda", ou dar-se o trabalho para fazer algo de extrema desimportância. (*N. do T.*)

os mesmos, não devemos nos iludir. Esses homens do poder que nunca, NUNCA, aceitaram de boa vontade a saliência das mulheres.

— *O desencadeamento da misoginia indecente e imbecil que você descreve mostra muito bem que estamos numa luta cujo alcance simbólico é extremamente amplo. O que eu queria entender é por que tantas mulheres, a começar por mim mesma, não perceberam a importância desse simbolismo, por que algumas se puseram mesmo do lado daqueles que riam delas, em resumo, por que as mulheres, mais uma vez, se deixaram enganar?*

— Esta é a grande questão... Já havia sido colocada antes. Essas que protestam hoje diante da feminização são as filhas dignas daquelas que, ontem, se opunham a seu próprio direito de voto! Os homens, podemos entendê-los, eles defendem seu território, mas que as mulheres reajam assim, é deprimente.

— *Você acredita que isso seja para seguir os homens, que seja uma concessão a mais ao desejo dos homens, ou, pior, um gesto de agressão contra outras mulheres?*

— Não, creio simplesmente que as mulheres privilegiam seus relacionamentos com os homens. As francesas privilegiam sempre o homem! O resultado é que não vivemos aqui a guerra dos sexos que encontramos na América, por exemplo. As relações homem-mulher permanecem civilizadas, marcadas pelo que resta do "galanteio francês", mas ao preço de um abandono de nossa combatividade. Dito isso, creio no dinamismo da linguagem e estou convencida de que, em dez anos, acharemos ridículas essas "preciosas" que continuaram se apresentando como "Senhora Fulano".

— *Você pensa realmente que há razões para tal otimismo?*

— Já posso vê-lo acontecendo. Na imprensa, lemos cada vez mais *la juge* ["a" juiz]. De qualquer modo, quando se trata de tribunais da infância, diz-se *la juge*. E na imprensa de esquerda, diz-se correntemente *la ministre, la sécretaire d'État*. E no governo de Jospin, todas as mulheres se designaram no feminino. Guigou, Aubry etc. Só o *Figaro* permanece fiel ao abominável "Senhora ministro"!

— *Na verdade, se as mulheres francesas decidissem se recusar a serem chamadas de Senhora ministro, elas conseguiriam ganho de causa. Trata-se, portanto, da passividade de sua própria abstenção, não?*

— Algumas o conseguiram de fato. Por exemplo, Yvette Roudy, primeira ministra dos Direitos das Mulheres e deputada-prefeita de Lisieux, é uma contribuição importante...
Panafieu, Ockrent etc., eu escrevi a todas elas, desde 1986, quando nossa *Ordonnance* referendada por Fabius[20] foi publicada no *Diário Oficial*. Elas nunca me responderam e devo ter parecido aos seus olhos uma chata famosa, uma chatosa... E, nesse ponto, sou beneficiada com dois

---

[20] Laurent Fabius (1946), primeiro-ministro da França entre 1984 e 1986. (*N. do T.*)

femininos para minhas atividades, encontrados por Sacha Guitry,[21] eu creio.

Ségolène Royal foi a única a me responder em seu papel timbrado: *La ministre de l'Environnement* [Ministra do Meio Ambiente]. Ninguém, entre seus colegas, aparentemente, sabia ler! Se uma mulher de grande prestígio como Simone Veil tivesse escolhido ser designada como "a presidenta do Parlamento Europeu", isto sim seria um choque decisivo.

— *O que Simone Veil achou disso?*

— Fui vê-la para obter seu apoio, que eu considerava conquistado. Ingenuamente. Ela ao menos não corria o risco de se passar pela mulher do presidente! Mas, assim mesmo, me mandou pastar. "Isso não tem a menor importância e não perderei tempo com isso. Quanto a você querer se reivindicar *écrivaine*, é feio, é uma palavra medonha." Eu lhe respondi que a beleza ou a feiura de uma palavra nunca foram um critério. Deve-se dizer *écrivaine* conforme o modelo de *souveraine* ou *contemporaine*, e ninguém se pergunta se isso é belo ou medonho. Pensando desta maneira, a forma *institutrice*[22] teria sido rejeitada! É difícil de pronunciar, principalmente para as crianças. E daí? O importante é que seja linguisticamente correto.

— *Ela não se convenceu?*

---

[21] Sacha Guitry (1885-1957), ator e dramaturgo notoriamente misógino. (*N. do T.*)
[22] Feminino de *instituteur*, ou seja, professor do ensino fundamental. (*N. do T.*)

— Nem um pouco. E ao final dos trabalhos de nossa comissão, Bernard Pivot dedicou um programa à feminização. Ele convidou a mim e a Thérèse Moreau, uma linguista suíça que acabava de publicar um dicionário masculino-feminino para ser usado pelo governo de seu país. Uma discussão entre pessoas competentes. Seria ou não necessário colocar um "e" ao final de *proviseur, docteur, ingénieur*? Era preciso escolher entre *la cheffe*, como na Suíça, ou *la chef*, como é recomendado na França? Eu pretendia assinalar que o feminino normal de *chef* seria *chève*, pelo modelo de concisão. Impensável! De qualquer maneira, é verdade, o feminino nos prega algumas peças, e é apaixonante procurar a melhor solução. Pois bem, quem você imagina que Pivot escolheu para falar de linguística conosco? Guy Bedos!![23] Nós nos conhecíamos um pouco, mas ele delicadamente me advertiu: "Vai ser muito difícil eu não zombar de vocês..." Com efeito, ele havia sido convidado para isso! Então ele saiu com algumas tiradas do tipo: "Vocês vão propor *enseignette de vaisselle* agora que as mulheres podem ingressar na Marinha? E *major-dame*,[24] também?" O que se pode responder a isso? Podemos rir ingenuamente, mas o debate foi para o espaço. E depois, para nos liquidar, passaram uma fita gravada em que Michèle Gendreau-Massaloux declarava: "Eu sou 'reitor' da universidade e não quero que isso mude. Existem dois milhões de desempregados na França, portanto considero inoportuno discutir se devemos dizer

---

[23] Guy Bedos (1934-), humorista e ator francês nascido na Argélia. (*N. do T.*)
[24] *Enseignette de vaisselle* servindo supostamente como feminino de *enseigne de vaisseau*, que é um posto de oficial da marinha, e *majordame* em oposição a *majordome* (mordomo). (*N. do T.*)

recteur ou *rectrice*." Muito bem, estava tudo bem claro. Mas o que ela faz mais do que eu em favor dos desempregados, a Senhora Reitor?

Citarei mais uma vez Marc Fumaroli, professor do Collège de France, que num artigo nas páginas do *Figaro* nos propunha alguns femininos, a fim de colocar os galhofeiros de seu lado: para as mulheres-reitores ele aconselhava algo como Senhora Retal. Não chega nem a ser humor, são piadas de um gaiato, com mentalidade primária!

A inteligência nunca resguardou a misoginia. Infelizmente!

— *Como você fez para suportar todo esse sarcasmo, o que pensou, quando pessoas sérias tentaram ridicularizá-la, quando um historiador eminente evocava "a coitada da senhora Groult e seus fantasmas"?*

— Isso me deixa indiferente, sabe, acho que são os homens, eminentes ou não, as vítimas de seus fantasmas, entre os quais o da superioridade do falo! E o que me tranquiliza é a opinião de TODOS os gramáticos eminentes, Brunot, Dauzat, Hanse etc., que denunciam há anos um bloqueio que não se encontra de modo algum no nível do vocabulário, mas nas mentalidades. Já em 1922, Ferdinand Brunot deplorava a fórmula detestável *Mme LE*,[25] que danifica tantos de nossos textos. Maurice Chaplan, que assinava Aristides no *Figaro*, concluiu uma de suas crônicas assim: "Viva a ministra, a deputada, a prefeita, a engenheira, a professora..."

---
[25] Senhora Fulano (fulano sendo o nome do marido). (*N. do T.*)

— *Mas então, apesar do peso desses especialistas "eminentes", como se explica que as coisas não mudem?*

— Eu acho que a recusa do feminino faz parte de uma estratégia de conjunto, mais ou menos consciente, para retardar essa onda subterrânea que é a chegada das mulheres ao poder. A todos os poderes, inclusive o de dar nomes às coisas. É evidente que o feminino torna-se raro à medida que se sobe na escala social. A aceitação do feminino é inversamente proporcional ao prestígio da profissão. Você é padeira, operadora ou porteira, mas, se subir de graduação, aparecem de repente todo tipo de razões pretensamente linguísticas ou filosóficas para rejeitar o feminino. Somos decanas se formos centenárias, mas disse a "Senhora Decano" nas universidades francesas. Dizer *conservatrice* de museu, ainda que seja uma palavra gramaticalmente correta, permanece um ato de insubordinação em pleno século XXI! Mas então seria melhor que essas "senhoras" fossem tratadas por "senhores"!

— *Na verdade, você interpreta isso como um reflexo do medo?*

— Da falta de segurança por parte das mulheres, mas de um verdadeiro pavor por parte dos homens, me parece, diante dessas rivais que alcançam os bastiões que lhes eram reservados. A anomalia na linguagem reflete uma anomalia na sociedade. A linguagem forja a identidade daqueles ou daquelas que a falam, quer essa identidade seja nacional, cultural ou sexual.

E querer se sentir à vontade na linguagem não é um capricho, é uma necessidade vital, um meio de integração social. Mas as mulheres temem o descrédito, com frequência destruidor, em que incorrem ao passarem por feministas, ao se fazerem chamar *conservatrice du musée* ou *directrice*. Trata-se de um amálgama ridículo, mas funciona!

— *Então sua lei não serviu para nada?*

— Que lei? É apenas uma regulamentação no *Diário Oficial*. Ela foi alegremente esquecida pelo governo de Chirac. Que não se preocupava nem um pouco em iniciar uma contenda sobre a linguagem. Conhecemos a paixão com que os franceses reagem. Basta ver a reforma ortográfica! Teria sido necessário que os ministérios interessados (da Juventude, dos Esportes, da Educação Nacional etc.) fizessem circular as palavras de ordem em todos os setores administrativos, entre os funcionários, enfim, que eles garantissem uma continuidade ao nosso trabalho, como foi feito nos Estados Unidos, por exemplo. Hoje dizemos *chairperson* em vez de *chairman*[26] e assim por diante, e não estou me referindo ao Canadá, para o qual a língua francesa é uma questão de sobrevivência diante do mundo anglo-saxão que o cerca. No Quebec, a língua está bem viva, ela soube evoluir. Há muito tempo se diz *la docteure, la professeure, la ministre*. Louise Beaudouin, que foi por muito tempo emissária geral do Quebec na França (cargo semelhante ao de uma embaixadora), ficou horrorizada ao chegar a Paris e se ver designada

---

[26] *Chairman*: literalmente, "o homem ocupando a cadeira", isto é, o presidente de uma assembleia ou reunião; e *chairperson*, ou seja, "a pessoa ocupando a cadeira". (*N. do T.*)

pelo Quai d'Orsay[27] como "Senhora Emissário". Assim mesmo, ela foi a primeira a conseguir que Lauren Fabius, ao condecorá-la com a Légion d'Honneur, lhe dissesse: "Eu a nomeio Cavaleira..."

Eu não consegui isso de François Mitterrand! No entanto, "Cavaleiro", para uma mulher, é ridículo!

Os canadenses francófonos também decidiram substituir "Direitos do Homem" por "Direitos da Pessoa" ou "Direitos Humanos", seguindo o modelo do *human rights* americano, imposto outrora por Eleanor Roosevelt. Na França, continuam presos à expressão ambígua "Droits de l'Homme", que vem da Revolução Francesa que, precisamente, afastava as mulheres da cidadania! Nada mudou!

Mas me parece que a corrente está começando a ser invertida, graças à Europa francófona. Já em fevereiro de 1990, o Conselho da Europa publicava uma circular sobre "a eliminação do sexismo na linguagem", recomendando a todos os Estados membros a "adaptarem o vocabulário à autonomia dos dois sexos, baseando-se no princípio de que as atividades de um e de outro sejam visíveis da mesma maneira".

Não se tratava de uma ideia polêmica feminista, não se pode suspeitar que o Conselho da Europa seja um antro de *pétroleuses*[incendiárias]... Entretanto, os franceses continuaram a recusar qualquer evolução. A imprensa omitiu a circular que, mais uma vez, lembrava "a interação que existe entre as palavras e os comportamentos". E observava que "a utilização do gênero masculino

---

[27] Assembleia Nacional da França. (*N. do T.*)

para designar as pessoas dos dois sexos é geradora de incertezas por vezes incômodas".

Se hoje sou otimista, apesar da Academia Francesa, é porque, dez anos após nosso decreto publicado no *Diário Oficial*, os dicionários começam a prescrever a feminização das profissões.

Em 1996, apareceu no *Petit Larousse* um certo número de profissões no feminino:

Encontram-se pela primeira vez *la juge, la ministre, la sculptrice, la baroudeuse* [a juíza, a ministra, a escultora, a lutadora] e algumas outras. Convém assinalar que *factrice* e *inspectrice* [carteira, inspetora] estão no *Littré* desde 1967, e *agricultrice* [agricultora], desde 1982.

As restrições que acompanharam o ingresso das mulheres juízas e as ministras são provas da densidade de preconceitos que precisaram ser superados.

Mas o importante é ter entrado no Nobre Livro, ainda que pela porta dos fundos. Como pode ser lido "*Instituteur-trice* [Escultor-a], substantivo", em breve leremos "*Sculpteur-trice*, substantivo" no lugar de "*Sculpteur*, substantivo masculino. Feminino: *femme sculpteur* [escultor mulher]". As *sculptrices* e as *compositrices* [compositoras] se sentirão mais à vontade. Não nos esqueçamos de Mme Claudel dizendo à sua filha Camille: "Você não vai querer seguir uma profissão que sequer existe no feminino!" Será necessário termos um dia uma mulher corajosa num cargo de prestígio para assinalar que o *le* indica o masculino e o artigo *la*, o feminino! Elementar, minha cara Sra. Watson! E por que não Ségoulène Royal, caso se torne presidente da República? Ela, eu acho, faria isso e todas as prevenções poderiam ser derrubadas de uma vez! Basta uma frase bem dita no bom lugar ao bom momento.

— *As francesas são bem audaciosas quando se trata de seu corpo, mas me parece que um bocado delas ainda tem vergonha de mostrar seu feminino... onde vai se esconder o pudor?*

Capítulo IX

As Bonecas Sonsas

Envelhecer, tudo bem. Eu havia sido prevenida. Faz parte do programa. Mas sobre os meus filhos nada me disseram. Descubro que vê-los envelhecer, isso sim é que é intolerável. A primeira ruga de nossa primeira filha é um escândalo que nos atinge pessoalmente. A primeira vez que a fadiga marca seu rosto, quando bruscamente percebemos de relance a expressão que ela terá na nossa idade, envelhecemos nós mesmas 20 anos.

No dia em que a primogênita começa a franzir as pálpebras e a afastar o jornal para lê-lo, no dia em que a segunda mais velha surge com uma variz na perna, no dia em que a caçula (ela era a pequenina! Com que direito não é mais a "pequenina?) nos informa que sofre de psoríase, isso é sentido como uma afronta.

Enfim, Blandine, eu lhe dei olhos impecáveis não faz tanto tempo assim. O que você foi fazer para eles se estragarem? Você lê demais.

Enfim, Lison, eu não tenho varizes! Com que direito você deixou um vaso sanguíneo se partir na sua perna?

Você está sempre em pé no seu ateliê e, além disso, vai dormir muito tarde.

Enfim, Constance, que ideia pegar uma psoríase, você não tomou cuidado. Aliás, nunca tomou mesmo.

Com um esforço, elas poderiam não ter envelhecido, é evidente, e me tranquilizo por um instante ao repreendê-las. "Mantenha a postura reta, querida, vamos! Vai acabar ficando como minha mãe...", você diz àquela com os ombros um pouco curvados de vez em quando. Mas você não olhou para si mesma, sua velha: é com você que ela se parece! É verdade que todos nós trapaceamos com nossa imagem. Conseguimos nunca nos ver de perfil ou parcialmente de costas. É nas fotos tiradas por outras pessoas que descobrimos, incrédulas, que agora temos uma barriga proeminente, ou as costas arredondadas, ou a cabeça inclinada para a frente. Ou as três coisas. Onde foi parar a graça insolente, nossa elegância dos 20 anos? Ela está lá, a graça; ela se refugiou dentro de nossa cabeça, onde sobreviverá por muito tempo aos chamados intempestivos. As fotos acusadoras serão logo dissimuladas. Mas seus filhos, vocês não podem dissimular, e os observamos com um ar doloroso. Pois, afinal de contas, vocês colocaram no mundo organismos novinhos em folha, um material impecável, e não é aceitável que eles se degradem diante dos seus olhos. Isso projeta um descrédito escandaloso sobre a matriz.

A fábrica Rolls Royce estava tão segura de seus automóveis que se comprometia a consertá-los em qualquer lugar no mundo. Eu estaria pronta a fazer o mesmo pelas minhas filhas, mas acabam de me informar que a doação de órgãos não é mais aceita depois dos 55 anos. Só me restariam órgãos deteriorados? Eles são loucos, esses caras! No entanto, utilizo um bom número deles que ainda dispõem de horas de voo pela frente, eu garanto. Mas as pessoas têm o fetichismo da idade e das datas de validade. De minha parte, eu tomo sistematicamente até o final uma série de remédios supostamente fora de validade que se encontram dentro das minhas gavetas e eles me fazem um bem enorme, como preveem suas bulas. Felizmente para minhas filhas, por ora, não se trata de peças defeituosas, mas de um simples enfraquecimento do sistema.

— Só uns 12 dias, mamãe. Passa rápido. E estou precisando tanto descansar, mudar de ares... Então, você pode ficar com Violette e Clémentine na Bretanha durante a Páscoa?

— E Pauline? — pergunto com uma voz sufocada.

— Não se preocupe, sei que ela é muito pequena, com os rochedos e o mar ao pé de sua casa. Ela ficaria com a vovó Paula e assim nós poderíamos viajar para o Egito com os amigos.

Essas condicionais são apenas cortesias, eu sei disso... já está tudo decidido, a estadia já agendada... Mas como recusar que minhas próprias filhas, que se acham entre as mulheres que mais amo no mundo, restabeleçam a saúde e descubram ainda por cima as pirâmides? A outra vovó se mobiliza, e isso me intima. Mal ouso dizer que tenho uma conferência a preparar sobre "Mitos, cultura e sexualidade" até o dia 15 de abril. Dizem que com duas crianças é mais fácil do que com uma só, afinal, porque elas brincam juntas e eu conseguirei sem dúvida trabalhar.

Além do mais, é verdade que Lison está com o aspecto esgotado neste final de inverno. Na realidade, ela tem o aspecto normal de suas funções, aquele de uma mulher moderna, quer dizer, composto de uma esposa apaixonada, mãe de família que se empenha para não transigir seus deveres, e intelectual que aprecia os livros e os espetáculos, dona de casa diligente e razoavelmente esportiva. Nunca no passado tantos personagens exerceram atividades assim diversas e contraditórias, coabitando sob a mesma pele de mulher, cada um devorando sua ração de carne, de tempo e de energia. O resultado produz essa mulher sobrecarregada, que passa a cada dia longas horas em seu ateliê polindo pele de raia ou colando palhas para sua marchetaria; que vai buscar todo fim de tarde sua filha maior na escola e sua caçula na creche; que se arrependeria por ter perdido o filme finlandês ou turco que está passando em versão original no outro extremo de Paris, mas que foi recomendado pelo *Nouvel Obs.*; que põe a mesa com seu marido para receber numerosos amigos; que leva uma filha para a equitação e outra para a dança, e as duas à aula de piano, encontra os professores, vai ao pediatra, ao ortodontista para ajustar o aparelho semanalmente, ao ortopedista por causa da abóboda plantar e o genuvalgo da primogênita, e ao oftalmologista por conta de uma debilidade no olho direito da menor, agradecendo aos céus por não precisar de uma ortofonista para as duas; sem se esquecer do veterinário para o gato. E no domingo, é preciso distrair as crianças, ir à piscina, ao museu, ao mercado das pulgas, ou ver de novo *Os 101 dálmatas* pela quarta vez e depois encontrar tempo para ler, ver televisão e se queixar a seu marido que ele não dispõe mais de um momento para lhe fazer a corte.

As consequências dessa situação fazem com que eu me encontre, numa bela segunda-feira de abril, no aeroporto de Lann Bihoué, tentando identificar no meio do rebanho de crianças etiquetadas que desce do avião as duas que me são endereçadas; Violette, a maior, que em breve fará 13 anos, penteada como Louise Brooks, e Clémentine, 8 anos, cujos cabelos castanhos caem em cachos até a cintura. São elas que me reconhecem primeiro, seus olhares se iluminam, elas correm na minha direção, eu abro os braços, eu as acho magníficas, abraço-as ao mesmo tempo contra meu peito, as lágrimas quase me vêm aos olhos, sinto-me bestamente orgulhosa de ser avó... É um momento lindo, o mais lindo... junto daquele em que eu as acompanharei novamente até Lann Bihoué, mas isso, eu ainda não sei...

"Mas, sim, Paul, você vai ver, elas são maiores agora, tudo vai correr bem melhor. Vou lhes ensinar a usar o remo de popa do barco. Não vou ficar mobilizada em tempo integral."

Acredito nisso sinceramente. A cada nova visita, estou cheia das mesmas ilusões sobre a autoridade dos adultos e o respeito das criancinhas, sobre minha capacidade de me fazer obedecer e sobre a vontade delas de me agradar. Sonho com aquelas cabecinhas inclinadas sob o abajur, concentradas em colorir ou decalcar, enquanto eu escreverei no meu quarto, ao alcance de suas vozes, em meio ao odor da sopa de batata e alho-poró que cozinhará calmamente na panela. Esqueço que elas não gostam de sopa, que os decalques só distraem a mim e que elas não se interessam nem um pouco pelos esportes náuticos. Sonho em vê-las manejar os remos como o garotinho da mulher ao lado, que não tem nem 7 anos, ou se instalar sobre o muro do jardim, à meia maré, observando os sargos horas a fio, como o filho da minha amiga C. no ano passado. Comprei uma vara, um molinete, com os anzóis já fixos. Eu me recuso a pensar que as meninas preferem os jogos de sociedade ou as bonecas.

O primeiro dia é aquele em que todas as esperanças ainda são permitidas. Descemos os 46 degraus que conduzem ao atalho costeiro e percebo os barcos de pesca entre os galhos de carvalho, inclinados sobre a água, mais uma vez extasiada por morar quase dentro do mar e, todavia, sob a proteção dessas árvores poderosas que nascem entre os rochedos.

— Paul, somos nós! — gritamos sem vê-lo ainda, chegando ao terraço que dá sobre o porto, descendo alguns degraus de granito invadidos pelo mato selvagem onde já florescem as inextirpáveis pervincas azuis. Preventivamente e para bem delimitar as distâncias, Paul se refugiou em nosso quarto e não perdeu tempo em nos informar que tem um trabalho importante a fazer. É seu direito, não é o meu.

— Pobre Paul, ele trabalha o tempo todo! — diz Clémentine, que ainda acredita no que lhe dizem. Eu lhe lanço um olhar oblíquo. Quanto ao meu trabalho, ele me espera numa pasta aberta na página 1, nas primeiras linhas da minha exposição: "... Estou emocionada de me encontrar entre vocês, senhoras e senhores, caros amigos, diante desta audiência de médicos e cientistas, ao passo que sou apenas..." Mas o que sou senão uma pobre vovó?

Meu trabalho, por ora, é subir para desfazer as bagagens e arrumar as coisas das meninas, e isso não é trabalho, já que, como se diz, isso é a felicidade de ser avó. Violette carrega uma mochila enorme cheia de livros, cadernos e essas revistas caras para adolescentes, das quais ela recorta incansavelmente silhuetas de adônis xaroposos para colocá-las em fichas por ordem crescente de *sex-*

appeal, ordem modificada sem cessar ao ritmo das novas aquisições e sobre a qual eu serei chamada a dar minha opinião todo dia. Tento enxergar as premissas de uma vocação de documentalista e não a de uma maníaca sexual. Dentro dos sacos de marinheiro (as valises que eu peço são consideradas ultrapassadas, principalmente se tiverem rodinhas, fica parecendo uma velha senhora), não vou encontrar nem o anoraque de uma nem o roupão da outra, mas, em compensação, frascos cheios de um líquido azul para fazer bolhas, pedaços de massa de modelar entre dois agasalhos de pele de cabra, tênis sem laços e botas pesando cada uma dois quilos para caminhadas dentro dos arrozais.

— Mas e os mocassins que eu comprei justamente para você usá-los aqui?

— Mocassins? — exclama Violette, a palavra parece ferir sua boca. — Ninguém usa mocassim, Bounoute!

Usam sim, as meninas bem-educadas, eu me digo em silêncio, aquelas que não colocam em questão a escolha dos pais. Conservo a lembrança ardente dos primeiros sapatos de salto alto que minha mãe me impôs no meu aniversário de 16 anos, comprados na Hannan Shoe Company, na rue Royale, que depois virou Aurèle. Nunca esqueci aquela vitrine maldita na qual eu deitava os olhos pelos sapatos dos meus sonhos, em camurça bege com sola tripla de crepe, enquanto Nicole apontava com o dedo para os escarpins cruéis que me seriam destinados. Dedico um sorriso piedoso à pobre Zazate, cada vez que passo na rue Royale.

Retiro da bagagem casacos, pulôveres, calças, tudo uniformemente cinza, preto ou marrom. Vermelho? Azul? Verde? Essas cores estão por fora, Bounoute.

Enquanto arrumo tudo, as duas primas desarrumam, espalhando pelo chão o conteúdo do baú de brinquedos. Eu tinha comprado um jogo Trivial-Porsuite, duas pipas chinesas, raquetes, uma bola, coisa que elas sequer olham. São dos velhos fetiches do baú que precisam para recompor seu território: um inseto de rodinhas que bate as asas e faz soar um sininho, com o qual aprenderam a andar; um sapo saltitante de metal que não esboça mais do que um sobressalto agonizante quando se dá corda, mas que me proíbem de jogar fora; uma boneca vesga e desarticulada promovida algumas semanas por ano ao papel de bebê adorado e cartas de baralho dispersas, pás, moldes, a lupa que tanto procurei em setembro e todo um exército de lápis de cor em que predominam os marrons e cor de cocô de ganso, que nunca são usados. Elas descobrem um dos prazeres da existência: reencontrar aquilo que se conhece de cor. Vendo-as entretidas pela cerimônia ritualística, penso poder me afastar lentamente para terminar a nova maçonaria que estou criando. A palavra "criar" é por sinal ambiciosa demais, visto que se trata apenas de três metros quadrados de terreno a aterrar e circundar de pedras. Mas num pequeno jardim, cada metro quadrado vale um parque e cada transformação é um evento.

— Onde você vai, Bounoute?
— Vou terminar uma coisa no jardim.
— Espere por nós. Vamos ajudar.

Ai de mim, eu sei que o que me seria útil as aborrecerá e aquilo que as distrairia será prejudicial. Ela só gostam de regar, quer dizer, afogar os bulbos que acabo de plantar enquanto brincam na lama, ou manipular as tesouras de lâminas assassinas. Felizmente, ao cabo de cinco minutos, elas se cansam e preferem cortar as pétalas de lírios e de camélias, o que supõe a requisição das minhas tesouras de cozinha, meus recipientes plásticos e, tesouro cobiçado, minha velha balança Roberval com prato de cobre e seu bloco de madeira onde os pesos se encaixam em cavidades sob medida. Os dois menores já foram perdidos no ano passado e eu jurei nunca mais emprestá-la. Paul me lança um olhar aflito. Sabe que sou incapaz de recusar, em parte por fraqueza, em parte a fim de me garantir um momento de paz para aparar minhas roseiras, plantar meus bulbos de açucena e semear minhas trepadeiras ornamentais, ao mesmo tempo falando no ouvido do meu jardim para tranquilizá-lo, dizer-lhe que estou enfim de volta, após um longo inverno.

Mas o céu não pensa da mesma forma: um temporal nos faz fugir do jardim em seguida e mal tenho tempo de berrar:

— Ah, não, não deixem a seiva de lírio cair na sala, isso deixa manchas horríveis.

Elas trazem de volta com um lamento à mesa do jardim as tigelas cheias de um picado de folhas nadando numa tinta viscosa.

Parece que chegou a hora de eu recorrer às minhas armas secretas para os dias chuvosos. Munição nº 1: um jogo de pastilhas fluorescentes para recortar e "colar sobre uma superfície plana", comprado na Chantelivre, rue de Sèvres, onde vendedoras extremamente competentes me garantiram que ele exerce uma atração irresistível e *durável* (importantíssimo isso, a duração!) sobre todos os seres vivos de 8 a 14 anos. Assim, eu instalo meus dois seres vivos na mesa grande da sala e aproveito a calmaria para voltar à escrivaninha de nosso quarto, enquanto Paul ainda faz sua sesta. A pequena secretária do quarto das crianças, sobre a qual ele trabalha habitualmente, estando tomada pelos bichinhos de pelúcia de Clémentine e pelas revistas de Violette, só nos resta de fato uma escrivaninha para os dois, em volta da qual nos entregamos a manobras incessantes para recuperar do adversário o precioso terreno. Por ora, acabo de conquistar a casamata e me apresso em dispor sobre ela meu material bem-amado, folhas coloridas, canetas variadas, adesivo e tesouras. Consigo até escrever a primeira frase: "... Estou muito emocionada em tomar a palavra diante de um auditório de cientistas e especialistas, visto que sou apenas especializada no nada, meus únicos títulos sendo o de mulher — o que afinal de contas é bem comum — (neste ponto, esboçar um sorriso), romancista — o que não me dá necessariamente a capacidade de conhecer melhor a natureza humana — (aqui, uma mímica de modéstia), e enfim o de feminista — o que talvez seja o mais interessante, pois permite que eu me afaste da visão tradicional da sexualidade feminina." (Ah! Ah!, pensam no auditório, ela é lésbica!)

A sexualidade feminina, o cacete! Tenho muito mais vontade de lhes falar do odor da terra na primavera e do pintarroxo que pousa a um metro de mim quando revolvo a terra, persuadido de que trabalho para ele.

Ora, vamos, Benoîte Groult! Trata-se de uma apresentação séria, de 15 a 20 páginas, que será publicada nas Atas do Colóquio. Se eu tivesse pelo menos três dias à minha frente, sinto que escreveria com calma e concentração coisas inteligentes. O público difícil da faculdade de medicina ficaria impressionado, eu teria ensaiado meu texto, eu me exprimiria com alegria.

Mas Zazate vigia: Ora, vamos, Bounoute! Seu discurso é bem gentil, mas você sabe muito bem que seu primeiro dever não é o de sentir alegria, mas o de semeá-la ao seu redor! As crianças esperam, boquiabertas, e seu marido se aborrece sozinho...

Virginia Woolf tinha razão: "Assassinar a fada do lar continua sendo o primeiro dever de uma mulher que quer escrever." Se eu ousasse! Mas as fadas do lar têm uma vida dura e, no meu caso, seria preciso matar na sequência a mãe e a avó! Woolf subestimou o problema: ela não tinha filhos e Beauvoir tampouco. Teria sido preciso me prevenir há muito tempo, antes que essa fada safada tomasse posse de todas as fibras do meu corpo, dos meus reflexos e, sobretudo, das expectativas de todos os meus próximos.

Passa uma hora. O anjo do silêncio plana sobre a casa. Eu trabalho, Paul cochila ou lê, as meninas brincam sem discutir. Eu me tranquilizo, tudo vai transcorrer calmamente. Deveríamos saber que o silêncio é sempre suspeito, quando se trata de crianças... Quando eu desço, o choque: mesmo que o sol ainda não tenha se escondido, a noite caiu na sala. Olho ao meu redor: três das quatro janelas estão praticamente ocultas pelas pastilhas de todos os tamanhos e de todas as cores.

— Eles dizem que isso deve ser colado sobre o vidro. Isso faz como os vitrais — diz Clémentine. — Não é magnífico?

— Vitrais — repito mecanicamente.

Violette, com toda a prudência, desapareceu no banheiro. Evitando proferir um julgamento artístico, lanço um apelo à severidade.

— Se tudo isso não tiver desaparecido antes de Paul descer...

Inútil dizer mais do que isso. A lembrança do "terror" que Paul fazia reinar sobre nossas filhas pertence à saga familiar e as anedotas foram enriquecidas com o tempo. Conte para nós mais uma vez sobre a vez em que Paul retirou seu cinto diante da família, chocada de espanto, para repreender Constance, que havíamos confiado aos avós Guimard durante um fim de semana e que desapareceu a noite toda, quase os matando de preocupação, algo que Paul não perdoava. Depois de horas de busca pelos atalhos profundos de Kercanic com uma lanterna, o avô a encontrou de manhãzinha, dormindo sobre a palha da estrebaria vizinha: ela queria passar uma noite com o cavalo da fazenda Tréguier! Pudemos ouvi-la gritar, a pobre Constance, dizem as duas irmãs mais velhas, com um clarão de terror em seus olhares admirados.

E vocês se lembram daquela vez em que Paul, vendo-me no fim dos meus esforços, se dirigiu, a alma ferida, pois ele detestava aquele papel de policial, ao quarto das duas (Constance dormia ao lado), onde vocês me desafiavam há duas horas, se recusando a ir para a cama, e disse, o olhar frio e a voz amorfa, num tom de aborrecimento profundo: "Vamos lá, senhoritas, por quem eu começo as palmadas?" Lison, é claro, ofereceu seu traseiro para se fazer de mártir, enquanto Blandine pulava precipitadamente sobre sua cama, calculando que, administrada na altura, a palmada perderia um bocado de sua intensidade.

E explicar, agora que nossas filhas já tiveram seus filhos, o valor exemplar de um castigo corporal, à condição que seja raro, memorável, adaptado à gravidade dos feitos e administrado a contragosto quando os belos discursos fracassaram. O recurso mais detestável sendo o tapa que parte sozinho ou a infeliz palmada aplicada na rua por um dos pais publicamente humilhado numa criança perfeitamente protegida pelo seu casaco, mas que explodirá assim mesmo em berros acusadores.

Tinham bastado dois ou três episódios desta natureza para fixar para sempre a autoridade de Paul e me demonstrar que todo o meu amor só seria retribuído com as recusas de obediência e dispersões incontroláveis. Assim que a chave de Paul rangia na fechadura, as expressões mudavam, as megeras emudeciam como se fizessem a primeira comunhão, os olhos baixos, a palavra melíflua, o quarto arrumado como que por milagre, e elas iam para a cama na primeira notificação. "Elas estavam detestáveis hoje", eu dizia a Paul, que duvidava da minha sensatez ao olhar para as três santinhas. Eram elas as mesmas criaturas que, um instante antes, transformavam o banheiro em piscina, agrediam a irmã menor, arrepiavam os cabelos aos berros e riam da minha cara? Paul se contentava em aparecer à porta de seus quartos, frio, distante, sem sinal de afeição, e elas se transformavam em bonequinhas sonsas.

"Oi, Pau-aul! Você quer seu uísque, Paul?... Sou eu que vou servir hoje... Não, hoje sou eu! Claro, vamos deitar imediatamente depois... Você virá nos dar um beijo na cama?"

Ah, as safadas! Foi então que eu perdi toda estima pelas crianças. Só respeitam a força.

Hoje em dia, os heróis estão cansados. Paul não tem mais vontade de provocar o medo. Ele prefere se manter afastado. Mas agita-se atrás dele, como a cauda de um cometa, a recordação de suas façanhas. Infelizmente, a nova geração é mais coriácea. Não haverá milagres hoje.

Ainda faltam duas horas para o jantar e é preciso que elas façam um pouco de exercício, se eu quiser que se deitem às dez horas. Eu me resigno a empurrar os móveis contra a parede e me instalo no sofá para assistir a uma exibição de dança rítmica e ginástica acrobática.

— Violette tem jeito para a acrobacia, você devia ficar e olhar um pouco. — Paul me lança um olhar indiferente e sobe para seu quarto. Ele não se daria o trabalho para ver nem mesmo Nureyev!

Proponho ouvir minhas fitas. Elas estão super por fora. Violette trouxe as suas, todas incríveis. O espetáculo começa e elas se entregam, com o encanto milagroso que surge de repente numa criança, por alguns breves momentos, e nos fazem crer em seu talento, mas que não sobrevive à inocência. A sala, que parecia espaçosa para mim e Paul, torna-se bruscamente uma jaula estreita que encolhe ainda mais à medida que as dançarinas vão ficando excitadas. Infelizmente, uma delas acaba caindo, a testa contra a ponta do pesado tabuleiro de carvalho. Berreiro durante cinco minutos, depois soluços durante dez minutos. Compressa de Synthol, pomada de arnica... Violette se deita no sofá, a cara fechada, a compressa cobrindo metade de seu rosto. Ela sempre levou a vida muito a sério. Enquanto isso, Clémentine, que me ajuda a pôr a mesa, anuncia: "Da próxima vez, sou eu que vou me machucar, assim não preciso pôr a mesa."

Paul, que escutara a réplica, é repentinamente visitado por uma inspiração digna de seu passado glorioso: ele desceu para jantar com um cartaz que tinha confeccionado anunciando a eleição da "Rainha das Bobocas". Sob a inscrição, duas colunas onde cada boboca seria punida com uma cruz. Eu nunca teria imaginado inventar algo assim... boboca, mas a palavra agrada. E logo o espírito de competição se desenha nos seus semblantes e vencerá aquela que se propor a tirar a mesa, rirá mais forte de nossas brincadeiras ou se oferecerá para ir buscar leite na fazenda... Elas se preocupam, querendo saber que penalidade incorrerá à Rainha.

— Eu lhe darei uma prenda boboca — diz Paul. — E fiquem tranquilas, acharei uma. E quanto à outra, se ela não acumular muitos pontos negativos, é claro, eu lhe darei um canivete suíço com suas iniciais entalhadas.

No cair da noite, eu contava com o famoso ar marinho para encorajar minhas donzelas a dormir. Meus amigos, que são pessoas na força da idade, ficam sempre esgotados na primeira noite, quando vêm nos visitar. Preciso revisar minhas previsões para baixo: o vento iodado, ao contrário, as deixou dopadas, e como não têm escola amanhã, seria inumano colocá-las para dormir.

— De que vamos brincar, Bounoute?

Sou mal preparada para a animação cultural. Não tenho coragem de ensinar xadrez às iniciantes, o jogo de Monopólio não me diverte mais e eu trapaceio para perder mais rápido a disputa, o que as deixa incomodadas. Eu preferiria ficar controlando as passagens no metrô a ser monitora de colônia de férias! E lá em cima, sei que meu público está impaciente: "Senhoras, senhores, caros amigos, estou cada vez mais emocionada de me encontrar diante de vocês..."

— E se jogássemos uma partida de 7 Famílias? — propõe Violette.

É a primeira noite e eu não posso recusar. Adeus, Aristóteles, Hipócrates, a mitologia e a sexualidade feminina. Bem-vinda a família *Yau-de-poêle*.[1] Não adianta

---

[1] Elementos de um antigo jogo infantil francês. (*N. do T.*)

nada lançar um olhar suplicante para Paul; voluptuosamente instalado ao lado da lareira e imerso na leitura dos jornais *Ouest-France* e da revista *Chasse-Marée*, ele não virá me socorrer, pois está de férias.

Sempre na esperança de aperfeiçoar meus métodos, eu tinha previsto, quando as meninas estivessem deitadas, ler para elas o regulamento que preparei para esses dez dias. Artigo 1: arrumar suas roupas todas as noites sobre uma cadeira. Artigo 2: nada de barulho às seis da manhã, esperar até as oito para descer à cozinha. Artigo 3: não sair no jardim molhado sem botas e não descer nos rochedos com chinelos. Artigo 4:... etc. Eu tinha dez deles preparados. Bem que suspeitava que tudo isso permaneceria letra morta, mas continuava esperando chegar o dia em que eu teria o punho da minha avó Groult e em que tudo transcorreria tranquilamente ao meu redor. Provocar medo, que sonho! Conheço mulheres mais afáveis do que eu cujas mínimas ordens são executadas sem hesitação. E com alegria, ainda por cima, pois, no fundo, as crianças gostam tanto de obedecer quanto de desobedecer, desde que não se apresente a ocasião de hesitar. Se identificam a menor indulgência na sua voz, você está acabada. Eu nunca soube ser severa, elas sabem com quem estão lidando. Ao nascer, as crianças sabem descobrir esse tipo de coisa.

Aliás, ao que parece, Violette e Clémentine estão menos excitadas. As duas outras avós adoram cuidar de seus netos. Elas chegam a pedir uma oportunidade várias vezes, as santas mulheres! Será que é porque me recuso que me chamem de vovó que sou uma avó indigna? Minhas netas têm orgulho de dizer na sala de aula que sou escritora, mas deploram que eu me recuse a ostentar minha etiqueta de avó. As crianças adoram que o mundo seja ritualizado e mesmo coagulado, de preferência, cada um dos ascendentes encurralado em seu papel repertoriado. "Papai é engenheiro (ou médico, ou mecânico), e mamãe fica em casa", continuam respondendo nas pesquisas escolares, esperando negar a evolução das mamães e reconstituir à força a família de seus sonhos.

Algumas de minhas amigas, sejam mulheres cumpridoras de suas obrigações, espécie em vias de extinção, mas das quais ainda existem alguns exemplares na minha geração, sejam sinceramente entusiastas, me perguntam por que resmungo quando tenho que acolher minhas netas, acompanhadas de suas eventuais amigas, para as férias escolares que recomeçam... cinco vezes por semana, como cantava Ferré,[2] e por que prefiro convidar à Bretanha as amigas da minha idade. Isso é considerado um abandono do posto e uma recusa em aceitar esse sinal exterior de velhice. E depois, por que recusar o nome "vovó", visto que sempre fiz questão de "mamãe"? Argumento que o fato de "Beunouâtt" ser impronunciável para uma criança; Clémentine, com 2 anos de idade, só conseguia chegar a Bounoute, que acabou sendo adotado, na falta de algo melhor.

"Raras vezes ouvi um nome tão desagradável", observou Paul. Mas estou acostumada com os nomes bizarros que ninguém acha agradável. E suspeito que Paul me considera desagradável de qualquer maneira neste papel de avó, que não me deixa tempo para ele nem para mim.

---

[2] Léo Ferré (1916-1993), poeta, anarquista e músico franco-monegasco. (*N. do T.*)

Às 22 horas, finalmente, apagam-se as luzes. Sou desmobilizada. Mas, antes de me deitar, voltarei para vê-las dormindo. Gosto delas na cama, a boca entreaberta, mas silenciosa, Clem afogada em seus cabelos, Violette enfiada na sua coberta com os pés de fora. Os tênis estão espalhados pelos quatro cantos do quarto, as calcinhas, os jeans e as meias jogados no chão. Naquele cômodo minúsculo que não se adapta à desordem, nem sei mais onde pôr os pés. Uma vovó de verdade saberia que era hora de aplicar imediatamente o artigo 1 e dizer num tom que não admite réplica: "Senhoritas, acordem para arrumar suas coisas." Tudo poderia ir por água abaixo. "Bounoute mudou!", pensariam elas, admiradas. Mas estão dormindo tão bem, estão tão cansadas! Estão de férias, não numa prisão. E eu também estou cansada. Não são boas as minhas razões, eu sei. Sem fazer barulho, apanho as roupas e as coloco sobre a extremidade das camas. Estou perdida.

No dia seguinte, a meteorologia está do meu lado, todo mundo no jardim. Meus 380 metros quadrados logo se transformam em clube hípico e sou agraciada com uma monitora uivante e um garanhão recalcitrante. Tirésia sobe e desce, acelerada, o pequeno atalho, atravessa com um salto minha maçonaria e some entre os arbustos. As pequenas silhuetas se destacam contra o mar, o rabo de cavalo de Clémentine se agita, o farol à entrada do porto parece ter sido colocado ali para ilustrar uma propaganda da região do Finistère; esta manhã se parece muito com a felicidade. Mas as consequências são duras para o jardim: duas urzes esmagadas e minha única peônia decapitada. São necessários três anos para uma peônia ousar florescer, depois de plantada. E isso devia acontecer neste ano! Coloco uma estaca ao longo do caule parcialmente seccionado, onde começava a ver o inchaço do botão. Mas e se Tirésia caísse sobre a estaca? Abandono minha peônia e tentarei lhe confeccionar uma tala, quando minhas vândalas tiverem partido.

Ao meio-dia, degustação ao sol dos caranguejos e lagostins que eu trouxe. Uma das meninas resolve fazer uma coleção de pinças e colocá-las a secar sobre o muro. Outra se recusa a comer porque viu os animais vivos há pouco, quando voltei do mercado em Quimperlé.

— Você é cruel — disse ela.

As endívias? Detestam. O coelho? A professora de Clémentine é vegetariana e arruinou nosso cardápio. Paul não pode mais se servir de um frango assado sem ouvir um sermão. Escondemos o presunto moído sob o macarrão para que coma um pouco de carne sem saber. Somos tachados de assassinos servindo uma carne assada.

— Esse sangue é como o nosso!

— E se as batatas também tivessem alma, já pensou nisso, Clémentine?

Olhar de desdém. Eu assinalo que adoro as rãs, e é como se eu tivesse matado pai e mãe. Sei que agravo meu caso, mas insisto.

— E até onde você vai na escala de animais a poupar? Os *escargots*, por exemplo, você aceita?

— Todos os bichos que sofrem eu me recuso a comer. A professora disse...

— Eu não te obrigo a comer moscas, mas você me permite matá-las, não?

— Na Índia, a gente faz um desvio para não pisar num inseto. A professora disse que, na Índia...

— Na Índia, tudo bem, não se pode matar um mosquito, mas deixam as crianças morrerem de malária, transmitida pelos mosquitos. E se você visse os cães na Índia, esqueléticos, surrados, cobertos de parasitas... Sabe, se nós não comêssemos os frangos, eles seriam devorados pelas raposas, e os carneiros pelos lobos e os camarões pelos caranguejos...

— Então não vale a pena ser mais inteligente se é para se comportar como os bichos.

Muito justo. Fora de questão acrescentar uma cruz ao placar das Bobocas, Clem já é uma temível polemista.

Paul me lança olhares desesperados. Não conseguirei nada com essas argúcias e sou uma educadora horrorosa. Clémentine está na idade em que a professora tem sempre razão, porque ela a livrou da onipotência dos pais. A dos avós, nem vale a pena falar, os "pobres veios"... Os nossos pais não conheciam sua felicidade: "Termine o prato, por favor... Você terá que comer esse espinafre no jantar se não comer agora, no almoço... Uma criança não contradiz seus pais e, além disso, ninguém pediu sua opinião. Às nove horas, eu subo e apago a luz." Eu, de meu lado, proponho, parlamento, tergiverso, bato em retirada.

— Lave as mãos.
— Elas não estão sujas.
— Ponha os chinelos.
— Não sei onde estão.
— Ponha um agasalho.
— Não estou com frio.
— Ponha assim mesmo... Ai, ai, ai! como costuma reclamar a Agrippine de Bretecher.

Não se deveria jamais discutir. As ordens devem ser simples e tolas como no serviço militar. Mas não vale a pena ser inteligente, se é para se comportar como um sargento, diria Clémentine.

Finalmente, à noite, Blandine chega e seremos duas a combater. A mim Hipócrates, Aristóteles e toda a súcia de misóginos, da Antiguidade aos nossos dias.

A tarde se anuncia mal: o céu escureceu e o ar está carregado dessa chuva em suspensão que na Irlanda chamam de *drizzle*. Pouco importa: o picadeiro para cavalos é transferido para a sala. Basta enrolar os tapetes sob o armário, estender as cordas de pular entre as cadeiras da sala de jantar e a porta do banheiro, que ficará interditada, empilhar as almofadas do sofá no chão para fingir que são obstáculos. No cômodo ressoam em seguida os relinchos do alazão e o silvo da chibata.

— Não é possível achar uma brincadeira que faça menos barulho? — lamenta Paul, que, enquanto isso, reconquistou nossa escrivaninha e deseja trabalhar.

Mas como dizer às crianças: Não, nada de corrida de cavalo. Não, nada de gargalhadas. Não, nada de jogos olímpicos na sala e não, nada de música, enquanto Clémentine, que ainda ontem tocava deliciosas melodias antigas na sua clarineta, se apaixonou pelo nosso órgão eletrônico e nos farta de rumbas e jazz.

Às cinco horas, finalmente, partimos para buscar Blandine na estação de Lorient.

— Você tem sorte, vai ver sua mãe! — diz Clémentine, que se dá conta de repente de que a sua lhe faz falta.

"Não basta estar feliz, é preciso ainda que os outros não o sejam", uma observação que se aplica particularmente bem às crianças que ficam sempre de olho na sorte do vizinho. Violette ainda acredita que terá sua mãe só para ela, esquecendo que Blandine é antes minha filha, por ordem de entrada em cena. Mal chegou, ela anuncia que, na verdade, vai se deitar, pois está morta e não consegue mais ficar um minuto em pé. Sei muito bem que é para dormir e ficar calada que ela veio, e é bem assim que eu concebo meu papel de mãe: na minha casa, elas voltam a ser minhas filhinhas de 40 anos e eu lhes ofereço um tratamento de maternoterapia. Mas, para começar, minha filha não tem 40 anos. Ela tem 30, mais dez. Eis uma formulação mais satisfatória. E, quanto a mim, eu não tenho idade, uma vez que sou mamãe. Ninguém jamais me pergunta se estou morta de cansaço.

Blandine fecha as cortinas de seu quarto, enfia a caxemira e desaparece sob a coberta até mais tarde. Depois do jantar, ela vai se deitar novamente às nove horas, o que tem a vantagem de provocar a retirada das crianças. Mas, nessa noite, Violette se recusa a dormir na cama de cima porque viu uma aranha. Ela solta um grito inarticulado e se convulsiona de terror. Inscrevo uma cruz na coluna de Bobocas. Clémentine recusa que eu mate a criatura... ainda os danos causados pela professora. Violette acaba indo dormir na cama de sua mãe, deixando a prima diante de uma contradição: as aranhas a aterrorizam também.

Elas escovaram os dentes sem protesto. Mas, ao ir beijá-las, constato que as roupas estão no chão como de costume. Blandine não se preocupa com isso.

— Não é possível combater em todas as frentes — ela me diz. — É desgastante. Os dentes, isso é o essencial, e a desordem, não é um problema grave. Não quero me desgastar com o que é secundário.

Tenho lembranças de um tempo em que Flora e eu escovávamos os dentes *e* arrumávamos nossas roupas sobre uma cadeira, sem desgastar ninguém! O Dr. Spock[3] pôs um termo a esses métodos. Eram inumanos, ao que parece, e destruidores para as pequenas personalidades. Não é muito simpático falar em disciplina nas férias. Eu calo minha boca.

No dia seguinte, o jardim molhado resplandece sob o sol nascente e a Bretanha nos oferece um desses dias que nos fazem crer na inocência do mundo. A terra úmida sorri com a chegada do clima suave, um pescador retorna do seu barco fundeado e amarra seu bote com alguns gestos básicos, os ruídos criam esse rumor particular das manhãs calmas em que não indagamos mais o que fazemos na Terra. Basta estar aqui e todas as coisas estão nos seus lugares. A maré está alta e as meninas desceram para pescar no rio. Hoje à tarde iremos à praia.

Por volta das dez horas, Blandine emerge, o rosto coberto por um revestimento esverdeado.

— Tenho três dias para recuperar meu rosto humano — ela anuncia.

— Um vasto programa! — observa Paul, mas Blandine não pode rir, isso esfacelaria sua máscara.

— Três dias? Você não vai ficar a semana toda em Doélan?

— Mamãe querida, preciso tirar umas férias de ser mãe. É isso que vai me ajudar realmente a desligar. Eu falo tanto no meu trabalho que só tenho uma vontade: ficar longe do telefone e dos discursos. Então, três dias com vo-

---

[3] Dr. Benjamin Spock (1903-1998), pediatra americano cujo livro *Meu filho, meu tesouro* é um dos maiores best sellers de todos os tempos. (*N. do T.*)

cês aqui para recuperar minha forma e, depois, um amigo vem me buscar e iremos passar três dias visitando o Morbihan, com escalas em bons restaurantes. E como segunda-feira eu recomeço a trabalhar, só posso voltar no domingo para apanhar Violette... se isso não incomodar.

" Senhoras, senhores, caros vovós... perdão: caros amigos... O que eu vou poder dizer para vocês no dia 15 de abril?"

De qualquer maneira, deixando tudo isso de lado, hoje à tarde iremos a Dour Veil. Enquanto almoçamos, o mar alcança o leito do rio, os barcos se mexem e se aprumam, as tainhas voltam a se perseguir entre os cascos, enchendo de estrelas a superfície com seus corpos prateados. Quando voltarmos, à noite, a água lamberá o primeiro degrau da escada e teremos a impressão de nos encontrarmos numa ilha.

Na praia, experimento a sensação repousante de não estar em lugar algum. Não é a terra nem o mar, e me encontro suspensa entre o sonho e a realidade, sentindo retornar da noite dos tempos a lembrança de meu espaço original. Os chamados e as discussões infantis se dissolvem no azul do céu, entre os pios dos pássaros, o tempo se dilata, nada mais acontece, senão as ondas, uma após a outra, fazemos brincadeiras idiotas, nos divertimos andando dentro da água, pulando na superfície alvoroçadamente, como se tivéssemos 5 anos, e, ao cair da tarde, voltamos vagamente melancólicos sem saber o motivo.

Como grande parte dos homens, Paul não gosta de praia. As mulheres, sem dúvida, lembram-se mais de suas origens.

Clémentine e Violette apostaram que iam mergulhar. Estão numa idade em que as apostas são cumpridas custe o que custar, e se precipitam dentro da água gelada corajosamente. Sinto inveja de seu desatino. Você se lembra, Rosie?

Ao voltarmos, desembocamos na Baía dos Defuntos, depois de uma tempestade. As meninas quiseram guardar os produtos da pesca matinal para estudá-los mais tarde com cuidado. Mas centenas de moluscos escaparam de seu cercado e se aglutinaram em todos os cantos pela laje do terraço. As mesas do jardim ameaçam desmoronar sob o peso dos sargaços preparados para o jantar de crustáceos, os caranguejos preferiram fugir pelo gramado sem mais esperar e os camarões estão mortos dentro do balde, sem dúvida de uma indigestão causada pelos miolos de pão. Enquanto elas devolvem ao mar o que lhe pertence, como em todo entardecer, inspeciono meu jardim. Desta vez, foi a malva-rosa que crescia há alguns anos no muro e que está partida, ao lado das pedras. A cada primavera, ela surgia entre os seixos, curvava-se num ângulo reto para retomar a direção vertical e subia para o céu como as outras. Até mais bela do que as outras que ornamentam a fachada, como se suas raízes secretas, infiltradas entre o granito e o cimento, se achassem protegidas dos insetos e das doenças que atingem todas as malvas-rosa.

A partir do dia seguinte, a Bretanha retoma seus caprichos primaveris. Chove como se nunca tivesse havido um dia de sol. Blandine entreabriu suas cortinas e logo voltou a fechá-las. De qualquer modo, ela só gosta do sul, e seu programa, banho de óleos essenciais, xampu de ginseng, manicure, pedicure, depilação com cera, mal lhe dará tempo de nos acompanhar à creperia. Minhas munições para os dias de chuva se esgotam, só me resta o fundo do cesto: uma visita à capela de Trémalo para admirar o *Cristo amarelo* de Gauguin, ver a exposição de Sérusier na prefeitura de Pont-Aven e comprar biscoitos Traou Mad. Cara feia garantida, mas me consolarei com Sérusier.

Divina surpresa, o reaparecimento do sol no dia seguinte e, sobretudo, de uma brisa fraca vinda do oeste que me permitirá passar para o capítulo esportes náuticos e de marinharia, sem correr o risco de ver minhas duas sereias serem arrastadas para a saída do porto por um terrível vento leste que desce veloz pelo rio, incapazes de navegar contra a corrente, perdendo um remo e se distanciando inexoravelmente numa casca de noz, sem ter a presença de espírito de utilizar o remo como leme para alcançar uma das margens antes de desembocar em altomar. Tenho pouca esperança, porque Violette é uma savoyarda[4] apaixonada, pouco interessada pelas embarcações, e Clémentine, uma intelectual pura que, fora os cavalos, não manifesta interesse por esporte algum.

Portanto, vamos à lição obrigatória do remo e coletes salva-vidas, apesar dos protestos. Mas não ouso parar de vigiar o pequeno barco ao qual, depois que desembarquei, elas se precipitaram para recuperar a barafunda lastimosa de utensílios praianos, abandonando os nobres remos, supostamente de dificílimo manejo. Depois de chafurdar um pouco, a abordagem do caiaque de nosso pequeno vizinho, que ele conduz com mão de mestre, e uma ou duas travessias do rio, a fim de comprar um sorvete no café em frente, elas desembarcam em casa, alegando terem amarrado corretamente o barco e anunciando que preferem brincar de fazer compras.

---

[4] Natural de Savoie, França. (*N. do T.*)

Não será tampouco a minha segunda geração que me fornecerá a Florence[5] ou a Isabelle[6] com que sonho ingenuamente. Sim, talvez Pauline, que, ainda tão pequenina, demonstra resistência, habilidade e espírito de aventura. Mas em dez anos, receio que só me reste o espírito de aventura e mais nenhum meio de o pôr em prática.

Por ora, a ambição de Violette é gerenciar uma loja de perfumes e suvenires em Chamonix. E a de Clémentine, um salão de higiene para cães em Paris. Algumas estrelas de bobocas que se perdem. E uma cruz de honra para mim, que lamento o fato de elas não terem, aos 10 anos, as nobres ambições que me ocorreram aos 40!

Resultado final! Elas ainda não sabem remar, mas pelo menos conseguiram cair dentro d'água ao desembarcarem em meio às algas, encalharam o barco num rochedo em consequência de uma amarração malfeita e deixaram partir um remo à deriva, que um marinheiro felizmente nos trouxe de volta. Ainda assim, são aventuras do mar que elas poderão contar a suas amigas ao voltarem para casa. O hábito do mar se produz sempre após uma sucessão de erros.

No terceiro dia, tendo a sonoterapia de Blandine produzido seus resultados, é uma criatura de sonho que vemos aparecer, os quadris cingidos por uma faixa de tecido extensa que eu chamo de cinta elástica, mas que ela se obstina em designar como uma saia de Alaïa, e vestida com um blusão prateado sobre o qual caem as volutas macias de seus cabelos. Vênus Anadiômene passa por

---
[5] Arthaud.
[6] Autissier.

uma humilde choupana e concede partilhar o pão conosco. Tínhamos nos acostumado com aquela múmia guarnecida de rolinhos na cabeça, o rosto engessado e os dedos dos pés em leque, separados por chumaços de algodão para deixar secar o esmalte violeta. E nós sabemos que a criatura que vemos surgir será somente uma breve aparição. Ela se destina a outros olhos. Os das duas meninas a devoram com êxtase, pois essas maluquinhas já sonham com cintas rendadas, sutiãs meia-taça, minissaias e superpaqueras, e eu me sinto como se fosse de outro planeta, eu que usei calcinhas Petit Bateau até os 14 anos, mais do que isso talvez, sem sonhar com as ligas da minha mãe. As maluquinhas de hoje pularam de *Bambi* para *Nous Deux*, dos contos de fada para os seriados da televisão, ocultando suas longas adolescências tímidas nas quais germinavam os sonhos do futuro. As maluquinhas exigem maiôs de duas peças aos 8 anos, contemplam sem medo seu destino de objeto sexual, cobiçando os efebos, sabendo em teoria como se servir deles e aguardando impacientemente a hora de praticar.

Eu as contemplo com melancolia, pensando na infância indecisa que nos conservava por tanto tempo à margem da realidade, aqueles anos intermináveis em que nos aborrecíamos inutilmente, longe dos meninos de verdade, em que guardávamos todo o nosso tempo para os heróis imaginários, aqueles da História da França e da literatura, aqueles dos livros *Rouge* e *Or* de Júlio Verne, de Hector Malot, de Jules Sandeau, e até o *Grand Meaulnes*, numa época em que não tínhamos ainda o diabo no corpo.

Fico magoada ao ver Barbie ser considerada um modelo, ao sair da escola maternal. Tento superar minha náusea, quando preciso comprar para o Natal a penteadeira da Barbie, o salão de beleza da Barbie, o cavalo da Barbie, uma espécie de sereia em cores venenosas com uma crina platinada... mas eu fico bem atrás de outras vovós, se me mostro intransigente demais, mais vale manter a discrição.

Numa corrente de ar perfumado, Blandine nos deixa. Posso voltar a ocupar seu quarto e lá instalar meu público virtual, tendo em vista uma conferência ainda mais virtual. Domingo, ela passará para buscar sua filha.

Depois da partida de Violette, uma estranha paz se espalhou pela casa. Descubro que uma criança não é a metade de duas, trata-se de uma outra quantidade. Com sua imaginação fértil e seu dom de apresentadora de Clube de Férias, a mais velha esgotava a mais nova, quatro anos mais jovem. Clémentine dormiu a tarde toda no grande sofá, o sol criando reflexos dourados nos seus cabelos. Outro também é meu status: agora sou ouvida, minha opinião é solicitada e nós conversamos. Livres da tirania de Doors, Téléphone ou Nirvana, escutamos Anne Sylvestre, Barbara, Gilles Servat. Conto-lhe histórias à noite. Este é um dos meus pontos fortes... ainda faço sucesso imitando o ogro e o pequeno polegar com suas botas de sete léguas.

Quando estão juntas, elas se retrancam em sua fortaleza, um bloco de infância que expele o egoísmo e a crueldade inconsciente próprias à idade. Elas formam uma dupla impermeável que foge ao meu controle.

Tive de fato três crianças em casa, permanentemente? Como foi que consegui preservar energia suficiente para viver, para amar um homem, para amá-las, para escrever? A resposta cabe em poucas palavras: eu tinha 30 anos.

No dia da partida, Paul nos conduz ao aeroporto, de repente todo enternecido, sem que eu saiba se é por se separar de Clémentine ou por me recuperar só para ele. Eu a abraço bem forte e volto a sentir todas as emoções da sua chegada: eu a acho magnífica, uma lágrima brota no canto do meu olho e me sinto ingenuamente orgulhosa de ser avó. Vendo-a se afastar, tão pequena e tão grande para seus 8 anos, solto um suspiro que não é unicamente de alívio, isso posso jurar.

Amanhã, removerei os bonecos de pelúcia, a coleção de pinças, os caranguejos mortos e as conchas fedorentas, e Paul se instalará de novo no quarto das meninas. Eu recuperarei minha escrivaninha e recomeçarei minha conferência a partir do zero: "Senhoras, senhores, caros amigos", nossa, isso está totalmente por fora. Vou escrever: "Bom dia a todas e a todos", ficará mais jovial assim.

No final das contas, eu não perdi meu tempo nessa semana!

Capítulo X

Os Vasos do Coração

Benoîte — Voltando a pensar, hoje, aos 88 anos, em *Os vasos do coração*, publicado em 1988, não exatamente uma idade para escrever um romance sobre um louco amor, eu me pergunto como tive a audácia de fazê-lo e como Paul teve a elegância de aceitá-lo e também, agora que está morto, me pergunto como ele viveu isso.

Josyane — Assim mesmo, se você ousou, foi porque tinha certeza de viver com um homem livre de todos os estereótipos que em geral regem as relações homem/mulher. A verdadeira pergunta que não se pode evitar de lhe fazer é: como e a que preço é possível tomar essa liberdade? O que essa atitude supõe como relação de verdade com seu marido, se está casada, e você estava casada quando o livro foi publicado, como uma mulher ousa se permitir o que você fez?

— Eu percebi que nunca havia ousado falar do prazer. Queria abordá-lo de uma maneira totalmente feminista, romper com a visão tradicional da dádiva de si, para mostrar o egoísmo do ato amoroso. E depois, sobretudo, falar disso sem metáforas poéticas, utilizando as verdadeiras palavras que designam os órgãos envolvidos. Seria preciso tentar lhes devolver uma inocência, uma poesia talvez, às vezes uma grosseria. O amor também precisa disso. Em todo caso, uma franqueza.

— *Pouquíssimas romancistas o fizeram.*

— Não era um tipo de registro autorizado às mulheres! George Sand o fez, é claro, ela estava habituada às transgressões, mas foi muito mal julgada pela posteridade. Fala-se mais de seus amantes do que de seu talento! Colette também, de quem Pierre de Boisdeffre disse que "dava voz a seus mais baixos instintos". E Anaïs Nin, de quem eu acabara de ler o *Diário secreto,* que me mostrou que se podia falar do sexo com júbilo e sem culpa, o que é raro na tradição erótica e, com mais frequência, tratado com terrível seriedade. Mas tratava-se também de encontrar novas palavras, ou de palavras que fossem utilizadas de uma nova maneira, e, neste ponto, colidi com a pobreza do vocabulário no que diz respeito ao gozo feminino. Da mesma forma que, para escrever *Assim seja ela,* eu comecei pesquisando na Biblioteca Nacional a palavra "MULHER", para *Os vasos do coração* eu pesquisei "ANATOMIA" no grande volume do Quillet de 1936, legado de meu pai. Pensei que nada havia mudado na anatomia feminina desde 1936. No entanto, sim! Nas ilustrações anatômicas "Homem/Mulher" ocupando toda uma página, o sexo feminino se resumia a um triângulo. O clitóris não aparecia sequer assinalado, nem desenhado. A palavra vagina não aparecia. Ao passo que na ilustração do "Homem", haviam desenhado o pênis, a glândula, os testículos, tudo muito bem identificável. Havia ali uma exclusão totalmente perturbadora... Eu quis reaver as palavras para exprimir nossos órgãos. A vagina, entre outras, esta palavra quase obscena. Enquanto toda a humanidade transitou por essa magnífica vagina!

— *Você sentiu, anos depois de* Assim seja ela, *que precisava agora de uma outra palavra de liberdade, mais individual, talvez? Você teria conseguido escrever* Os vasos do coração *antes, sem todo o percurso feminista que precedeu este livro?*

— Não teria sabido e não teria ousado. Agora, eu me beneficiava da liberdade que me dava minha idade, um atrevimento que eu não tinha há 20 anos nem há 40, e enfim de uma longa experiência de vida, do amor louco e do amor cotidiano, da duração. Eu podia finalmente abordar o mistério da paixão que, mesmo na era dos computadores, continua perturbadora, devastadora e mágica. Talvez porque eu tenha lido muitas canções de gesta bretãs, fiz de meu herói um errante, quer dizer, um marinheiro, e lhe dei o nome de Gauvain, o nome de um cavalheiro do rei Arthur, ele também um nômade no mar. Queria me aproximar um pouco do arquétipo do amor-paixão, aquele de Tristão e Isolda, de Romeu e Julieta, e outros que são de todos os tempos. Depois de sua primeira noite na ilha, Gauvain e George são enfeitiçados um pelo outro, como se tivessem bebido uma poção do amor, como Tristão. E seu amor será absoluto, pois não têm nada a negociar, seja um contrato, serviços recíprocos ou vida social. A relação deles permanecerá intensa, desde que não se inscreva no real.

— *Mas e o feminismo nessa história?*

— Fico contente que não seja fácil demais distingui-lo, já que se trata de um romance, mas o livro é cheio de feminismo. Sem o amor e a liberdade no amor, fica faltando uma parte do sentido da vida e uma dimensão do desabrochar de uma mulher. E é uma história feminista porque, por uma vez, a paixão não acarreta maldição e a heroína não se perde na loucura, infelicidade ou suicídio, e não está sujeita ao castigo dos céus... No final da história, é uma mulher que venceu na vida e um pouco mais do que na sua vida.

— *Vejo na abundância de cartas que este livro lhe proporcionou, e muitas delas desta vez escritas por homens, que lhe perguntam com frequência: "Por que você fez morrer Gauvain no final do romance?"*

— Justamente, porque ninguém se espantaria se fosse a mulher que morre! Ninguém se pergunta por que Emma Bovary se suicida... É normal. Anna Karenina se joga sob um trem, Madame de Merteuil é desfigurada pela sífilis; a Justine de Sade é fulminada pelo Céu. Madame de Rênal morre de sofrimento e Marguerite Gautier se deixa morrer de tuberculose... As mulheres são sistematicamente punidas por terem amado demais. Tenho certeza de que, se George tivesse feito uma longa análise, ou se tivesse morrido num acidente de carro ao partir ao encontro de Gauvain, teriam-na considerado mais comovente. Seria uma bela história de trágica paixão, como todas as histórias de amor míticas. A ideia de ela sobreviver ao seu amado, de ela descobrir ainda prazer de viver, mesmo sem ele, é isso que choca, muito mais do que o vocabulário. Mas eu queria este final porque estava enjoada, saturada de todas essas infelizes, seduzidas e abandonadas, enganadas, frígidas, condenadas ao opróbrio, à miséria, à solidão e à loucura. Enjoada também desses livros eróticos tradicionais, como *História de O* — que li com prazer, porém, esta não é a questão —, com chicotes, correntes, humilhações e torturas refinadas, mas nos quais as mulheres são regularmente reduzidas à escravidão, supostamente realizadas com o desprezo e a violência de seus amantes, sempre apresentadas em situação de inferioridade e de submissão absolutas. Eu sentia uma necessidade urgente de descrever essa alegria do amor carnal, o fervor compartilhado, e... uma mulher triunfante, sem remorsos nem arrependimentos.

— *Algumas pessoas censuraram essa atitude, julgando que não era feminista.*

— É verdade, algumas; gente que não leu bem o livro, me parece. Acredito justamente que o sucesso desse livro se deve ao fato de a heroína extrair desse amor um acréscimo à sua existência. Mas as mulheres nem sempre ousaram admitir para seus homens que essa imoralidade as rejuvenescia!

— *Um crítico escreveu que era um "hino ao falo!", vangloriando-se de que você tinha "enfim deposto as armas". Censuraram-lhe também o egoísmo de George.*

— Mas o egoísmo é a saúde! É condenado nas mulheres justamente porque ele lhes será tão necessário. É considerado uma verdadeira traição, e por sinal é mesmo. De repente, elas se despojam da imagem que fixamos nelas à força, recusam o papel que lhes foi escrito. Ah, sim! O egoísmo é uma virtude de libertação. É verdade que George não é o personagem simpático desse romance. É Gauvain que comove, visto que atormentado e culpado por esse amor que o obceca.

— *Evidentemente, como George não é infeliz, eles a consideram antipática! Mas e você, você sente esse bendito egoísmo?*

— Sinto, tenho essa sorte; com base numa certa dose de indiferença e nesta reconciliação comigo mesma que me aconteceu no meio da vida. Não é muito simpático dizer isso, mas escapei assim dessa espécie de complacência com a infelicidade que tantas mulheres desenvolvem. "Mas então, você é egoísta!", me dizem, como se isso fosse algo de imperdoável. Pois bem, sou egoísta, sim. E daí? Ao contrário, me parece que amando a mim mesma eu me tornei mais generosa com os outros. Os perpétuos deprimidos, são esses os verdadeiros egoístas. Nada há de mais exigente, narcísico e egocêntrico do que um deprimido crônico! Entre os homens, o egoísmo é bem tolerado. "Oh, Alain é tão egoísta!", dizem, quase com ternura.

— *Escrevendo esse livro você já achava que iria causar escândalo?*

— De certa forma, eu desejava isso, mas não esperava tanta hipocrisia! Fazer-se de escandalizado por uma aventura amorosa na qual não existem perversões, vícios nem torturas, simplesmente uma relação simples, mostra muito bem a que ponto se recusa a uma romancista a mesma liberdade vocabular de um romancista. Quem imaginaria dizer a Patrick Grainville, Philippe Sollers, Yann Queffélec, Michel Braudeau, Pierre Guyotat e tantos outros, que eles "causariam vergonha"?

Houve um detalhe que chocou, eu acho: é que eu ouso descrever com ironia a panóplia sexual masculina. Nos textos eróticos, o pau está lá, órgão divino, sempre magnífico. A ideia de que uma mulher fale de modo tão desrespeitoso dos atributos do poder másculo é quase uma transgressão! Eu me lembro, na época de *Assim seja ela*, que algumas leitoras me disseram baixinho: "É verdade que os testículos se parecem com sapos, quando os tomamos na mão... São úmidos, frios, moles... Eu nunca ousei dizê-lo a mim mesma!" Elas riam com a mão sobre a boca, como crianças que zombam escondidas do senhor pároco.

— *Mas resta uma pergunta, talvez a verdadeira, que não se pode adiar: como e a que preço é possível tomar essa liberdade? Que tipo de relacionamentos entre uma mulher e um homem pode levar uma mulher a ousar fazer o que você fez?*

— Foi isso que me perguntou imediatamente Bernard Pivot, quando fui convidada ao programa *Apostrophes*: "Benoîte Groult, tudo bem, admitimos hoje a liberdade da mulher, mas há alguns anos seu romance teria sido considerado um pouco pornográfico, não?"

— *E o que você respondeu?*

— Respondi muito mal. Não estava esperando essa palavra. Depois, eu desconfiei! Deveria ter definido desde o início a palavra pornografia. É a exploração do corpo do outro. Não há amor algum no pornô. Mas me deixei encurralar num papel de culpada. E depois, havia Michel Tournier, que se divertia um bocado em me ver tentando me desembaraçar dessa palavra, e Cavanna e Jean Vautrin, que não estavam ali para me defender... Uma história de amor, é um pouco ridículo de explicar diante de quatro senhores gozadores!

— *"Falar de amor e escrever sobre o abraço é uma experiência que não se perdoa", dizia Etiemble. Mas é preciso admitir que seu romance foi desconcertante. Num país em que amamos tanto poder classificar, rotular os escritores, os gêneros, você foi encaixada na seção "Feminismo e romances de sucesso", e então você publica um romance cuja liberdade surpreendeu um bocado de gente: ele conta uma história de amor improvável e que dura toda uma vida, entre uma mulher intelectual, George, e um marinheiro, Gauvain. Eles se conheceram jovens e sua história singular começou quando ela estava com 18 anos e ele com 24. Eles não vivem juntos, não partilham nada do cotidiano, cada um leva sua vida de seu lado. Eles não têm "muita coisa em comum", como costumamos dizer, exceto esse estranho amor, esse desejo perpétuo compartilhado que os empurra um para o outro. É uma história de volúpia, de pele, sensações, violência também, sem culpa, sem páthos. É uma história feliz, de sexo e prazer. Um romance como as mulheres não ousam escrever, que supõe que estamos livres de todas as ninharias, que temos energia, coragem e gosto pela verdade. Este livro foi um best seller na França e obteve imenso* sucesso na Alemanha (mais de dois milhões de exemplares vendidos) e em todo o norte da Europa. As mulheres se sentiram libertadas por essa palavra feminina verdadeiramente livre. Em compensação, no sul da Europa, a parte latina, as leitoras ficaram receosas diante deste relato sobre esses amores passionais e os homens provavelmente detestaram até mesmo a ideia de que uma mulher pudesse escrever um romance assim.

— Não se deve esquecer que a linguagem também foi colonizada pelos homens. Assim que uma mulher diz "vagina", acusam uma pornografia — parecem pensar que neste livro eu procurei o sucesso falando de sexo! E suspeito que meu caro Bernard Pivot tenha reunido naquela noite seus convidados para deixar embaraçada uma mulher, "como se deve fazer". Quando voltei para casa naquela noite, minhas filhas me disseram: "Você se defendeu muito mal, mamãe. Há quem vá pensar que, na sua idade, você se meteu na pornografia!"

Em seguida, Pivot lembrou, assumindo um ar escandalizado, que eu era a mulher de Paul Guimard. "E o que pensa seu marido de um livro como esse?" Será que perguntam às vezes a Sollers o que Julia Kristeva vai pensar do seu romance intitulado em toda a simplicidade *Femmes* [Mulheres]? Mas lançar o foco sobre a pornografia e o escândalo era desviar a atenção daquilo que eu queria dizer sobre a liberdade amorosa. Colocando o acento sobre o sexo, ocultava-se o aspecto feminista. Ora, o feminismo não incomoda nem um pouco o orgasmo, ao contrário.

— *A atitude foi a mesma quando Annie Ernaux escreveu* Passion simple *[Paixão simples], no qual, desde o iní-*

cio do texto, aparecem palavras como "esperma" e "pica"! Quiseram destruí-la. Num programa de rádio, um homem disse: "Ela tem um estilo esteno-datilográfico com inquietações pornográficas."

De qualquer modo, logo que se trata do corpo, do sexo, mesmo da verdadeira pornografia, as relações entre os homens e as mulheres se envenenam necessariamente. Você, desde Assim seja ela, quando ainda estava fora de questão o "politicamente correto", abordou o problema com plena liberdade. Com certeza, você expõe seu desgosto por um certo número de escritos pornográficos, mas você conclui, o que não é muito frequentemente o caso de certas feministas de hoje: "Decerto, esses textos devem ter, como todos os demais, o direito de ser publicados, lidos, eventualmente saboreados, posto em prática a dois, a três, a dez, tudo o que desejarem." Eu apreciei particularmente que você tenha de imediato antecipado os desvios que suas análises podiam provocar. Devo admitir que sou profundamente hostil a todo esse movimento americano do "politicamente correto", a esse fanatismo que acaba com muita frequência numa negação da arte e dos artistas. Por outro lado, acredito que mais uma vez, por puritanismo, pelo enclausuramento dentro de estereótipos, as mulheres se enganam de inimigos. Está bem claro que os artistas, escritores, mesmo aqueles que escrevem coisas extremamente violentas, não são assim tão radicalmente inimigos das mulheres quanto determinados "homens supostamente feministas", os "compreensivos", os paternalistas de todo tipo que querem no fundo submeter as mulheres, evitar os confrontos e colocá-las sob sua dependência. Afinal de contas, o confronto não é necessariamente algo nefasto. Como nos relacionamentos entre pais e filhos, a liberdade é bem maior quando é possível se opor.

— Desde que não se seja esmagado antes. É preciso uma boa dose de respeito a si mesmo e uma saúde estupenda para escapar do desespero de ser uma mulher, quando se leem certos textos!

— *É por isso que, em* Assim seja ela, *você considera que certos escritores, na frente de todos Henry Miller, escreveram textos pornográficos que você julga degradantes para as mulheres?*

— Eu fiquei bastante impressionada com La Politique du male, de Kate Millet. Ela mostra ali como D. H. Lawrence, Norman Mailer ou Henry Miller transformam as mulheres num "campo genital" ao qual se impõe tudo o que se deseja, sem a noção de reciprocidade. Com o tempo, acaba sendo destruidor.

— *Talvez. Mas passaram muito rápido da constatação, da análise, para a desaprovação, para a vontade de proibir. Não se deveria antes, como você fez ao escrever* Os vasos do coração, *expor sua própria resposta? Por que ficar sempre na defensiva, na queixa, como se fosse o modo de ser favorito das mulheres? Eu me recordo de um debate no qual fiquei escandalizada com as mulheres que vinham atacar um dos escritores presentes, Philippe Sollers, sobre seu romance que se chama, precisamente,* Femmes. *Elas julgaram intolerável que eu lhe dissesse: "Pessoalmente, não o desaprovo por ter escrito* Femmes, *mas me inquieta viver numa sociedade em que mulher alguma consiga escrever* Hommes *[Homens]."*

— Uma romancista americana, Erica Jong, fez isso. Mas é preciso tempo para que as antigas escravas ousem escrever sobre seus opressores! Faz mil anos que os filósofos aprofundam sua reflexão sobre um mundo no qual eles ocupam *todos* os lugares na ordem do pensamento e do poder. E faz tão pouco tempo que as mulheres tiveram acesso à reflexão e ao simples direito de ler e escrever!

— *A filosofia, justamente... Como você, eu não aprecio muito aquilo que chamam de diferencialismo. Essa ideia de que as mulheres e os homens teriam naturezas profundamente diferentes, até mesmo opostas. As mulheres, por exemplo, teriam menor capacidade para todo o domínio da abstração. E, de fato, à parte Hannah Arendt e talvez Simone Veil, não vejo mulher alguma com um verdadeiro espírito filosófico.*

— Acredito que a filosofia não possa eclodir sobre o húmus dos séculos. Talvez seja preciso que sua avó tenha pensado filosoficamente para que você possa abordar essas margens com serenidade e criatividade. Não se pode desabrochar sobre uma geração de sacrificadas ou vítimas.

— *Como sempre, você tem uma interpretação otimista das coisas. Parece que conseguiu escapar da maior parte das "neuroses femininas". Sem dúvida, você teve a sorte — o que não é um acaso — de estabelecer uma relação conjugal harmoniosa. Com Os vasos do coração, isso poderia, porém, ter se tornado problemático... Você ainda não disse como esse homem, que é seu marido, que vive com você, pôde aceitar tranquilamente que você tenha escrito esse tipo de livro.*

— Tranquilamente, não tenho certeza.

— *Mas você lhe falou sobre ele antes, não?*

— Claro, mas vagamente. Eu nunca mostro meus livros em processo de gestação. São informes demais. Paul só o leu quando terminei, e eu teria preferido que ele nunca o visse. Mas você fala de "relação conjugal harmoniosa"... é fácil dizer. Cinquenta e quatro anos de "relações conjugais" não podem ser vividos sem dissonâncias, sem momentos de desencorajamento, desespero mesmo. Ou então, um dos parceiros sufocou completamente em si tudo aquilo que poderia desagradar ao outro. É preciso se violentar também, para aceitar o outro. E sabemos, depois de Jung, que "a vida não vivida" é um veneno que pode destruir um ser. É preciso ousar desagradar de vez em quando...

— *Ainda assim, se você ousou, foi porque tinha a certeza de viver com um homem livre de todas as relações estereotipadas que, em geral, predominam nos relacionamentos entre homens e mulheres.*

— Claro, sem dúvida. Certamente. Sem isso, suponho que não teríamos ficado juntos tantos anos. Paul conhecia minha vida como eu conhecia a dele; era portanto necessário aceitar num livro aquilo que aceitávamos na vida. Nós nos tínhamos comprometido desde o começo, sem saber que poderia ser tão difícil às vezes.

— *Com a história de Gauvain e George, você revelou uma relação que as escritoras nunca ousaram mostrar. Ao passo que com os homens isso é bastante comum. Nos livros deles, eles misturam de boa vontade ficção e autobio-*

grafia para contar tal ou qual paixão amorosa. Está subentendido que sua liberdade de artista está presente e que sua mulher (ou melhor, suas mulheres) nada tem a dizer sobre o assunto.

— Sim.

— *Mas o domínio dos modelos masculinos é tanto que não se pode ainda imaginar que uma mulher pretenda exercer a mesma "liberdade de artista" sem incorrer em represálias. Você não tinha a intenção, suponho, de romper com seu marido. Você tinha portanto a certeza de que ele respeitaria sua liberdade.*

— Eu não me perguntei sobre isso. Era preciso que eu o escrevesse.

— *Como assim "era preciso"?*

— Pois bem, a coisa mais importante no mundo para mim, naquele momento de minha carreira (esta palavra tem um lado idiota, mas, enfim, é verdade que 30 anos de escrita podem ser tratados como uma "carreira"), era descrever a paixão, quer dizer, algo de insensato, que intelectualmente não se compreende, que racionalmente é rejeitado, mas que nos atinge no ponto mais obscuro do ser, lá onde encontramos as forças primitivas, autênticas. É apaixonante laçar essa força do desejo com as palavras.

— *Você teve a consciência de que muitos homens, ainda que fossem eles mesmos extremamente livres, teriam feito de tudo para impedi-la de publicar esse livro; e que o homem com quem você partilha sua vida foi bastante excepcional?*

— Eu nunca me disse isso, você tem razão. Oh, você tem toda razão, é claro. Mas, ao mesmo tempo, nosso contrato inicial não dizia respeito somente à liberdade do sexo, afinal de contas, mas à liberdade, simplesmente.

— *É claro, mas tenho certeza de que certos romancistas, que afirmaram eles próprios sua liberdade, fariam pressão sobre a mulher com a qual partilham a vida, se ela escrevesse o simétrico de seus próprios discursos.*

— Sabemos que Scott Fitzgerald agiu desse modo com sua mulher, Zelda. E o marido de Sylvia Plath. E outros. Pessoalmente, não pensei nesta possibilidade... É uma homenagem a Paul, aliás. Mas talvez eu tivesse sido capaz de lhe dizer: "Se você não o suportar, nós nos separaremos por seis meses. Se o livro não tiver sucesso algum, será esquecido." Eu não teria renunciado a esse livro. Eu o considerava um filho. Sem dúvida, eu tinha de fato, e enfim, me tornado uma romancista.

— *O fato de ser casada com este homem depois de muito tempo a impede de ver que ele teve uma atitude excepcional, não somente em relação aos homens de sua geração, mas também em relação aos homens que poderiam ser seus filhos, e mesmo seus netos?*

— Primeiro, ele tinha respeito pelos seres, inclusive sua mulher, o que é raro. Repugnava-lhe interferir no destino de quem quer que fosse, a ponto de deixá-lo se afogar, se fosse sua vontade. Exagero um pouco. Há alguma coisa de aterrorizante, mas belo ao mesmo tempo. E depois, ele tinha respeito pela escrita. E meu livro é um romance, afinal de contas, não uma confissão. Nunca conheci um marinheiro pescador! Raramente eu tinha tomado os homens por heróis. Gauvain é a minha primeira verdadeira criação romanesca, mesmo que tenha me inspirado em detalhes vividos. O meu "verdadeiro", na vida, era um piloto americano. E também alguém que raramente está presente!

Enfim, é preciso dizer também que Paul, menos em seus romances e mais em sua vida, sempre se reservou uma grande parcela de liberdade. Tínhamos começado um pouco, se você quiser, com o contrato de Sartre e Beauvoir, sobre os amores contingentes e os amores necessários. Com frequência, fui obrigada a consultar o contrato, relê-lo... para me obrigar a aplicá-lo em todas as circunstâncias. Algumas vezes, também fui muito infeliz.

— *Vocês se comprometeram a dizer tudo um ao outro, como Sartre e Beauvoir, que, afinal, contavam sem dúvida coisas demais?*

— Não. Parece-me um grande risco e, além disso, um grande sofrimento. Era Sartre que propagava seus amores contingentes, na realidade. Suas cartas para Castor[1] são terríveis. Quando se trata do amor dos outros, compreendemos tantas coisas, ao passo que somos cegos quanto a nós mesmos! Acho que são quase sempre os homens que se beneficiam desse tipo de contrato.

---
[1] Era assim que Sartre chamava Beauvoir. (*N. do T.*)

— *Tenho uma grande admiração por eles, que conservarei para sempre, mas não estou absolutamente certa de que esse contrato tenha sido uma boa ideia.*

— Para mim, é muito importante saber que você gosta do casal Sartre e Beauvoir. É uma linha divisória. Eu não me sentiria em confiança, na amizade, com alguém que subestimasse suas obras ou condenasse seu modo de vida. Quanto ao contrato entre os dois, ele ainda assim os conservou dentro da imagem mítica do casal que perdura até a morte. Ainda sou grata a Beauvoir por isso. Tantos inimigos deles teriam ficado satisfeitos se eles se traíssem!

— *Vocês dois tinham, antes de tudo, um contrato tácito de liberdade.*

— Exatamente. Sem segredinhos, mas sem descrições detalhadas tampouco. Eu certamente ignorei um bocado de coisas.

— *Vocês conheciam os protagonistas?*

— Infelizmente, quase sempre são conhecidos. E viver isso chega a ser intolerável às vezes. Mas, visto que eu estava de acordo com o princípio! Considero inumano exigir de alguém, hoje em dia e em nosso meio parisiense, em nossos ofícios em que as tentações são incessantes, que renuncie a tudo que não seja você. Caso com você, e isso quer dizer que doravante você nunca mais tocará em outra mulher, não aceitará mais nenhuma aventura, não participará nunca mais do jogo do amor e do acaso, não terá mais acesso à liberdade? É horrível! Além disso, eu não me sentia à altura para impor algo assim.

— *No final das contas, você avalia ter tido razão ao apostar na liberdade recíproca?*

— Esta me parece ser a atitude mais digna. Mas é difícil de ser vivida por aquele, ou aquela dos dois que mais ama, ou ama por mais tempo. Não me esqueço de uma noite em que estávamos celebrando nossos dois anos de casamento, Paul e eu, e então Paul me disse com uma expressão perfeitamente inocente e alegre: "Um brinde aos meus dois anos de fidelidade conjugal. Nunca acreditei que pudesse resistir por tanto tempo!"

— *Quando é possível dizer isso com humor, é bom, não?*

— Bom para quem? Isso me atingiu como uma ducha gelada. Primeiro, implicava que o período de fidelidade estava terminado. Mas que se há de fazer, estava no meu contrato, só as datas estavam em branco! Ele voltava a ser o homem que eu conhecera antes. Minha mãe me havia prevenido suficientemente! Só me restava assumir, e eu assumi, porque nós nos entendíamos tão bem a respeito da maior parte das coisas da vida...

Só bem mais tarde eu aprendi que podemos amar duas pessoas ao mesmo tempo. "Porque as coisas têm valores diferentes", como dizia Gide. Ele sempre soube disso. Dois, três, dez... Ele gostava do amadorismo, não da especialização.

— *Mas ele ficou com você? Voltamos a Sartre e Beauvoir, aos amores contingentes e ao amor necessário.*

— É o que ele me dizia a cada vez.

— *Hoje em dia, em retrospectivo, isso lhe parece satisfatório?*

— Digamos que funcionou. Mas, certa vez, eu precisei escrever O *feminino plural*, para desabafar, para chorar com outros olhos. E nesse tipo de percurso, de vez em quando naufragamos, o casco se abre ao chocar-se com um banco de areia imprevisto... é preciso saber nadar, vedar as rachaduras, sorrir para os outros, para os filhos...

— *Ouvindo isso, mas talvez se trate de uma falsa impressão que você poderá corrigir, temos a convicção de que vocês dois escaparam daquilo que, acima de tudo, mina os casais e apodrece sua relação: o ressentimento.*

— Sim... sim. Porque nós conseguimos mais ou menos nos manter à altura de nossas promessas.

— *Porque a maior parte das pessoas que viveram juntas tem ressentimento. Ao passo que, com vocês, aparentemente, nenhum dos dois sentiu-se desse modo.*

— Não, não vejo por que ficar ressentido com alguém por ser quem é. Teria sido melhor não escolhê-lo. Não nos casamos para fazer do outro um reflexo de nós mesmos. Nem para nos refazermos a nós mesmos. Eu já havia tentado uma vez...

— *É provavelmente graças a essa liberdade que se pode escapar, senão a frustração conduz ao ressentimento.*

— E que veneno é o ressentimento numa vida a dois! Mas existe um veneno do qual é ainda mais difícil escapar, é o ciúme. Ele é imprevisível e devastador. Mas a vida é assim. É infantil acreditar que se possa economizar o sofrimento. Hoje em dia, uma vida em comum pode durar 50 anos! É inadmissível dizer que durante 50 anos — a metade de uma vida, ou mais — não conheceremos mais os prelúdios do amor, não viveremos mais os primeiros momentos do desejo, que recusaremos o encontro excitante no trem ou no avião e que, por causa de um voto de fidelidade, nos privaremos de momentos únicos, por vezes deliciosos. Além disso, para os escritores, trata-se de armazenar materiais de construção!

— *Dito isso,* Os vasos do coração, *não terá sido esse livro uma forma de vingança?*

— De modo algum. Sequer por um segundo. Mas me parece que eu o teria escrito, ainda assim. Talvez mesmo ainda mais cedo, com um marido de fidelidade sufocante.

— *Então, você compreendeu, no instante em que decidiu ousar esse texto, que iria o mais longe possível na sua liberdade de escritora?*

— Não ficou explícito no momento. Foi depois que eu o analisei. Na hora, o que contava era ir até o fim desse livro.

— *Era então aquilo que gera, no fundo, a força dos escritores: uma forma de necessidade. Nada poderia interrompê-la. Mas você me disse que* Assim seja ela *tinha sido sua maior satisfação. Os vasos do coração lhe trouxe uma satisfação ainda mais forte?*

— Não realmente mais forte, pois eu tinha chegado a um estado em que sentia menos necessidade de reconforto. Mas adicionava-se a isso o prazer malicioso de confundir os críticos, ao menos os misóginos: "O quê? Uma feminista, e uma feminista sexagenária, que escreve uma história assim, utilizando um vocabulário tão indecente..." Pois é, continuamos sendo sempre uma menina que não tem o direito, como o têm os meninos, de dizer palavrões. Isso me deleitava, o fato de embaçar minha imagem!

— *É um livro bem mais provocante do que* Assim seja ela. *Mais livre e mais denunciatório das convenções sociais. Houve reações negativas das feministas em relação a* Os vasos do coração? *As feministas são, infelizmente, e com frequência, recatadas e bastante moralistas.*

— Curiosamente, houve. As "verdadeiras" feministas não devem ter gostado. Mas é como quando dizemos uma "verdadeira" mulher. Isso não quer dizer grande coisa. Aceitar essas definições redutoras é como fazer um pacto com o inimigo.

— *Como você explica essa forma de moralismo que sempre me surpreende nas mulheres que aspiram a lutar pela liberação de todas?*

— Não há o que explicar, é uma das facetas do feminismo. Tampouco se pode explicar o "moralismo" desta seita, deste integrismo religioso, apenas o constatamos e olhamos em outra direção. Queremos sempre que as feministas marchem num mesmo passo e repreendemos suas menores divergências. Isso é injusto e ridículo. Entre os socialistas, existem correntes, assim como entre os comunistas e os ecologistas. Ora, somos muito mais numerosas e diversas que um ou outro partido político. E quando incluímos a sexualidade na teoria, o que é inevitável, aí então, é a maior barafunda. Observe as discórdias que existem entre sexólogos e outros psicólogos. Eu me recuso a lançar um anátema contra quem quer que seja. É a riqueza do feminismo.

As feministas moralistas, das quais você me falava, são sem dúvida as radicais que reivindicam que toda mulher deveria se tornar lésbica. Seu tema: "Uma mulher heterossexual é no melhor dos casos uma reformista; no pior, uma colaboracionista." Eu concordo, em teoria. Ao mesmo tempo, quero poder "colaborar" se a música me agradar. E, falando em música, Renaud disse a mesma coisa de modo muito mais engraçado no programa *Faut pas rêver*, e eu assino embaixo: "Uma mulher que vota num homem é como um crocodilo que entra numa loja de artigos de couro!" É o maior barato, como diriam minhas netas.

— *Mas, então, você aceita viver em contradição com suas teorias?*

— É isso ou o suicídio! Na verdade, é o stalinismo do pensamento único e seu desvio, a *political correctness*, que são inaceitáveis, não as contradições, que são o sal da vida. Elas nos levam à loucura, às vezes, mas criam artistas, poetas, utopistas. Amamos a vida e a morte é um risco incessante; nós nos apaixonamos por um homem e detestamos os machos, principalmente em bando; gostamos de fazer amor e detestamos a dependência que isso pode provocar... São complicações enriquecedoras...

— Antes da época de sua afirmação feminista, você tinha dificuldades de se entender com as mulheres? Com aquelas que se sentiam à vontade na sua imagem tradicional?

— Foram elas que me rejeitaram, na maioria das vezes. Eu, pessoalmente, esperava sempre retirá-las daquela situação, semear um grão de revolta. Não é preciso muito, às vezes. Vou lhe dizer como esses padres, que eu detesto, recuperam os incrédulos na hora da morte: estou convencida de que todas as mulheres são feministas que ignoram este fato. Mesmo Margareth Thatcher, quando ela aparece num programa de televisão, tenho vontade de saudá-la. Sem exagero! Quando vemos todos esses encontros internacionais, essas reuniões europeias, e percebemos que são os homens — homens velhos, homens jovens, homens negros, homens amarelos, mas sempre homens — que decidem nosso destino, e eu noto uma mulher, uma só, com seu penteado impecável e seus olhos azuis que nada temem, pois bem, fico comovida. Ainda que não tenha levantado sequer o dedo mindinho em defesa das mulheres, ela lhes fez muito bem simplesmente com sua imagem e sua coragem. Quanto àquelas que traem, eu me digo: "Como devem ter sofrido para não terem ainda entendido coisa alguma!"

— *Você dizia há pouco que seu livro surpreendeu mais ainda porque foi escrito por uma mulher de 65 anos. Como você viveu o envelhecimento? Todos os fantasmas que envolvem as mulheres que envelhecem? Todas as coações que se impõem às mulheres?*

— Querem nos considerar culpadas até mesmo por envelhecermos e não mais oferecermos aos homens a imagem da mulher objeto sexual, a única que eles privilegiam! Eu desaprovo nossas revistas por participarem dessa conspiração e por rejeitarem as mulheres acima de 50 anos. Mesmo as quarentonas são suspeitas. As *top-models* são cada vez mais jovens, agora. Não têm mais 28 ou 30 anos, como as modelos da minha mãe. Elas têm entre 15 e 20 anos. Até menos! E nos demonstram, ao mesmo tempo, que mulher alguma é jovem demais para os homens, exceto evidentemente se se tratar de um mendigo. Anthony Quinn, 75 anos, casa-se pela quarta vez com sua secretária de 28 anos, que espera dele um bebê, embora ele já tenha seis outros filhos! E o pai de Sylvester Stallone, 77 anos, que trouxe ao mundo, em 1996, um bebê, concebido por uma mulher que tem 45 anos menos do que ele! Há algo de patético nessa corrida aos bebês: parecem meninos bem pequeninos que disputam uma competição de "piruzinhos"! Enquanto isso, os moralistas gritam estridentemente porque algumas dezenas de mulheres no mundo tiveram ou terão vontade de engravidar após os 50, e eu acho que escolheram o alvo errado. Uma mulher de 55 anos tem maior expectativa de vida do que um vovô de 77! E os comitês de ética, tão preocupados com a moralidade das mulheres, deveriam se dedicar antes à moralidade masculina, que se acomoda tão bem à pedofilia e à prostituição, o silêncio deles servindo como aprovação.

— *Como você reagiu a tudo isso? A aparência física, por exemplo? Você recorreu à cirurgia estética?*

— Aos poucos, eu me reconciliei com essa aparência física, com a ideia de ser uma mulher, irremediavelmente. E descobri que, se eu não tinha nenhum charme, era porque não me amava. Descoberta banal! Tenho a impressão de que foram as minhas primeiras leitoras que me deram confiança em mim mesma. Todas aquelas cartas me dizendo que eu lhes havia dado o gosto pela vida, a coragem de serem elas mesmas. Mas, no momento em que eu rejuvenescia dentro da minha cabeça, surgia minha imagem que me traía! Eu quis reconciliar o meu eu íntimo com minha aparência. Assim, recorri aos meios que a cirurgia estética oferece e fiz um *lifting*.

— *Você não suportava essa brusca diferença entre seu rejuvenescimento interior e seu envelhecimento físico?*

— Exatamente. Aos 20 anos, eu não sabia que era jovem ou, em todo caso, não sabia aproveitar isso. De repente, aos 50 anos, eu me sentia cada vez mais confiante, feliz; exercendo a profissão que eu amava, tendo ao meu lado um homem que eu amava, com as dificuldades habituais, é claro, mas no conjunto tendo mais ou menos realizado meus sonhos. E nesse momento, meu visual me abandonava! Não meu corpo, pois sempre fui esportiva — esqui, remo, pesca, jardinagem... Era realmente um problema fisionômico. Então, já que eu podia trapacear, considerei a possibilidade de fazer uma careta para a vida lhe dizendo: "Amanhã, vou remoçar 15 anos de uma só vez com a ajuda do bisturi!"

— *Você não experimentou nenhuma angústia ante a ideia da operação, a modificação do rosto, portanto de sua própria pessoa?*

— Bem menos do que a ideia de envelhecer a fogo brando. Eu estava tão segura que nada poderia me impedir. Chega o momento em que não conseguimos mais nos olhar num espelho. De manhã, acordamos jovens, cheias de vivacidade, saímos, andamos a passos largos pelas ruas sem pensar em nada, e então, bruscamente, nos surpreendemos refletidas na vitrine de uma loja — cruel, sob a luz alvacenta da manhã no inverno! —, e vem o choque! "Essa sou eu? Não é possível! Há um equívoco!" Pois bem, esse equívoco era-me dado a corrigir (enfim, o verbo não é exato: nada nos é "dado"), digamos que me propunham remover 15 anos em algumas horas! Aplicar um belo golpe na vida, na sociedade!

— *Você acha que cedeu à pressão social?*

— Foi um conjunto de circunstâncias. O fato de a velhice ser totalmente desconsiderada hoje em dia. Não há mais vantagem alguma em ter os cabelos brancos! São as jovens louras que são ajudadas a embarcar suas malas no trem, não as "vovós", como dizem com condescendência.

— *Você se sentiu aprisionada por isso?*

— Sim, eu me deixei aprisionar. E os homens tampouco conseguem escapar. Um velho profissional, isso não é mais possível. Eles fazem todos uma intervenção estética, todos aqueles cujos rostos são um pouco seu cartão de apresentação: os artistas, apresentadores de televisão, os políticos... Eles fazem implantes no rosto, encolhem as bochechas, esclerosam as varizes para correr pelas praias das Ilhas Maurício ou das Antilhas ao lado de suas novas e jovens esposas... O que é terrível é que aquelas que resistem, que se recusam, logo parecem fazer parte de outra geração, anterior à de seus contemporâneos! Penso numa certa atriz, um pouco mais jovem do que eu, que, numa cerimônia de entrega dos prêmios César, parecia a mãe de Micheline Presles, Danielle Darrieux ou Michèle Morgan, todas essas mulheres que conservaram nos rostos uma juventude impressionante. E uma Elizabeth Taylor, que durou duas vezes mais do que havia previsto... o criador, graças ao progresso da cirurgia, ela conseguiu uma sobrevida.

— *Uma de minhas amigas, que recorreu várias vezes à cirurgia plástica, porque também exerce uma profissão de destaque, diz, com uma lucidez espantosa: "De qualquer maneira, a alternativa é ter o aspecto de uma velha ou o aspecto de uma velha remendada... Mas não nos rejuvenescemos."*

— Não concordo. Quando nos vemos sem bolsas sob os olhos, sem rugas no canto da boca, sem queixo duplo, a gente vibra. E esse júbilo faz bem à saúde, produz endorfinas, rejuvenesce. Entre 45 e 65 anos, é possível realmente conservar uma espécie de idade indeterminada. É útil profissional, amorosa e pessoalmente.

Além disso, sou um ano mais velha do que Paul, e praticamente todos os nossos amigos, inclusive meu ex, Georges de Caunes, casaram-se pela segunda ou terceira vez com mulheres 20 ou 30 anos mais jovens do que eles. Quando nos encontrávamos numa noitada "moderna", às vezes eu tinha a impressão de ser a mãe de meu marido!

— *Se Paul Guimard não foi embora com uma jovem, não será porque ele era mais sutil do que os outros?*

— Não é uma questão de inteligência, é o desejo de... voltar a Veneza pela primeira vez. Com uma nova pessoa jovem.

— *Mas, no fundo, isso lhes custa muito mais caro em todos os aspectos possíveis. Basta ver seus esforços patéticos para parecerem jovens, recomeçam a praticar windsurfe, dançam a noite toda... existem até mesmo aqueles a quem isso acaba por matar prematuramente.*

— Suponho que eles prefiram 5 ou 10 anos de amor e um enfarte a 15 ou 20 anos de vida de aposentado e um enfarte da mesma forma...

— *Falando de envelhecimento, eu gostaria que falássemos sobre algo que, durante muito tempo, foi um fantasma para as mulheres de uma maneira tão negativa, a menopausa. Dizem que essa angústia é agora coisa do passado. No entanto, os homens não param de zombar. Basta que uma mulher próxima dos 50 anos esteja de mau humor ou chorosa, imediatamente podemos ouvi-los cochichar que ela já está sendo atacada pela menopausa. Você parece acreditar que a menopausa não passa de mais uma peripécia que o feminismo, de algum modo, lhe ajudou a superar com serenidade.*

— Como se diz, *panem et circenses*, eu responderia: o feminismo mais os estrogênios. Gostariam de nos fazer crer que a menopausa é a antecâmara da decrepitude, mas muitas mulheres são magníficas hoje em dia aos 60, 70 anos! Sem falar nas cinquentonas. Tudo pode nos acontecer aos 50 anos, o amor, o desamor, uma nova profissão, a descoberta de uma arte... e muito mais. Infelizmente, um número demasiado grande de mulheres ainda não ousa se cuidar e, na França, não são encorajadas a isso. Nossos médicos são homens, antes de serem médicos. Como médicos, deveriam cuidar de nós, mas, como homens, não lhes desagrada que permaneçamos submetidas aos ciclos biológicos! Eu sempre preferi UMA ginecologista. Mas durante tanto tempo as mulheres sofreram com a menopausa, na melhor das hipóteses em silêncio, na pior, no desgosto com elas mesmas, que agora elas são em geral reticentes para solicitar um tratamento. No entanto, é o último ferrolho, o último mecanismo infernal que nos mantém na resignação à nossa fisiologia. E como aceitar o fato de ser posta de lado durante um quarto da sua vida? Um quarto!

— *Por causa da vergonha, uma vergonha que foi sadicamente cultivada durante séculos.*

— E como de costume, com a ajuda da linguagem. O vocabulário, as imagens relativas às mulheres na menopausa são feitas para lhes minar a moral, humilhá-las, demoli-las. No livro que o professor Rozenbaum dedicou à menopausa em 1939, ele assinala que os médicos americanos qualificam em estado de "pré-menopausa" todas as mulheres entre a puberdade e o desaparecimento da menstruação! É como se qualificássemos a vida de estado "pré-mortal"! Por que não de agonia adiada?

— Se uma mulher que envelhece pode se sentir mal, infeliz, em função dessa modificação hormonal, seu mal-estar não vem certamente do olhar da sociedade sobre "a mulher menopáusica"?

— Em primeiro lugar, o desequilíbrio hormonal, atualmente, pode ser tratado, desde que não se aceitem as imposições de certos médicos. Em segundo lugar, quanto ao olhar da sociedade, não devemos tampouco nos deixar impressionar nesse aspecto. Ainda me recordo, quando vim morar em Hyères, 20 anos atrás, de um homem nada jovem que gritou para mim de seu carro durante uma manobra difícil: "Isso é por causa da menopausa!" Eu estava de carro também, nas ruas estreitas e inclinadas da cidade velha, mas nem cheguei a arranhar sua carroceria; esse senhor simplesmente não havia se acostumado à ideia de que uma mulher tinha também o direito de dirigir, ele fazia parte daqueles que, antigamente, eram contra o direito de voto das mulheres e que convenceram as suas esposas de que eram incapazes de conduzir. Confesso que isso me irritou! Será que uma mulher imaginaria alguma vez replicar: "E você, com sua velha próstata!" Isso talvez pusesse fim a esse tipo de agressão.

— *No fundo, não saímos de fato do* Tota mulier in utero, *dessa redução das mulheres ao seu sexo?*

— É tão agradável continuar humilhando-as! Outro exemplo de vocabulário assassino é essa expressão que ouvimos frequentemente: "Não sobrou 'nada'", ou "Extraíram 'tudo'!". As mulheres foram por tanto tempo reduzidas a seu papel de objeto sexual e de reprodutoras, que esqueceram que são primeiramente seres humanos e não vacas. E que, sem úteros ou seios, são da mesma forma seres humanos. Mais uma vez, eu diria que foi graças ao feminismo que pudemos nos desembaraçar de julgamentos desvalorizadores. Às vezes, é difícil. Eu estudei Diderot no programa de meu mestrado em Letras, um de meus autores preferidos, e que me parecia um amigo das mulheres. Foi imensa então minha decepção ao descobrir o que ele pensava sobre o outro sexo, depois da juventude: "Na menopausa, o que é uma mulher? Negligenciada pelo seu esposo, largada pelos filhos, nada dentro da sociedade, a devoção é seu único e último recurso." Que absurdo!

— *Você descobriu então remédios eficazes para viver, apesar desse período, de maneira positiva?*

— É o moral que conta, nesse ponto também. Recorrer aos hormônios de substituição não basta, porque nenhuma receita médica pode tornar a vida agradável, digna de ser vivida, se nos sentimos feias e vazias, nos acreditando inúteis. É absolutamente necessário escapar da imagem de esposa admirável, da mãe dedicada, da dona de casa perfeita, para cuidarmos um pouco de nós mesmas. Isso dura a vida toda, uma evasão. Trata-se de se reinventar continuamente.

— *Voltamos ao seu caro egoísmo.*

— Pois é, mas também à amizade, à amizade entre as mulheres, especialmente, que poderia se chamar de amizade entre as mulheres em oposição à amizade entre homens, que é algo valorizador e útil para o ego masculino! Essa evolução é, aliás, um caminho. Observe filmes como *Thelma e Louise*, *Tomates verdes fritos*, ou o maravilhoso *Na companhia de estranhos*, da canadense Cynthia Scott, ou, mais recentemente, *As horas*. Seria preciso prescrever esses filmes e boicotar aquilo que é a sequência lógica da misoginia tradicional, filmes, por exemplo, como *As vovós*, cujo título já nos enclausura num personagem de mulher menopáusica.

— *A propósito de* Os vasos do coração, *eu gostaria que você explicasse com mais precisão o próprio fenômeno do sucesso. Você ficou quase um ano no topo da lista dos livros mais vendidos; depois, dois anos na lista de best sellers da Alemanha. Somente Jean-Paul Sartre, com* As palavras, *tinha alcançado essa marca. Você vendeu um milhão de exemplares em edição normal e 900 mil em edição de bolso. Como você analisa esses números, já que na França as vendas ficaram em 150 mil exemplares, vendas comparáveis às de seus outros romances —* Les trois quarts du temps, *por exemplo, atingiu 200 mil.*

— Não consigo explicar, mas acho que, de tempos em tempos, se produz uma espécie de fenômeno amoroso que se desenvolve em torno de um livro e que cria o efeito de uma bola de neve. Eu esperava ainda menos, visto que não falo alemão e que não tinha atravessado a fronteira alemã antes desse sucesso. Meu editor, Droemer Knaur, que cuidou da tradução de todos os meus livros, desde o *Diário a quatro mãos*, com sucesso decente, tampouco esperava por isso. *Salz auf unsere Haut*[2] vendeu lá duas vezes mais que na França, e acabei me dando conta de que meu sucesso dependia da latitude! Visto que na Alemanha, na Holanda e nos países escandinavos, incluindo a Finlândia, houve recorde de tiragens! Em compensação, nos países mediterrâneos, o livro nunca conseguiu decolar!

— Foi então no norte da Europa que essa história foi reconhecida e apreciada, ao passo que não atingiu o povo do sul. Uma questão, sem dúvida, de diferença cultural entre "os latinos" e os outros.

— Em todo caso, ao viajar para a Alemanha, em seguida, para participar de colóquios e encontros nas bibliotecas de diversas cidades, tive a ocasião de falar sobre esse fenômeno com universitárias e leitoras. Com leitores também, porque, na Alemanha, não encontrei essa ironia bem francesa diante do feminismo. Eu era uma autora normal (*Autorin* no feminino da língua alemã, que não sofre dos mesmos complexos gramaticais que o nosso idioma!), e não uma feminista que escreve romances como se fossem teses. Fiquei muito emocionada também com a consideração que o público tem pelos escritores, algo que não vemos mais na França. Lá, a escrita

---
[2] *O sal sobre nossa pele*, título alemão para *Os vasos do coração*.

continua sendo uma atividade prestigiosa, que tem algo de mágico. As pessoas afluíam em Colônia, Hamburgo, Wiesbaden, para me escutar lendo as páginas de meus livros em francês, embora com frequência mal falassem nossa língua. Mas eles escutavam... com devoção, como se estivessem numa missa. Achei comovente esse respeito pela literatura, pela voz de um autor, pelo seu rosto... Na França, não se incomodam mais em escutar um autor... a menos que seja lido por Fabrice Lucchini! É preciso haver 50 escritores num festival para que o público compareça!

— *Durante esses encontros, você pôde entender melhor as razões geográficas desse sucesso?*

— Cheguei a duas hipóteses. A primeira é que a imagem da mulher dada no romance está de acordo com o lugar das mulheres nas civilizações nórdicas, celtas, vikings ou germânicas. Encontramos nesses povos do norte personagens femininos fortes numa grande variedade de papéis. Ao passo que em Roma, berço do terrível "Direito romano" que infelizmente herdamos, a mulher não tinha nome (ela portava o nome da família), nem direitos. Ainda há resquícios na Itália, onde as mulheres são com frequência apresentadas nos papéis de Messalina ou de santa. É a *Mama* ou a *Putain*. Já nos países mediterrâneos, minha heroína suscitou uma certa rejeição porque ela lhes refletia uma imagem inversa à sua própria submissão. Eu me beneficiei de outra vantagem: por ser uma francesa, as leitoras alemãs puderam se permitir gostar de meu livro. Acredito que teriam perdoado menos minhas interpretações sobre a moral conjugal se eu fosse alemã

— lá, elas se diziam com uma indulgência um pouco escandalizada e um bocado de inveja: "Isso é tipicamente francês. Só na França é possível viver e escrever coisas parecidas!"

E é verdade que nos romances alemães, a rivalidade homem/mulher se produz quase sempre de modo violento. Penso em *Lust*,[3] de Elfriede Jelinek, que estava na lista de best sellers ao mesmo tempo que eu, e no qual os personagens masculinos são uns broncos e maníacos sexuais, e as mulheres são vítimas abjetas.

Segunda hipótese: obscuramente, as mulheres — que são as verdadeiras compradoras de livros, as pesquisas o provam — estão cansadas de se projetarem em personagens desesperadas. Havia em *Os vasos do coração* uma imagem de liberdade que as fazia sonhar, sobretudo num país puritano. E, ao contrário do que aconteceu com frequência com *Assim seja ela*, os maridos não o proibiram às suas esposas, já que se tratava apenas de um romance.

— Assim seja ela *foi então um livro proibido por alguns maridos?*

— Para meu grande estupor, isso ainda acontece. Conheci pessoalmente dois ou três casais assim. O marido teme que os fermentos da independência destruam sua união conjugal. "Não leia isso, não é bom para você." Na verdade, não é bom para ele, para seu status de chefe de família! Os homens ainda não entenderam que é com

---

[3] Traduzido para o francês por Yasmin Hoffmann e Maryvonne Litaize. Éditions Jacqueline Chambon, 1991.

uma mulher emancipada que se pode construir um verdadeiro casal... desenvolver uma relação durável, como se diz hoje em dia...

— *Eu constatei a mesma coisa com a* F Magazine. *Por exemplo, um médico do interior que eu conhecia e que, na época, devia ter uns 40 anos, dinâmico, esportivo, moderno e de vanguarda...*

— Dinâmico? Esportivo? Esses são os piores!

— *... ele obrigou sua mulher a cancelar sua assinatura da* F Magazine, *dizendo: "É uma revista para lésbicas, não quero mais ver isso aqui em casa." Tal como o conhecemos, esse tipo de reação deve ter-lhe dado coragem para continuar. Mas quanto a* Os vasos do coração, *você parece não ter tido dúvida alguma ao escrevê-lo.*

— Tive, sim. No meio do livro, eu me perguntei se uma história baseada quase que unicamente no desejo e no prazer resistiria durante 300 páginas. Se EU resistiria a chafurdar assim dentro do amor. Por vezes, me senti enjoada, tinha vontade de escrever sobre o deserto de Gobi! Então passei o manuscrito para minhas filhas, e foram elas que me encorajaram a prosseguir. E depois, havia o prefácio que ninguém queria. Eu tampouco. Aliás, não consigo lê-lo em voz alta. Na Alemanha, durante as "leituras", a cada vez me pediam para começar pelo prefácio e eu percebi que não era capaz. Não conseguia olhar as pessoas nos olhos e ler aquelas palavras!

— *E por quê?*

— Existem textos que não suportam ser declamados. Eu podia escrevê-lo, ainda que o considere demasiadamente cru hoje em dia. Eu o escreveria de outra maneira agora. Mas eu precisava dessa explicação preliminar. Jean-Claude Fasquelle, meu editor e amigo, me disse: "Você não precisa de uma carta de desculpa para anunciar que está abordando um assunto escabroso." Mas eu me apeguei. Eu o tinha escrito antes de iniciar o romance, como um escudo, de certa forma. Esperava mostrar que não estava escrevendo uma *love story* à americana, nem um melodrama à francesa.

— Justamente, é o contrário de um melodrama, e é mesmo um livro que pode tocar e apaixonar pessoas que não gostaram necessariamente do restante de sua literatura. O mais apaixonante, e que supera a questão estrita do feminismo, é sua maneira de atingir o cerne do problema das relações entre os homens e as mulheres. Você sentiu que, no fundo, toda sociedade visa fazer com que as pessoas ingressem no sistema social. Então o amor e, singularmente neste livro, essa paixão entre George e Gauvain serão destruídos caso se deixem engolir pelo social. Em Os vasos do coração, *um bocado de coisas dessa ordem é dito ou sugerido. Sem criar teorias, você permite entender que na maior parte do tempo o que se passa verdadeiramente entre um homem e uma mulher é o que há de mais associal no mundo.*

— Exatamente. E é nesse ponto que a paixão é fundamentalmente diferente do amor. Ela não é redutível à escala e aos critérios da sociedade. Ela é intolerável. E contudo...

Capítulo XI

Plic e Ploc, Septuagenários, Vão à Pesca

"*Vocês sabem que, ainda que eu seja muito jovem, antigamente eu era mais jovem ainda!*"

Henri Michaux

Um golpe violento atinge o vidro da janela que dá para o sol nascente. Enfim, digamos o nascente, a palavra sol é desnecessária.

— Olhe, o vento está vindo do leste hoje de manhã — reflete Plic se enfiando um pouco mais dentro da coberta. Ela sequer ergueu uma pálpebra para olhar a hora, já que Ploc dorme ainda, ou finge. De qualquer forma, de que serve saber a direção do vento, visto que na Irlanda, quer eles venham de leste, do sul ou de outro canto, todos os ventos podem trazer a chuva? Do fundo da cama, o pensamento nas roupas úmidas que a esperam, no barco que precisará ser esvaziado antes de partir e nas duas silhuetas amarelas lutando contra os chuviscos e os temporais mais renhidos para recuperar os cestos no mar, como o pastor que não volta para casa sem levar sua ovelha extraviada, essa imagem parece risível, irreal, absurda. Mas ameaçadora.

— Acho que está na hora de irmos — sugere uma voz abafada pelo travesseiro.

— Ainda temos tempo — responde Plic. A meteorologia marinha anunciava apenas 4 ou 5 pela manhã, enfraquecendo em seguida.

— A maré sobe. Na minha opinião, vai ficar mais forte com a chuva. Mas podemos não ir se você estiver cansada.

Cansada? Em resposta, Plic pula da cama. Enfim, se levanta. É dentro da cabeça que ela pula. Desde sempre, ela pula dentro da cabeça, e até então nada se inseria entre a ordem vinda de cima e a execução, mas, faz pouco, um sutil intervalo se insinua. De transportador fiel, o corpo passou a ser o fardo. Os dois eram um só e hoje são dois. Ela ainda se recusa a admitir e corre para abrir as cortinas. Sobre o vidro, uma constelação de gotas que se acumulam e sobrepõem numa crepitação metálica; através de um rasgo no céu, um sol violeta inunda uma parte da baía de Derrynane, dando um aspecto plúmbeo às zonas ainda sombrias. Sublime, como de costume. Aqui, os adjetivos moderados fracassam na descrição. São sempre dois tempos diferentes no céu. Pela janela ao sul, distingue-se ao largo uma linha do horizonte em dentes de serrote, sinal de que o mar está agitado por lá. Mas no abrigo de Lamb's Island é sempre possível jogar o tremalho por uma ou duas horas, o tempo de pescar o necessário para abastecer os últimos cestos. Só colocaram dois na água. Plic e Ploc, contudo, chegaram à Irlanda já faz alguns dias, mas não puderam ir à pesca de verdade por conta de uma neblina espessa que impedia até de ver a *Ptite Poule* fundeada. Ela é azul-turquesa, nossa *Ptite Poule*, toda redonda e barriguda, parece um pouco esses miniautomóveis, com um aspecto de galináceo quando ginga sobre as ondas. É um barquinho sólido, porém, com 4,60 metros, equipado com um casco duplo tranquilizador neste mar cheio de recifes, e construído por Beneteau, o que é também tranquilizador, neste país em que os raros barcos de pesca são remendados com velhas pranchas de madeira provenientes de velhas carroças e as pequenas embarcações modernas em poliestireno têm a espessura e a consistência de uma caixa de ovos.

— Saint Beneteau proteja nossas vidas — oram eles a cada vez que uma rajada de ventos os aproxima um pouco demais dos inquietantes rochedos apreciados pelas lagostas e que, no mau tempo, parecem aspirar e depois vomitar as ondas num movimento infernal de sucção e expulsão.

— Não faz frio — observa Plic, confiante, abrindo a porta de vidro. — Para um mês de agosto, 12ºC às oito da manhã não é o fim do mundo...

Quando faz frio, ela diz: "Não está chovendo, notou..." Quando chove e faz frio, ela diz: "A chuva amansou o mar, não vamos ter dificuldades com os cestos." E quando chove, faz frio e o vento está forte, ninguém diz nada, mas ficam com vontade de rir diante da obstinação desse país... e da deles.

Nesta manhã, nada a assinalar, o tempo está normalmente ruim. Os trajes número 2 serão o bastante: roupas íntimas, calças de lona, calças impermeáveis, camisa de marujo, chapéus de aba larga sobre uma touca de lã.

Três dos dez dedos de Paul estão latejantes nesta manhã, alerta de umidade. Algo risível aqui, onde o higrômetro está sempre acima de 80%. Seus dois dedos indicadores já estão deformados e quando ele aponta a mão para o sul, a falangeta indica o oeste. Basta saber isso com antecedência. Quanto ao polegar direito, ele é inchado e nodoso. Isso não dói, enfim, não muito por enquanto, enquanto não piora. Um dia ele terá cepas de vinho na extremidade das mãos.

"É melhor evitar colocar suas mãos na água", disse-lhe o reumatologista, "e usar luvas de borracha". Rá, rá, rá, pensou Plic.

De qualquer maneira, o ar irlandês penetra no fundo de sua articulação como se estivesse em casa. O ar irlandês se recusa a secar as roupas, queima a vegetação, apodrece os lençóis dentro dos armários e reduz a nada todos os esforços. Os cabelos coloridos e penteados de Plic se transformam em estopa se a permanente é recente, em *tagliatelles* viscosos se a permanente está no fim do percurso. Não adianta lutar: o vento, a chuva, são rei e rainha. E qualquer coisa na Irlanda desencoraja o esforço. Quando só se passa ali um mês por ano, aproveita-se por algum tempo a energia embarcada na partida do *ferryboat* de Roscoff. Na primeira semana, Plic se obstina em colocar quatro rolinhos sobre o crânio, apesar da forma abaulada que sua boina de lã ganhará. Na Bretanha, não ousaria sair vestida daquele jeito, mas aqui, nada espanta. Nada fica no lugar tampouco. Assim que os rolinhos são removidos, basta abrir a porta ao ar irlandês para que as ondulações desmoronem. Ao final da primeira semana, ela renuncia. Na segunda semana, ela renuncia ao esmalte de unhas. Basta passar uma lixa, já que precisa cortá-las com urgência, cada vez que ficam presas à malha da rede ou nas guelras dos peixes que precisa limpar todos os dias. Boa desculpa para liquidá-los tranquilamente à noite, relendo como a cada ano *Les Iles d'Aran*, de Synge, para confirmar que na "Ilha das Bruxas e dos Santos", como foi apelidada há mil anos, estamos de fato bem longe da Europa e que aqui a poesia é mais verdadeira do que a História.

Na terceira semana, Plic vê surgir sua verdadeira figura sem os apliques da civilização. Não há do que se regozijar. Na quarta, ela nem se olha mais no espelho. Está despojada de todo artifício, como uma criança que acaba de nascer. Setenta e cinco anos mais tarde.

Ao café da manhã, Plic tomou suas cinco pílulas matinais. Elas se impõem já faz dois anos e é preciso admitir que a eficácia do diurético é impressionante, ao menos por algumas horas. Nenhuma precaução preliminar ao embarque, basta para impedir que, a bordo, se desenrole uma operação perigosa. Agora, Plic se prepara para soçobrar a cada vez que o capitão é obrigado a largar o leme, erguer sua grande estatura que faz balançar o frágil esquife e segurar com uma das mãos o vertedouro enquanto a outra se esforça para abrir três braguilhas superpostas, o velcro de seu impermeável, o fecho de seu jeans e a abertura da cueca, cada um para um lado, para liberar enfim o pássaro escondido. Está escrito na bula: vontade frequente de urinar. Ploc não poderia fazer isso sentado?, se pergunta Plic. Parece que não. Os homens são estranhos.

Finalmente, ele volta a sentar-se, seu centro de gravidade abaixa, o bote cessa seus movimentos desordenados e Plic respira. Nunca sentira medo antes. Nem em Concarneau, no barco de seu avô, nem em nenhuma das numerosas embarcações que se sucederam em suas vidas de marinheiros pescadores. E depois, à medida que Ploc perdia sua estabilidade, que sua lentidão lendária adaptada ao essencial se transformava em hesitação, que seus gestos raros mas precisos se tornavam desajeitados, à medida também que seus barcos foram ficando menores e menos seguros, Plic foi descobrindo a angústia. Sabe que ela tampouco poderá dar mais um pulo, passar-lhe o arpéu, içá-lo a bordo. Ela o imagina caindo no mar, seu impermeável vermelho se inflando num instante como uma bola de chiclete, suas botas o arrastando aos poucos até o fundo. Ele desaparece. O mar se fecha sobre ele. Ele sequer tentou nadar, ela tem certeza disso. Seu coração parou bem rápido, esse coração que já não funciona bem ao ar livre.

Todo mundo lhes diz isso: eles são malucos de virem até esse fim de mundo, de se obstinarem a navegar nesse mar inóspito que tantos barcos já engoliu, desde os escombros da Armada Invencível até os navios da Expedição do general Hoche na baía de Bantry, bem perto, em 1796.

Aliás, desde a aurora, Plic e Ploc "se entendiam". Vestir-se para a pesca já é uma aventura, quando é preciso enfiar impermeáveis rígidos e úmidos, capas com cheiro de peixe e botas pesadas. Ploc ainda fica bem, com seus cabelos de celta que se enrolam sob o boné de patrão. Plic, com seu chapéu de lã horrível, enterrado em suas camadas superpostas, tem o aspecto de uma velha grumete. Ela rala como um grumete, aliás, enquanto, como todos os patrões, Ploc espera que o trabalho seja feito. Ela se agita, reúne os cestos, o escamador, as linhas, a nova paravane sueca, a prancha japonesa, e retira de seu saco de juta o velho tremalho trazido da Bretanha e que conta com 7 ou 8 anos de leais serviços. Leal não é a palavra certa. Nada é leal no mar, tudo procura nos trair, nos abandonar, naufragar, na verdade. É o objetivo final de toda onda.

O velho tremalho em náilon transparente foi mal guardado em setembro passado. No dia em que esvaziaram o barco, Ploc, como de costume, zombou do perfeccionismo de Plic, que queria juntar as argolas do alto da rede, mas também a parte chumbada, antes de colocar tudo no saco para o inverno.

— Ele não vai se emaranhar sozinho, de qualquer maneira. Você prendeu as boias de cortiça, já é o bastante.

Mas nada é o bastante para os apetrechos do mar. Eles se apressam em tirar vantagem de suas menores fraquezas e tudo aquilo que não fizemos segundo as regras da arte no seu tempo se transforma, numa certa hora, em catástrofe maior.

— Vamos estendê-la uma vez, só para verificar, antes de lançar do barco? — sugere Plic.

Mas Ploc não cede a um esforço, a menos que tenha uma faca à garganta.

— Mas, olha só, a parte de cima está impecável, a de baixo vai acompanhar sem problema... — Plic se inclina. Com o tempo, a tentação do menor esforço é contagiosa.

O Convidado deles, vestido com um traje grande demais, deixado no ano passado por um amigo de 1,90 metro, e calçado com botas pequenas demais deixadas por um outro, desceu para aguardá-los na rampa de desembarque. É um amigo de longa data do qual gostam muito. Em terra. Além disso, faz dez anos que ele vem com sua nova esposa, e os dois gostavam da antiga. Depois, convém dizer que os amigos têm o mau gosto de envelhecer ao mesmo tempo que eles e que não ajudam muito nas tarefas. Chega uma idade em que, em volta da gente, todo mundo está doente, todo mundo está morto. Difícil não querer mal a todo mundo! Além do mais, o Convidado sempre foi incompetente, o que não impede que esteja disposto a partir todas as manhãs à pesca, enquanto eles prefeririam marinhar tranquilamente, longe dos olhares. Em poucos dias, eles terão redescoberto os gestos familiares, e as manobras se encadearão sem esforço.

No dique, Plic arrasta seu bote de plástico verde. No ano passado, ele pesava menos, é curioso... Ela põe no lugar o banco feito de ripas de madeira que mandou fazer para não se sentar no fundo, os suportes dos remos, os leves remos de alumínio, e zarpa em direção à *Ptite Poule*, onde ela se encontra fundeada, algumas centenas de metros mais adiante, porque não há porto em Derrynane! É sempre ela que se responsabiliza por esta operação, pois o bote é pequeno e instável demais para um homem de 1,82 metro que pesa 90 quilos e não consegue ficar de quatro. O Convidado, por sua vez, é pequeno, mas não tem sua confiança: ele teve a infelicidade de explicar que havia aprendido a remar no lago de Genebra! Além disso, ele é do tipo que costuma refletir antes de agir... O oceano engole de uma só vez as pessoas que hesitam. Ele é um desses intelectuais, numerosos em sua geração, que se gabam de nada saber fazer com as mãos.

— Não vou servir à mesa, para seu próprio bem, pois eu quebro tudo em que ponho a mão — me adverte ele, satisfeito.

Dizendo isso, enquanto Plic serve, ele se autoriza a permanecer em sua poltrona, enchendo os cinzeiros sem nunca os esvaziar, ocioso, irresponsável e enternecedor, ele acredita. Há momentos em que os comentários sobre

Franco ou as origens do nazismo — este amigo é historiador — parecem a Plic muito menos interessantes do que um bom desentupimento do cano obstruído.

Ao encostar no bordo do barco azul, como o mar está um pouco agitado, Plic precisa controlar seus batimentos cardíacos. Isso é para ela, depois de um ou dois anos, um verdadeiro desafio, passar do bote para o barco controlando os movimentos divergentes que os balançam e a vertigem ameaçadora. No dia em que ela não conseguir mais dominar esse medo, só restará vender o barco, o último barco deles. O próximo equipamento de propulsão será um andador, com certeza. Portanto, é PRECISO passar para o outro bordo ainda este ano. E no ano que vem e no seguinte. Se houvesse aqui um porto de verdade, com um dique e argolas de amarração em vez desta ancoragem ao largo, eles poderiam continuar navegando até os 100 anos! Mas os irlandeses não se preocupam com instalações funcionais ou reparos indispensáveis, que eles têm a arte de deixar se arrastar por tanto tempo que se tornam inúteis. O dique acabou cedendo, a rampa de acesso rachou... Seria besteira empreender uma obra, *indeed*! É por isso também que eles amam este país: têm certeza de reencontrá-lo a cada ano semelhante a si mesmo, só um pouco mais vetusto, como eles próprios. As estradas têm os mesmos buracos nos mesmos lugares, não há obra "para melhor servir", nem betoneira nem operários. Todo mundo sabe fazer tudo, mal, mas dura algum tempo, e há sempre ferramentas no porão, pregos, ferragens diversas, remos partidos, e para fazer tudo funcionar, o talento do mais-ou-menos e o espírito de ajuda mútua na medida de sua negligência.

Não há onde se segurar nesses botes plásticos, *gast*, meu Deus! Nem cunho, nem alças. A prancha que serve de assento nas laterais é removível e sai do lugar se nos seguramos nela. O banco central é de plástico moldado. Por que o senhor Beneteau teria pensado numa alça para se segurar? Seu barco não é uma banheira para deficientes físicos, está-se no mar, não num hospício! Ainda ontem, bastava levantar a perna direita bem alto — o bote no nível do mar e o costado da embarcação fica bem mais em cima — e lançá-la a bordo. O gesto mais simples do mundo. Mas agora a perna fica no meio do caminho! Em terra, para atravessar um muro, por exemplo, basta um pequeno impulso, e pronto. A bordo, cada membro deve trabalhar sozinho, não pode acudir os outros. O que será isso, pensou Plic na primeira vez, talvez uma rigidez, uma cãibra passageira. Mas no ano seguinte, a perna erguia-se um pouco menos. Ora, não se pode trapacear com o mar, que não perdoa os hesitantes ou indecisos. É um matador. Em pé sobre o bote oscilante, Plic se equilibra, mas uma pequena vertigem que passava por lá, trazida por uma onda, a surpreende. Não devemos nunca esperar, porque essas coisas nos apertam o coração cada vez mais, se você deixar. "Ora, vamos, Rosie! Você quer e é capaz." Ela obedece a si mesma ainda por esse nome, mas pouco. Basta superar a dificuldade colocando rapidamente um joelho sobre o alcatrate. Vai ficar parecendo uma estropiada, mas só as gaivotas o verão. Em seguida, outro joelho e pronto, os dois pés a bordo. Não sem um tombo, mas o essencial é embarcar bem rápido.

Envelhecer, é preciso admitir, significa também perder a beleza do gesto. Nós nos distanciamos cada vez mais do movimento ideal, aquele que une a precisão à economia. Pouco a pouco, os gestos perdem sua espontaneidade: têm mais a ver com uma gesticulação, um tropeço num limite doloroso, reunindo o inútil e o desajeitado. Durante um bom lapso de tempo ainda, à condição de não soltar as rédeas, a cabeça vai substituir o corpo e a desordem dos reflexos.

A bordo da *Ptite Poule*, Plic reencontra sua rotina: soltar o arganéu, atar o bote à amarração de nó duplo (o que faria o cara do lago de Genebra, hein? Um "nó triplo"?), apanhar os grandes remos, aproximar do dique, onde o barco se imobiliza com uma hábil remada ao lado dos degraus. Ploc descerá sem ter feito o menor esforço. Plic não lhe contou suas dificuldades, porque descrevê-las significaria agravá-las. Ele se instala no comando, ao lado do motor, e começa a dar partida puxando o cabo do Johnson. Leva tempo para cativar os motores. Eles não gostam de se colocar a seu serviço antes que percebamos suas pequenas manias. Este gosta de ser bajulado. Nas primeiras solicitações, ele nunca reage. A engrenagem emperrou.

— Eles me disseram na oficina que tinham acabado de fazê-lo funcionar.

Ambos sabem que não se pode nunca contar com eles. Ao telefone, o motor está funcionando perfeitamente, *everything okay*, disseram. Enquanto isso, o motor desempenha sua comédia habitual: tosse, cospe e se cala.

— O *Mercury* funcionava melhor, você não acha?

Os motores precedentes funcionavam sempre melhor, esquecemos de seus defeitos. Já o seguinte...

— Vocês viram na revista *Bateaux* — pergunta o Convidado. — Estão anunciando um novo Yamaha com ignição elétrica!

— Você não tem barco — diz Plic. — Para que comprar revistas náuticas?

— Também não faço mais amor, depois de minha ponte de safena, mas ainda compro romances de amor!

— Não é que seja difícil, este Johnson — diz Ploc, que se esforça, mas tem sofrido de um mau reumatismo no punho nesses últimos dias. — Devo ter torcido num movimento em falso. — Existem reumatismos "bons", e será que, na nossa idade, todos os movimentos não são "em falso"?

— Eu posso ajudar a puxar o cabo — propõe o Convidado gentilmente.

Mas, a bordo, Ploc, tão cortês em terra, se torna intratável: um não marinheiro é uma espécie que deve ser impedida de atrapalhar a qualquer preço.

— Felizmente, não está ventando — acrescenta o inocente.

Plic e Ploc não precisam se olhar. O Convidado é ainda mais ingênuo do que eles pensavam.

— Não se percebe facilmente daqui — diz Ploc —, mas olhe para o horizonte: está vendo as nuvens se acumulando? Ao contrário, há uma boa brisa.

Boa, quer dizer que ela começa a ficar má. No mar, o eufemismo é obrigatório. Existem tantos náufragos lá no fundo que foram levados por uma onda — não se diz jamais por uma montanha de água espumante e, no entanto, foi o que eles viram ao partir — ou que se afogaram sob uma "boa brisa". Mas o Convidado, que não acredita em nada, morre de rir.

— Podemos lançar as linhas? — pergunta ele.

As linhas! Se ele acha que vamos deixar-lhe uma linha na mão, está muito enganado. Que ele deixe os outros pescarem primeiro e cuide de soltar os anzóis, sabendo retirar corretamente os peixes pelas guelras. Depois veremos. Talvez.

A *Ptite Poule* deixa a baía e segue seu rumo. A paisagem cresce, abrindo-se um pouco como um livro imenso, apresentando à esquerda, desnudas, verdes, roxas e marrons como um casaco *tweed*, as poderosas montanhas de Beara, que não chegam sequer a 600 metros de altura, e à direita, a encosta da colina, centenas de minúsculos terrenos cultivados, alguns quase verticais, margeados de muros de pedras soltas e salpicados com os pontos brancos dos carneiros.

Terão eles olhado com demasiada intensidade toda essa beleza que reencontram em todos os verões com a mesma incredulidade? Ou então o oceano da Irlanda apronta com eles uma das suas, só para lembrar-lhes que não se deve jamais parar de olhá-lo? O fato é que o barco acaba de atravessar um tapete de algas e o motor parou de repente. O silêncio numa embarcação a motor não é bom sinal. Os três se inclinam: um longo emaranhado dessas algas que meu avô chamava de *Chorda filum* ficou preso na hélice. Plic conhece a manobra: apanhar rapidamente os remos para manter o rumo e evitar que o barco mude de bordo. Ainda mais que se encontram na área da "rocha que respira", sobre a qual o mar avança como uma língua e depois se retira com um terrível ruído de sucção. Assim a batizaram como o fizeram com um bocado de recifes da baía, cujos nomes gaélicos dos mapas marítimos são incapazes de memorizar. Ploc levanta o motor e, com auxílio do arpéu, do croque e de seu canivete Opinel, tenta retalhar os filamentos da *Chorda filum*, enquanto Plic rema com toda a sua força, o olhar fixo naquela rocha contra a qual podem se chocar, no caso de uma manobra incorreta. Ela sabe que não é mais infatigável como outrora e o que acontecerá se ela fraquejar nas remadas? Seria bom poder contar com um remador do lago de Genebra...

Mas o que eles fazem ali, em vez de se refestelarem no castelo do Rondon, na região de Cher, a casa de repouso dos Velhos Escritores? O que fazem esses dois indivíduos sob trajes de marujos, uma agarrada aos remos, o outro às algas pegajosas? Quem virá recitar *Oceano Nox* sobre o túmulo líquido "enquanto eles dormem sob os sargaços verdes"?[1]

Somente um ruído poderá afastar essas ideias mórbidas: o do motor que volta a funcionar. A cavilha da hélice não cedeu, o Johnson se repõe em marcha, Ploc é magistral e forma com Plic a melhor tripulação do mundo. Só restam as formalidades: lançar o tremalho.

Depois de lançar a boia, a âncora, a pedra, logo nos primeiros metros... podemos ver que não vai funcionar. Partes da malha central passaram pelas grandes aberturas, impedindo a rede de se expandir verticalmente dentro d'água. É grande a tentação de largar tudo com a âncora ou aproveitar o furo feito por uma aranha no ano passado para repassar toda a extremidade que forma uma franja pela brecha. Manobra sempre fadada ao fracasso. Plic tenta, assim mesmo. O Convidado sacode a rede feito um louco. Ele sacode, sacode, é só o que sabe fazer.

— Vamos jogar na água essa parte do jeito que está. Ainda restam 40 metros para pescar, é o bastante — decide Ploc.

---

[1] Que Victor Hugo me perdoe esse leve desvio de seus versos.

Dez metros de tremalho são jogados fora na forma de uma trança, mas a sequência não é nem um pouco melhor, a encrenca continua, as chumbadas passaram por cima das boias de cortiça e a rede não passa agora de um pano de chão torcido por uma dona de casa enlouquecida. Cresce a vontade de sacar a faca. "Cortando só essa malha", aconselha o Convidado, "tudo vai se soltar...". Isso parece evidente, mas a experiência prova que essa solução é pior ainda. O desânimo toma conta de nós. E a vergonha. Plic não é mais a Rainha das Encrencas, capaz de desembaraçar em tempo recorde um caranguejo parcialmente devorado ou uma santola contida pelas malhas como numa camisa de força.

Brilha no horizonte uma solução covarde: um tremalho novo. Justamente, há outro no sótão, perfeito, sem buracos, e que não lhes causará problema tão cedo. Ploc dá ordem de renunciar. O Patrão é o Patrão. No mar, Plic não discute as ordens. Recuperamos tudo e colocamos no saco. Estendido sobre a grama, talvez o tremalho revele seu segredo. Só falta achar com que reabastecer os dois cestos já dentro d'água. O mar irlandês cuidará disso, ele nunca nos faltou. Dez minutos mais tarde, de fato, duas cavalas e um pescado surgem agitados, são imediatamente cortados em dois e estão prontos para serem inseridos nas cestas. Rebobinando a linha, Plic suspende além disso um belo exemplar: uma pescada de dois quilos de perfeita beleza, que logo será apresentada aos sabores da manteiga e da cebola. O Convidado arregala os olhos. Aquelas histórias de pescaria não eram então conversa fiada de parisienses?

O mar, às vezes, guarda para seus amantes a régia recompensa após os maus-tratos. Eles só têm dois cestos a içar, mas logo no primeiro, astuciosamente largado na véspera numa vala assinalada ao cair da tarde, uma lagosta "para quatro pessoas", as pinças apontadas para o inimigo, é trazida a bordo. Ele ignora, o infeliz crustáceo, que um Criador farsante parece tê-lo inventado para ser comido sem dificuldades pelo Homem. Ele, que no fundo do mar tem por único predador o congro, que vive por perto, espreitando seus movimentos, parece, na superfície, ter sido programado para a panela. É fácil segurá-lo pelo corselete, evitando seus tentáculos, fácil de cortar em rodelas ou pela metade, segundo o número de convivas, sua carne suculenta bem reunida de um lado, suas entranhas no outro, sem ossos, sem espinhas... é quase um *kani* japonês de tão bem acondicionado. Seu rabo se dobra em espasmos convulsivos e ruidosos para assustar, a pobre coitada! Agita em vão suas pinças que se tornaram pesadas demais na atmosfera e não sabe sequer que vale 200 francos o quilo, e que isso aumenta ainda mais o sabor de sua carne e o prazer daqueles que a caçaram.

No último cesto, retirados de modo negligente, a honra já salva, dois caranguejos grandes completam o cardápio, trata-se de uma malha fina que pesca tudo que passa pela rede.

O ambiente fica mais leve a bordo e o céu também clareia, deixando perceber no oeste a improvável silhueta das Skelligs. O alto penhasco da Pequena Skellig, mergulhando íngreme no mar, branco por causa dos excrementos de milhares de pássaros que lá fazem seus ninhos, em camadas superpostas, os pelicanos de bico amarelo nos andares de cima, e também papagaios-do-mar, almas-de-mestre, mergulhões e, mais abaixo, as gaivotas. Um imenso conjunto habitacional para os pássaros marinhos, protegidos de qualquer intrusão, mais seguros do que se houvesse um regulamento pelos rochedos pontiagudos, com goela de tubarão e desfiladeiros infernais, onde se destroçam regularmente as ondas sempre furiosas que o vento espalha e volatiza como echarpes de espuma que revestem todo o contorno da ilha, tornando irreal a noção de abordagem.

A alguns metros, a outra Skellig, St. Michel, um rochedo estreito de 215 metros, no alto do qual se agarram alguns bandos de abutres e as ruínas de uma pequena capela e de um forno de pão. Quatrocentos e trinta e dois vertiginosos degraus conduzem até lá, talhados na rocha por um punhado de Loucos Divinos, monges gaélicos que irradiaram a fé cristã através do Ocidente bárbaro desde o século VI. Que santo Colomban ou santo Gall, fundadores das mais célebres abadias da Europa, que nobres bretões e príncipes merovíngios tenham vindo a este lugar durante cinco séculos em busca da fonte do ascetismo místico é ainda uma dessas lendas celtas que compõem a trama da história irlandesa, que conta com muitas outras ao longo das eras, todas igualmente inacreditáveis, porém comprovadas.

Difícil também acreditar no céu, tentando insinuar que vai fazer bom tempo. Mas há sempre algo de podre no reino da Irlanda, a perfídia está sempre dissimulada na inocência, o tempo ruim no tempo bom. Percebe-se isso numa leve rajada repentina, num arrepio que nos toma sem razão a pleno sol, numa névoa que sai de lugar nenhum e invade todo o espaço em poucos minutos, como numa cenografia de baixa qualidade.

O retorno para a terra é modesto, mas triunfal. Plic deixa os dois homens em terra e volta para fundear a *Ptite*

Poule na sua boia de amarração, passar uma esponja no fundo do barco e recuperar seu bote. Nesse sentido, essa operação não apresenta qualquer dificuldade. Plic esquece que faz 65 anos agora que pesca com o mesmo prazer infantil, que rema e volta ao cais em qualquer lugar, com sua ginga de marinheiro, um cesto na mão e o coração inflado com a satisfação pueril de ter cumprido seu dever e a merecida pitança. É um momento de eternidade, como o mar às vezes oferece.

No cais, ela cruza quase sempre com dois dos cinco filhos do vizinho, que criam vacas, uma centena de carneiros, pescam lagostas no verão para os poucos hotéis nas redondezas e conseguem com dificuldade ganhar a vida. Dois outros já partiram para a Austrália ou para a América, seguindo o fluxo de emigrantes que há três séculos sangra a carne viva deste país. Aqueles que ficam são raramente os chefes de empresa dos quais esta ilha precisaria.

O filho primogênito, um colosso ruivo e encaracolado como Brian Boru, o lendário rei, sempre a considerou uma mulher magnífica, sedutora como todas as francesas no seu espírito. Ela gosta desse equívoco, que talvez não seja um. Ele para a fim de lhe falar, alinhando frases das quais ela capta apenas uma parte por causa desse terrível sotaque irlandês que torna sua língua mais próxima do bretão do que do inglês de Oxford. Em sua ingênua admiração, ele não a considera fora de seu alcance, é evidente. Trinta e cinco anos? Cinquenta? Sessenta? Nunca se sabe com essas estrangeiras bem vestidas demais. Ele não é capaz de imaginar setenta. Isso seria o mesmo que compará-la às velhas de seu país, desgastadas pelas maternidades e misérias, os rostos devastados pelos quatro ventos. Mas aqui, tem-se a idade que se tem e isso não é um critério de fuzilamento. Na França, é preciso chegar aos 80 para ousar novamente se orgulhar de sua data de nascimento. A partir dos 40 anos, a primeira década em que existe uma palavra para nos rotular, ingressa-se numa região indecente na qual não se sabe ao certo como se comportar.

O garotão ruivo, com seus olhos infantis e seu olhar de homem, faz com que ela se esqueça da sua idade. Ele ajuda a carregar seu cesto e seus remos até a cerca do jardim. Amanhã, ela não se esquecerá de colocar seu batom.

A suavidade da enseada, o acolhimento sem perfídia do jardim, o cheiro da grama são complementos deliciosos do prazer de navegar. No entanto, o matagal de Kerry é agreste e o "jardim" de Plic não passa de um pedaço desse matagal, guarnecido de rochedos, revestido de urze e pequenos juncos marinhos e margeado, ao pé de um muro de pedras secas que lhe protegem um pouco, por alguns arbustos de hortênsias. Um espaço selvagem onde se pode ler em cada galho torturado pelo vento, em cada folha tostada pelo sol, a vontade de sobreviver. O fato de as pétalas das hortênsias preservarem seu aveludado, de a única roseira, protegida por um rochedo arredondado como um ovo, se obstinar a florescer todo o verão, constitui um milagre que nos enche de gratidão.

Plic gosta dos jardins parcimoniosos. A explosão quase indecente de seu jardim da região do Var em maio chega a enjoá-la um pouco. Todas as suas roseiras, as outoniças e as anuais, as trepadeiras e as que crescem em moitas, fustigadas pela violência da luz, se precipitam juntas para o céu e se deleitam em florações delirantes que as fatigam. Todas as espécies se acotovelam e se sobrepõem nos esmagando de admiração. É no outono que ela prefere seu jardim no sul da França, quando ele se recupera do castigo do verão, e que cada planta, cada arbusto reencontra seu vigor e recomeça a florescer como se o inverno não fosse jamais chegar. Seu jardim bretão controla suas florações, guardando em segredo uma parte de seus tesouros para oferecê-la na hora certa.

A palavra tesouro não é adequada aqui. Sobre as encostas devastadas pelo vento salgado, nenhuma planta, nenhuma árvore atinge o tamanho normal. Arqueadas, lutando contra o vento imperioso, costuradas de cicatrizes, elas subsistem, no limite da força, incapazes de voltar a verdejar certos verões, quando seus brotos foram arrancados pela primavera, mas repartindo corajosamente no ano seguinte, ignorando que em outros lugares existem vegetais que crescem sem nada que os contrarie. Esta capacidade eterna de gerar primaveras que a natureza possui talvez seja o que há de mais comovente na Irlanda. Cada rosa é a primeira, cada recomeço o início do mundo.

Eu me pergunto com frequência como fomos tão loucos para nos instalar aqui, Plic e Ploc, a cada verão faz mais de 20 anos? E por que eles mostram tanta obstinação em se encontrarem molhados, moídos, perclusos, furiosos, maldizendo o tempo, o mar e os anos, se não porque cada manhã de pescaria, cada noite diante da lareira de turfa, com seu fogo azul como as chamas dos pântanos, ardendo em silêncio com seu perfume sutil e penetrante, lhes permitem esquecer o tempo e que o futuro se conjuga agora na forma condicional.

Descobrimos aqui que Plic e Ploc são, ao mesmo tempo, como velhos pais que vieram se instalar em nós sem pedir nossa opinião, e como crianças incorrigíveis das quais é preciso cuidar. Ainda não sabemos quais são os mais difíceis...

Com o Convidado, que voltou a ser um amigo ao colocar o pé em terra, com sua companheira que não é tão mal assim afinal de contas, embora não seja minha contemporânea e não saiba distinguir o vento leste do vento oeste, conversamos, ao cair da noite, em torno de uma travessa de camarões e bebendo um pouco demais o uísque Paddy, sobre os grandes e pequenos navegadores, sobre nossas viagens pelo mundo e por nós mesmos, e depois, o assunto inesgotável, a pesca e os barcos de nossas vidas. Todos esses peixes que pescamos e todas essas embarcações que tivemos, revendemos, desejamos e compraremos ainda, quem sabe? Aquelas que Paul lamenta e que eu não apreciei, aquelas que eu soube conduzir sozinha e pelas quais guardo uma afeição particular, aquela na qual Paul e eu trocamos nosso primeiro beijo em 1949, à vista dos Glénan e de nossos respectivos cônjuges, que contemplavam o horizonte sem discernir a onda que se preparava para varrê-los; aquela na qual eu quase afoguei Yves, um dos meus genros virtuais que não ultrapassou, infelizmente, o estágio de noivo; aquela na qual embarcamos François Mitterrand, em Raguenès, numa manhã de tempo ruim, para recuperar um tremalho ameaçado. Se soçobrássemos, faríamos a França perder apenas um Secretário do PS, pouco dotado para a manobra... E depois *Tom Coat*, nosso primeiro barco bretão, e a *Ptite Poule* finalmente, que nos permite continuar brincando de Plic e Ploc na Irlanda... Resumindo, todos esses barcos que teceram entre nós laços que se tornaram amarras e que constituíram ao longo da vida uma sucursal do domicílio conjugal.

Enquanto eu souber onde morar, enquanto for acolhida ao chegar pelo sorriso de meus jardins, enquanto experimentar com tanta força o gosto de voltar e não o de fugir; enquanto a terra não tiver perdido nenhuma de suas cores, nem o mar seu adorado amargor, nem os homens sua estranheza, nem a escrita e a leitura seus encantos; enquanto minhas filhas me reconduzirem às raízes do amor, a morte só poderá se calar.

Enquanto eu estiver viva, ela não conseguirá me alcançar.

Epílogo

Foi alguns anos mais tarde, em maio de 2004, que a morte veio se apoderar do mais vulnerável de nós dois, aquele que se deixava levar sem resistir. Já havia algum tempo, como um caranguejo, ela o segurava com suas pinças, à espera. Já fazia quatro ou cinco anos que Ploc parara de escrever, sinal de que já estava alhures. A última atividade que se impôs na Terra foi a de partir para pescar na Irlanda, onde, durante 20 anos, voltamos regularmente a lançar nossas redes.

Que chova, que vente, cada manhã continuava sendo para mim a primeira manhã do mundo, e eu tinha por certo que Ploc, que Paul sentia o mesmo prazer.

Foi relendo *L'Âge de Pierre*,[1] dois anos depois de sua morte, que uma outra verdade me apareceu:

Hoje, eu me pergunto se Ploc, nos últimos anos, fazia outra coisa além de me acompanhar.

---

[1] Publicado pela editora Grasset em 1993.

Ele demonstrava então, em todas as suas atividades, uma lassidão que eu atribuía a seu cansaço crônico, e mesmo à sua lendária preguiça, ainda que fizesse questão de nunca faltar a uma saída ao mar. Todo dia, ele descia para a praia em maré baixa, servindo-se do arpéu como uma bengala. Sem mais forças para desencalhar o barco, éramos obrigados a aguardar a maré alta ou as ondas. Não tínhamos mais amigos para nos ajudar, é nessa hora que nos descobrimos realmente velhos. Meu cunhado irlandês, que nos fez descobrir Kerry, tinha morrido em Londres um pouco antes de a minha irmã Flora imergir na inconsciência.[2] Minhas contemporâneas haviam fraturado o fêmur ou um ombro, e os casais mais jovens desanimaram, suponho, após uma ou duas tentativas de tomar o trem e depois o *ferryboat* para Cork, além das duas horas de estrada para depois... passar dez dias sob a chuva. Quanto às nossas filhas, elas tinham sem dúvida limpado e desembaraçado demasiadas redes cheias de sargaços e caranguejos mortos durante toda a infância para achar ainda algum prazer em compartilhar de nossas manias, escutando a previsão do tempo, com frequência alarmante. Só Constance, a filha de Paul, me acompanha a Derrynane a cada maré do equinócio, onde nos dedicamos às nossas atividades condenáveis.

"Mar agitado se tornando furioso e depois gigantesco...": é preciso ter vivido na costa oeste para compreender o horror dessas palavras.

Depois dos anos brilhantes em que todos os nossos amigos parisienses vinham alternadamente descobrir as suntuosas paisagens do oeste e se surpreender com nossas

---
[2] Em consequência do mal de Alzheimer.

pescas miraculosas, já no final, nós ficamos bastante sozinhas. Mas eu me adaptava a isso, lutando sem trégua para fazer florescer meu pedaço de matagal, queimado pelos ventos carregados de sal e sempre tendo um livro em progresso, o que me permitia escrever ao pé das montanhas rosa de rododendros selvagens ou violetas do mato, e diante dessa baía de Derrynane com suas luzes tão mágicas que é possível se embalar na ilusão de que o talento de Synge, Yeats, Joyce ou Beckett virá nos visitar.

E depois, resquício da infância, eu experimentava sempre a mesma excitação ao ver içada uma lagosta azul dentro de um cesto ou se agitarem 500 gramas de camarão no fundo da rede.

Eu via muito bem que Ploc não saboreava mais os moluscos, os ouriços-do-mar e os crustáceos que apanhávamos todos os dias nos nossos cestos de vime. Só a vodca que acompanhava lhe dava ainda prazer. Ele voltava a se deitar após o almoço, fazia uma sesta que se estendia até o cair da noite, acordando graças a dois ou três uísques, jantava vagamente depois que a cozinha parou de o distrair e lia ainda mais vagamente antes de embarcar na sua noite.

"Ouça, querida, ouça a suave noite que avança",[3] ele gostava de dizer, ironicamente, cada vez que as rajadas de vento assobiavam dentro da chaminé, fazendo estremecer as chamas azuis da lareira de turfa.

O alarme estridente de meu despertador o arrancava de manhãzinha da inconsciência, que parecia agora seu clima favorito, para vestir seus trajes de pesca ainda úmidos e se arrastar até o barco que, lamentavelmente para ele, balançava fundeado ao largo.

---

[3] Baudelaire.

Digo "lamentavelmente" porque compreendi bem mais tarde que Ploc talvez tenha tentado, no último ano, escapar da faina da pescaria. Ele, que sempre conseguia fazer todos os nós de marinheiro e não errava nenhuma amarração, tinha evidentemente dado um nó triplo naquela manhã para atracar o barco em sua boia de amarração. Uma hora mais tarde, contemplando de casa o horizonte, o que se tornara sua ocupação predileta, ele me assinalou com a voz alterada:

— Estranho, tem um rochedo suplementar na baía... Venha ver.

Ele apanhou os binóculos e notou de fato um volume de insólita cor azul derivando na direção de Pigs [Porcos], o bando de recifes que fechava a baía e que bem merecia esse nome. Eu nem me dei o trabalho de verificar; Ploc conhecia a baía com a palma de sua mão, era fatalmente nossa *Ptite Poule* que derivava em direção à barra espumante. O vento do oeste, tão frequente, a teria trazido para terra. O vento de leste, que soprava nesse dia, a carregava para o largo, onde os Pigs já se deleitavam ansiosos por destruí-la. Sem sequer vestir meu impermeável, desci correndo para o cais. Nosso vizinho Paddy, que estava sentado nos degraus, logo percebeu a urgência e nós saltamos em seu velho barco, o motor foi colocado na água e dez minutos mais tarde eu consegui segurar com o arpéu a proa da nossa *Poule* e saltar a bordo, antes que ela se arrebentasse. Nós a rebocamos de volta (triunfantes) até seu ponto de amarração, onde deixei Paddy dando o nó na ponta da amarra que se fazia necessário, prometendo a mim mesma revisar mais tarde no almanaque do marujo bretão alguns nós importantes para nossa sobrevivência, dos quais eu me esquecia a cada inverno.

"Bela manobra", nos disse simplesmente Ploc, que nos aguardava no cais quando voltamos.

Em casa, ele me apertou em seus braços por um bom tempo, sem falar, pois pensávamos as mesmas coisas, indizíveis. O barco estava equipado, motor, redes, remos no lugar, a catástrofe teria sido total, e nossa temporada de pesca teria sido interrompida. O que mais se pode dizer?

Por muito tempo, eu quis crer que nossas saídas pelo mar haviam constituído sua última felicidade, que eu lhe dava a chance de estar, mais um dia, ao leme, escolhendo seu percurso, se impregnando da beleza sempre renovada das manhãs.

No entanto, nas fotos, que ele mesmo não se preocupava mais em fazer, como se nada mais atraísse seu interesse, distingo hoje uma ausência. Numa delas, contemplo seu sorriso, no último dia do último verão na Irlanda, quando voltávamos da pescaria, já tendo decidido vender a casa. Ploc está sentado na popa, um cesto sobre as pernas, outro aos seus pés, pois vamos retirar todos os equipamentos de bordo. A Lamb's Island está afogada na neblina, seu olhar cinzento também, sob seu boné de marinheiro, e ele exibe, olhando para mim, um sorriso imenso, como ele jamais sorria, o sorriso estático do dever cumprido, do semblante da felicidade, do prazer de agradar.

Duvido que ele se sentisse feliz por outra coisa além da minha felicidade, nos últimos anos. Não se morre somente de enfermidades quando envelhecemos, morremos porque o gosto pela vida se vai.

No tempo em que Ploc se chamava ainda Paul Guimard, ele tinha escrito esse romance magnífico e regelante, *L'Âge de Pierre*, que se passava inteiramente na Irlanda, na ilha de Santos e de Sábios, a ilha dos poetas e dos loucos, a ilha daqueles que vão partir.

"*Chega um tempo em que não reconhecemos mais a paisagem*", ele escreveu. "*Os amigos, os amores desaparecem num ritmo acelerado, e os cenários mudaram diante de nossos olhos. Na morte de um próximo, a dor é o mais fácil de suportar, sentimento simples e indiscutível. Em seguida, constatamos que o morto não partiu só, ele levou um pedaço de nós, mais ou menos sangrento. Vi morrer os amigos, mas também as ideias, princípios, costumes, gostos, prazeres, dores, sentimentos. Nada se parece mais. Sou de uma raça diferente da espécie humana na qual me extingo.*"

Foi em 1992, 12 anos antes de Paul se extinguir de fato, que ele escreveu essas linhas. Ele começou a se sentir morrer bem jovem ainda e eu não imaginei sequer por um instante que *L'Âge de Pierre* prefigurava a retirada do companheiro que eu tinha "tão perto de mim guardado e amado tanto"[4] durante meio século. Quando nenhum sinal de alarme havia ainda aparecido, seu herói descrevia ali uma espécie de suicídio em câmera lenta. Paul havia deixado transparecer, de modo leve e casual, que este livro constituía um pouco seu testamento. Nós escutávamos distraídos, nos ouvíamos raramente. Os romancistas escrevem tantas coisas! E depois, o que teríamos feito?

No romance, Pierre é um homem envelhecendo, um arquiteto conhecido que, de repente, decide desertar da vida parisiense, deixar sua mulher e seu filho, que no entanto ama, para ir morrer só na Irlanda, onde vai se petri-

---
[4] "Pauvre Rutebeuf", cantado por Leo Ferré.

ficando pouco a pouco, se mineralizando, a começar por um dos pés, depois a perna, até se tornar um bloco de granito, uma estátua de pedra que, num dia de vento forte, tombará sobre os rochedos que amparam seu jardim para desaparecer no oceano.

"*Mais inerte do que sábio, ele acabara por reunir os dois conceitos, a calcificação e a indiferença. Não há outro remédio para a morte*", concluía o autor.

— Há sim, o amor da vida — eu lhe respondia sem me desanimar, em todos os tons e totalmente em vão.

Mas o que é afinal de contas a vida conjugal, senão esse esforço repetido, essa ilusão tenaz de compreender o outro e de poder ajudá-lo, enquanto as palavras nunca têm o mesmo sentido, ainda que isso ocorra entre dois seres humanos que acreditam que, com o tempo, aprenderam a falar a mesma língua, ou seja, se compreender com meia palavra?

Eles se compreendem tão pouco que, após a morte, o mal-entendido persiste. Espero que Baudelaire se engane quando escreve "os mortos, os pobres mortos sentem grandes dores", uma frase que meu pai repetia frequentemente na minha infância e que sempre me deu arrepios. Ao contrário, são os sobreviventes que se atormentam, que se fazem perguntas para as quais nunca haverá respostas e problemas para os quais não existem soluções.

Nunca me interroguei tanto quanto desde a morte de meu Ploc. Uma pessoa diferente de mim, talvez aquela que ele amou durante anos (que me pareceram uma eternidade), teria conseguido retê-lo nesse deslizamento lento e desesperador em direção ao nada? Haverá um recurso, uma atitude que eu não soube encontrar?

"A doença da morte", como a chamava Marguerite Duras, pode durar muito tempo, com momentos de calmaria. A carreira de Paul ainda não estava concluída, pois ele ia escrever outro romance três anos mais tarde, *Les Premiers Venus*, do qual fazia um resumo em duas linhas, bem à sua maneira: "Dois jovens roubam uma maçã. São condenados à morte."

Entre o julgamento e a execução da sentença, oitocentos anos vão se passar, pois trata-se de Adão e Eva, que vão inventar um mundo do qual tudo ignoram, acompanhados pela serpente, seu único verdadeiro amigo. Este livro trazia uma dedicatória: "À minha Eva", e acreditei ler ali uma declaração de amor, a primeira e a única de toda a sua obra em que, ao contrário de mim, ele colocara apenas muito pouco de si mesmo; ao menos na aparência. Porque escreve-se sempre com seu sangue, no fim das contas, ou suas tripas, ou seus nervos. Em todo caso, com sua infelicidade.

— Você tem sobre essa questão as opiniões de um aprendiz de açougueiro — me disse Paul um dia.

Ele tinha um jeito de pôr fim às discussões com uma frase definitiva, para indicar que o assunto estava encerrado. Entretanto, tínhamos estado de acordo sobre certas questões essenciais nos nossos verdes anos, o bem-morrer, por exemplo, tendo ambos consentido com os objetivos da ADMD.[5] Eu já estava inscrita desde 1982, mas não conseguia encontrar a inscrição de Paul. Suas reticências a todo ato de matrícula o impediram sem dúvida de se inscrever, e ele nunca redigiu seu testamento. E con-

---

[5] Association pour Le Droit de Mourir dans La Dignité [Associação pelo Direito de Morrer Dignamente].

forme os anos iam passando, mais parecia de mau gosto abordar tal assunto. Estava claro que Paul se recusava a lutar, quer se tratasse de viver ou morrer.

É verdade que, fora os obituários que começávamos a percorrer com o olhar oblíquo todas as manhãs, não nos sentíamos demasiadamente envolvidos. O fim da vida não havia ainda assumido o aspecto escandaloso que dramas recentes vieram iluminar, especialmente depois do gesto heroico de Marie Humbert de ceder aos desejos de seu filho Vincent, que se submetia a uma vida patética, totalmente assistida, há anos.

Hoje, os dramas se multiplicam na França e eles terão agora o rosto aterrador de Chantal Sébire, que precisou, para pôr fim ao seu calvário,[6] recorrer a um remédio de cavalo receitado por um veterinário, já que os tratamentos humanos lhe foram recusados.

A mim consterna que a fórmula "deixar-morrer", inventada pelo senhor Léonetti sem hesitação, seja considerada um avanço na França. Ao contrário, é um passo atrás, para o tempo em que eu conheci bem o "deixar-viver", inventado pelos mesmos bem-pensantes.

Na falta de orçamento, falta de estrutura, falta de boa vontade política, principalmente, as consequências da Lei Léonetti, nos casos raros em que é aplicada, começam a surgir em toda a sua crueldade. Basta um exemplo recente para ilustrá-la: em vez de injetar uma dose letal, os médicos de Denis P., 28 anos, em coma havia oito anos, resolveram desconectá-lo em aplicação da lei, deixando-o durante uma semana sofrendo convulsões torturantes, às quais seus pais impotentes tiveram de assistir, na ausên-

---
[6] Em março de 2008.

cia de todo socorro médico, uma vez que os "desconectadores" tinham aplicado a lei, a lei em sua íntegra, nada senão a lei.

Marie de Hennezel, em sua cruzada pelos cuidados paliativos, contudo, acaba de admitir: há três anos, nenhum ministro da Saúde considerou necessário prever um orçamento e mobilizar os serviços hospitalares para garantir o acompanhamento decente dos pacientes no final da vida.

O impasse é patente: é preciso aplicar a eutanásia à lei Léonetti antes que ela faça outras vítimas.

É ainda mais urgente visto que sete de nossas "Sociedades de sábios da medicina", segundo a opinião de nosso comitê de ética, que nunca esteve na vanguarda do combate pelas nossas liberdades,[7] acabam de avisar que recusam aquilo que se pratica em toda legalidade nos Países Baixos, na Bélgica, na Suíça e, há pouco tempo, em Luxemburgo. Motivo: "A morte não é competência dos médicos."

Declaração chocante! Já que a morte é um risco inerente a todo ato médico e que nenhum médico pode se desinteressar pela última fase de uma vida.

Isso significa esquecer que os grandes "Chefes",[8] cujas moral e competência estavam acima de qualquer suspeita, declararam ter posto um fim, na sua alma e consciência, à vida de alguns pacientes, prematuros extremos ou cancerosos sem esperança, não por piedade, mas por respeito à dignidade ou à vontade de todo ser humano.

---

[7] Ver sua posição sobre a pesquisa com células-tronco na França.
[8] Os professores Alexandre Minkovski ou Léon Schwartzenberg, entre outros.

Os heróis de romances têm muita sorte: eles podem apertar a tecla estrela ou se transformar numa rocha bem oportuna... Mas como se tornar herói de romance? E, na vida real, nem todos têm o privilégio de nascer na Suíça, Bélgica, Holanda ou em Luxemburgo. Não tendo a intenção de mudar de nacionalidade, espero aguentar o tempo suficiente para poder desfrutar da mesma liberdade de escolha na França. "Não vamos começar a legiferar sobre a morte", exclamam nossos bons apóstolos.

Ora, não se trata absolutamente de criar outra lei; ao contrário, deve-se suprimir uma antiga, que transforma em crime o auxílio ao moribundo. Assim como o IVG[9] em 1975, não se trata de legiferar, mas revogar a velha lei de 1920, que fazia do aborto um crime.

O simples fato de poder abrir um processo, e saber que será possível obter ajuda, quando a hora chegar, abranda a angústia e proporciona uma tal serenidade que as requisições de eutanásia claramente diminuíram há cinco anos nos Países Baixos, que possui a experiência mais extensa nesse assunto.

A França, infelizmente, não é mais o país da audácia no domínio da ética, e corro o risco de precisar esperar algum tempo. Mas não há pressa! Eu me constituí um abrigo contra as intempéries, baseado no sentimento de ter participado das causas mais magníficas, a da metade explorada e humilhada da espécie humana, que vemos agora emergir daquilo que Freud chamava "o continente negro". E a convicção de ter contribuído nessa luta, ainda que como uma formiga, me enche de paz e alegria para o restante dos meus dias... ou dos meus anos?

---

[9] Interrupção Voluntária da Gravidez. (*N. do T.*)

Não ignoro mais que a morte está escondida não muito longe agora, espreitando sua presa sob suas pálpebras de crocodilo que nunca dorme. Ainda embalo a esperança de que ela não desfira suas garras sobre mim tão cedo. Mas sei que ela tem mais de uma carta na manga.

Através de que graça conseguimos esquecê-la? Quais os estratagemas que nos permitem ainda desfrutar da beleza do mundo, da felicidade de escrever e do prazer de acordar a cada manhã?

Melhor evitar se aprofundar na questão. Uma infelicidade pode acontecer tão rapidamente...

Este livro foi composto na tipologia Minion,
em corpo 12,5/15,2, impresso em papel off-white 80g/m²,
no Sistema Cameron da Divisão Gráfica
da Distribuidora Record.